Die Schwarzen Führer

Thüringen

Die Schwarzen Führer

Thüringen

283 geheimnisvolle Stätten
in 167 Orten
mit 70 Abbildungen und
einer Übersichtskarte

von
Rainer Hohberg

Eulen Verlag

Rainer Hohberg wurde 1952 in Eisenach geboren. 1976–79 Studium am Leipziger Literaturinstitut. Er ist Verfasser zahlreicher Bücher und arbeitet als Autor für den Rundfunk.
Das Buch entstand unter Mitarbeit von Dr. Gudrun Braune, Marina Scheinost und Dietrich Kühn.

Redaktion: Hildegard Gerlach

Gesamtherstellung: Franx X. Stückle, Ettenheim
ISBN 3-89102-425-8

Vorwort

Ach, wenn diese Steine erzählen könnten... Wohl jeder, der mit offenen Augen eine Landschaft durchfährt oder durchwandert, wird diesen Wunsch beim Anblick eines alten Steinkreuzes, einer Burgruine oder den verwitterten Mauern einer Dorfkirche schon verspürt haben. Man will mehr wissen, als dem Touristenprospekt zu entnehmen ist, will tiefer nachspüren, was es mit dem merkwürdigen Denkmal am Dorfanger auf sich hat, mit der „1000jährigen Eiche", dem verfallenen Kloster. Der Wunsch, die Steine zum Sprechen zu bringen und auf diese Weise ihren Geschichten und Geheimnissen auf die Spur zu kommen, mag reichlich märchenhaft anmuten. Dennoch ist er – zumindest teilweise – erfüllbar. Eine Möglichkeit besteht darin, sich der Sagen und Legenden zu erinnern, die unsere Vorfahren seit Jahrhunderten von vielen dieser geheimnisumwitterten Orte überliefert haben.
Thüringen ist überaus reich an mythischen Plätzen, an sagenhaften Örtlichkeiten. Einige dieser Stätten sind weit über die Grenzen des Landes hinaus bekannt und ziehen alljährlich Ströme von Touristen in ihren Bann. Man denke beispielsweise an die Wartburg. Die Legenden um die heilige Elisabeth und die Geschichte von Luthers Wurf mit dem Tintenfaß sind nicht nur in Thüringen bekannt. Ebenso die mittelalterliche Erzählung vom Sängerkrieg auf der Wartburg; Richard Wagner verknüpfte sie in seiner erfolgreichen Oper „Tannhäuser" 1845 geschickt mit Sagenüberlieferungen vom benachbarten Hörselberg, den die Alten auch „Hörseelenberg" nannten. Manche Zeitgenossen glauben daran, in seinen Höhlen noch heute das Wirken bestimmter Naturgeister und mythischer Kräfte erspüren zu können. Ein weiterer vielbesuchter Sagenort ist der Kyffhäuser. Ursprünglich als Sitz des germanischen Gottes Wotan und der Göttermutter Freya verehrt, wandelte sich der Berg in den Überlieferungen zum Aufenthaltsort der legendären „bergentrückten" Kaiser Friedrich Barbarossa und Friedrich II. Die Sagengestalt des „alten Kaisers Rotbart" wurde im 19. und 20. Jh. zum Symbol nationaler Hoffnungen wie auch nationalistischen Größenwahns. Die jahrtausendealte Geschichte des Kyffhäusers und seine Sagen sind vor Ort im eigentlichen Sinne des Wortes „erfahrbar". Beredte steinerne Zeugen sind neben dem gigantischen Kyffhäuserdenkmal von 1896 vor allem die mittelalterlichen Ruinen der Reichsburg

Kyffhausen und auch die in jüngster Zeit entdeckte prähistorische Stätte im Eschentälchen bei Bad Frankenhausen, in der in vorchristlicher Zeit den Göttern Tier- und Menschenopfer gebracht wurden.
Neben den bekannten, gut erschlossenen Sehenswürdigkeiten werden im vorliegenden Buch auch zahlreiche sagen- und legendenumwobene Orte vorgestellt, die abseits der Touristenströme zu finden sind. Gerade hier erwarten den Reisenden oft unerwartete Erlebnisse. Höhlen, markante Felsbildungen und uralte Baumriesen sind zu entdecken. Malerische Burgruinen, altersgraue Dorfkirchen und Steinkreuze, deren Inschriften längst ausgelöscht sind, fordern die Phantasie des Betrachters heraus. Folgt man den alten Erzählungen, können hier zu bestimmten Stunden Drachen, Zwerge, Aufhocker, der Wilde Jäger oder andere dämonische Wesen erscheinen. Auf Friedhöfen, Hexen- oder Galgenbergen kann der Lebende den Toten in Gestalt von Wiedergängern und Armen Seelen begegnen. Neben düster-schaurigen Sagenplätzen gibt es in Thüringen aber auch solche, die mit kuriosen oder komischen Begebenheiten verbunden sind, etwa das Wintersteiner Hundegrab oder der „Leckarsch" in Kranichfeld.
Die Sagenlandschaft, durch die der „Schwarze Führer Thüringen" begleitet, umfaßt das Gebiet des heutigen Freistaates Thüringen, zu dem recht unterschiedliche Regionen gehören. Es reicht von der Goldenen Aue und den Ausläufern des Harzes im Norden bis zu den stark durch fränkischen Einfluß geprägten Regionen südlich des Thüringer Waldes, vom Werratal im thüringisch-hessischen Grenzland im Westen bis zum Altenburger Land im Osten. Manche Besonderheiten der Landschaften und ihrer Bewohner klingen im altüberlieferten Erzählgut an. So sind im katholischen Obereichsfeld – im Unterschied zum ansonsten überwiegend protestantischen Thüringen – häufiger Geschichten um Heiligenbilder und Wallfahrtsstätten zu finden. Die rauhen Höhenlagen des Thüringer Waldes und der Rhön, denen die Menschen nur mühsam einen kärglichen Lebensunterhalt als Pechbrenner, Köhler oder Hirten abtrotzen konnten, haben andere Erzählungen hervorgebracht als die Handelsstädte entlang der Via regia oder die Bauerndörfer der Thüringer Ackerebene, in der bescheidener Wohlstand verbreitet war. In Ostthüringen, das an Sachsen grenzt und ursprünglich von Sorben besiedelt war, sind slawische Einflüsse in der Sagenwelt spürbar, beispielsweise in Gestalt der Holzweibel und Moosleute oder der häufi-

gen Erwähnung von in der Erde verborgenen kostbaren Braupfannen, die oft auf Kult- oder Siedlungsstätten aus vor- und frühgeschichtlicher Zeit hinweisen.
Die Vielgestaltigkeit der Natur- und Kulturlandschaft in der Mitte Deutschlands hat eine besondere Vielfalt der Volksüberlieferungen hervorgebracht. Oft haben markante Erscheinungen der Landschaft die Sagenbildung angeregt. Von fast jedem Thüringer Berg sind Sagen überliefert; um einige wie den Singer Berg bei Stadtilm oder den Gamsenberg im Orlatal ranken sich umfängliche Sagenzyklen. Darin klingt mitunter an, daß diese Berge – lange bevor die heute sichtbaren mittelalterlichen Burgen entstanden – heidnische Kultstätten und Orte der Götterverehrung waren. Auffällige Felsbildungen werden in den Volksüberlieferungen Thüringens gelegentlich den Riesen zugeschrieben, gelten zumeist aber als Werke des Teufels, so die ungezählten „Teufelskanzeln", die „Teufelstreppe" im Schwarzatal oder die Steinwälle am Kleinen Gleichberg, die in Wirklichkeit Überreste einer befestigten Keltensiedlung darstellen. Unter den Gewässern werden besonders die in Nordthüringen und im Werratal um Bad Salzungen häufig anzutreffenden Erdfallseen, die durch unterirdische Salzauslaugungen und darauf folgende Erdeinstürze entstanden sind, mit übernatürlichen Wesen und merkwürdigen Begebenheiten in Verbindung gebracht. So soll auf dem Grund des Buchensees bei Bad Salzungen ein versunkenes Schloß zu finden sein; der Hautsee bei Dönges ist durch seine schwimmende Insel, die seit alters her als Orakel dient, besonders interessant. Diese Seen wie auch die Flüsse Unstrut, Ilm und Saale sowie andere Gewässer gelten als Aufenthaltsorte von – meist wenig menschenfreundlichen – Nixen.
Wie der Efeu besonders gut im Schatten jahrhundertealter Mauern gedeiht, scheint die Sage mit Vorliebe an Schlössern, Kirchen, Klöstern und anderen historischen Bauwerken zu haften. Im Gewand der Sage erhalten wir Auskunft über die Umstände ihrer Entstehung, Besonderheiten ihrer Lage und Architektur und über die Schicksale der Bauleute. Historisch exakte Fakten sind dabei nicht unbedingt zu erwarten; um so aufschlußreicher sind jedoch die Einblicke in die „innere Geschichte", in das Denken, Fühlen und die Lebenserfahrungen derer, von denen die Erzählungen auf uns überkommen sind. So ist beispielsweise die Sage vom Streit und vom Teufelsbündnis der Baumeister des Kirchturms von St. Michael und der Camsdorfer Brücke in Jena zwar deutlich als Wandersage zu er-

kennen, die auch in anderen Orten erzählt wird, sie vermittelt aber dennoch einen lebendigen Eindruck von den enormen Schwierigkeiten, die bei der Fertigstellung dieser mittelalterlichen Großbauten zu überwinden waren. Auch die sagenhaften Deutungen von Heiligenbildern und anderen Kunstwerken sind aus heutiger Sicht oft gerade durch ihre am „historischen Kern“ vorbeigehende, naive Betrachtungsweise reizvoll und aufschlußreich. Wer die fromme Geschichte von der „bärtigen Jungfrau“ kennt, die über einen mit einer ungewöhnlichen Tunika bekleideten Heiland in der Saalfelder St.-Johannis-Kirche erzählt wird, sieht dieses Kunstwerk gewiß mit anderen Augen.
Thüringen ist nach dem Rheinland die burgenreichste Region Deutschlands, und über viele der mittelalterlichen Wehrbauten weiß die Sage Bemerkenswertes zu berichten. Den Hintergrund des Geschehens bilden historische Ereignisse wie die Zerstörung zahlreicher Raubritterburgen durch Rudolf von Habsburg 1289/1290, die Kämpfe im Sächsischen Bruderkrieg, blutige Fehden der Rittergeschlechter oder Auseinandersetzungen zwischen tyrannischen Burgherren und aufbegehrenden Untertanen. Die Burgen und Burgruinen sind zugleich ein bevorzugter Aufenthaltsort übernatürlicher Wesen. Ritter büßen hier als Wiedergänger für ihre Missetaten, feurige Hunde bewachen vergrabene Reichtümer. Mitunter gelingt es einem Sonntagskind, einen Schatz zu heben. Eine besonders häufige Gespenstererscheinung ist die auf den Seelenglauben unserer Vorfahren zurückgehende Weiße Frau. Am bekanntesten wurde die Weiße Frau von Orlamünde, die als Unheilsverkünderin nicht nur auf der Burg von Orlamünde, sondern auch auf Burg Lauenstein, Burg Tonndorf, der Leuchtenburg, Schloß Heidecksburg und dem Berliner Königsschloß gefürchtet war.
In vielen Überlieferungen ist die Erinnerung an bemerkenswerte Persönlichkeiten der Vergangenheit Thüringens aufbewahrt. Mit dem christlichen Missionswirken des Angelsachsen Winfried Bonifatius werden eine Vielzahl von Brunnen, Kapellen und Bergen in Zusammenhang gebracht. Ein großer Legendenschatz rankt sich auch um das Wirken des Reformators Martin Luther in Thüringen. Unter den Herrschergestalten werden neben den bergentrückten Kaisern vor allem einzelne Vertreter der Ludowinger, Schwarzburger, Orlamünder, Reußen, Henneberger, Hohnsteiner, Wettiner und anderer für Thüringen maßgeblicher Geschlechter erwähnt. Über den „großen Männern“ vergißt die Sage dabei nicht die bedeu-

tenden Frauen, so die 1235 heilig gesprochene Landgräfin Elisabeth, die Landgräfin Jutta und die durch eine mutige Tat während des 30jährigen Krieges bekannte Katharina von Schwarzburg. Auch schillernde Gestalten wie Dr. Faust, der Rhönräuber Paulus oder der „Teufelskresse" leben in den alten Erzählungen fort. Stark haben auch die geheimnisumwitterten „Venediger" die Phantasie der Erzähler beschäftigt. Am häufigsten begegnen uns jedoch Fuhrleute und Bäuerinnen, Handwerker und Bergmänner, Mägde und Bettler ... namenlose Frauen- und Männergestalten aus dem Volk. Ihre Schicksale und Hoffnungen werden in den Sagen offenbar, ihre Frömmigkeit wie auch ihr lebhafter Aberglaube.
Das vorliegende Buch will beim phantasievollen Erkunden des sagenhaften Thüringens ein zuverlässiger Wegbegleiter sein. Ein Sagenbuch im üblichen Sinne ist es indes nicht. Nur solche Überlieferungen, die einen festen Bezug zu noch heute real vorhandenen, sozusagen „anfaßbaren" Örtlichkeiten haben, wurden ausgewählt. Die Sagenstätten sind im Buch jeweils der Stadt oder Gemeinde zugeordnet, in deren Gemarkung sie zu finden sind. Ausnahmen bilden die Hörselberge, die Drei Gleichen, der Inselsberg, der Kyffhäuser und das Schwarzatal, wo eine solche Zuordnung nicht zweckmäßig war. Genaue Wegbeschreibungen wollen dazu anregen, dem eigenwilligen Reiz der historischen Stätten vor Ort nachzuspüren. Die knapp erzählten Sageninhalte werden ergänzt durch historische und volkskundliche Hintergrundinformationen. Sie tragen ebenfalls dazu bei, „die Steine zum Reden" zu bringen, können und wollen freilich nicht alle Rätsel und Geheimnisse aufklären.
Abschließend sei allen herzlich Dank gesagt, die bei der Arbeit am „Schwarzen Führer Thüringen" mitgewirkt haben, besonders Frau Dr. Gudrun Braune, Frau Marina Scheinost und Herrn Dietrich Kühn. Vor allem aber danke ich meiner Frau, Dr. Claudia Hohberg, ohne die ich beim Aufspüren der historischen Quellen wie auch bei unseren zahllosen Wanderungen zu den sagenumwobenen Örtlichkeiten Thüringens oft nicht ans Ziel gekommen wäre.

Rainer Hohberg

Symbole

Burgen und Schlösser

Quellen und Brunnen

Wachtürme, Burgruinen

Flüsse, Seen und Wasserfälle, Moore, Brücken

Kirchen und Klöster

Höhlen und Grotten

Kapellen

Vorgesch. Denkmäler, Hünen- und Hügelgräber

Flurdenkmäler : Kreuze, Bildstöcke, Gedenksteine

Häuser, Gasthäuser, Mühlen, Baudenkmäler

Naturdenkmäler : Steine, Felsen und Berge

Standbilder, Reliefs, Skulpturen, Gemälde, Wahrzeichen

Hervorragende Bäume, Wälder

Wappen

ALTENBURG (Lkr. Altenburg)

Rote Spitzen

Die beiden ungleichen romanischen Backsteintürme auf einer Anhöhe am südlichen Rand des Stadtzentrums sind Reste des einstigen Augustinerstiftsherrenklosters, das wegen seiner Lage Berg- oder Bergerkloster genannt wird. Das Stift war 1172 unter Kaiser Friedrich I. Barbarossa geweiht worden und entwickelte sich unter kaiserlichem Schutz zu einer der wohlhabendsten Einrichtungen seiner Art. Im Zuge der Reformation wurde es 1543 aufgelöst. Die zwei Türme bildeten mit dem noch vorhandenen Zwischenbau die Westfassade der Marienkirche, die 1588 fast vollständig abbrannte.
Einer Sage nach hatte sich Kaiser Barbarossa zum Bau von zwölf Klöstern verpflichten müssen, um aus dem päpstlichen Bann zu kommen. Eines davon soll das Bergkloster gewesen sein. Nach einer anderen Sage

Die fürstliche Residenzstadt Altenburg

hatte es dem Kaiser mißfallen, daß es in Altenburg zu wenige Türme gab. Er wollte dem abhelfen; da ihm aber kein Baumeister einen geeigneten Plan vorlegen konnte, befahl er kurzerhand, die Türme nach seinem zweispitzigen roten Bart zu bauen. So wurden die zwei Türme aus rotem Ziegelstein errichtet, der rechte Turm länger, der linke kürzer, ebenso wie Barbarossas Bartspitzen.

Schloß und Prinzeneiche

Mit seinen mächtigen Türmen prägt das auf einem Porphyrfelsen am Rande der Altstadt erbaute Schloß noch heute das Bild der Stadt. Der Hausmannsturm im Osten und der Mantelturm „Flasche“ im Norden erinnern an die Anfänge dieses Bauwerkes: eine Burganlage aus dem 10. Jh., die zur Kaiserpfalz erweitert wurde. Zahlreiche Umbauten wandelten die Burg im Laufe der Jahrhunderte zum herzoglichen Residenzschloß, dessen Bild heute vor allem durch den Barock-

bau des Corps de Logis und die Schloßkirche bestimmt wird (Schloß- und Spielkartenmuseum).
Um die Mauern dieses historischen Bauwerkes haben sich im Laufe der Jahrhunderte mancherlei Sagen gerankt. So die Überlieferung von einem gefräßigen Untier von der Größe eines Schafes, das einst in einem Turm die Gefangenen plagte. Von diesem Ungeheuer, dem „Wurm“, erzählten die Eltern ihren Kindern, um sie vor allen Verfehlungen zu warnen, wegen denen man ins Gefängnis geraten konnte. Angst und Schrekken unter den Kindern verbreitete auch der Klöppelhund, ein unheimliches Tier mit einem Knüppel oder Klöppel zwischen den Vorderbeinen, das sich in den Abendstunden oft beim Schloß sehen ließ.
Am bekanntesten sind jene Überlieferungen, die sich um den spektakulären Sächsischen Prinzenraub durch Ritter Kunz von Kauffungen im Jahre 1455 drehen: Als Vorboten dieser Rachetat sollen mancherlei bedrohliche Träume und Zeichen wahrgenommen worden sein. So träumte Kurfürstin Margarethe, die Mutter der Knaben, wie ein Eber im Schloßgarten zwei

Köhler nehmen Kunz von Kauffungen gefangen. Kupferstich, 1743

junge Eichen, die zur Geburt der Prinzen gepflanzt worden waren, unterwühlte, bis er von einem Bären aus dem Garten vertrieben wurde. Auch bewegten sich in den Altenburger Kirchtürmen wie von Geisterhand gezogen die Glocken, und im Stall rissen sich die Leibpferde der Prinzen los. Alle diese Zeichen mißachtend, begab sich Kurfürst Friedrich mit seinem Gefolge auf eine längere Reise. Kunz von Kauffungen, der die Entführung seit langem plante, bekam die Nachricht in Windeseile zugetragen, denn ein Küchenjunge aus dem Schloß, Hans Schwalbe, diente ihm als Spion. Kurz vor Mitternacht rückte der Ritter mit etlichen Begleitern an. Auf ein Zeichen hin öffnete sich ein Fenster des Schlosses, und eine Strickleiter wurde von oben herabgelassen. Die wenigen Bediensteten leisteten kaum Widerstand; und eine halbe Stunde später galoppierte die Reiterschar mit den geraubten Prinzen aus dem Schloß.
Der Überlieferung nach war es der mutigen Tat eines Köhlers zu verdanken, daß die kurfürstlichen Knaben schon nach kurzer Zeit aus der Hand des räuberischen Ritters befreit werden konnten. Kunz von Kauffungen und Hans Schwalbe wurden verhaftet und hingerichtet. Es geht aber auch die Sage, daß der Küchenjunge zur Strafe für seinen Verrat lebendig eingemauert worden sei; ein zugemauertes Fenster an der Pauritzer Seite des Schlosses wurde dafür als Beweis gezeigt.
Noch heute zu sehen ist eine der erwähnten „Prinzeneichen". Der hohle, von einem Eisengitter umgebene Baumriese steht im Schloßgarten. Daß er im 15. Jh. zur Geburt eines der Prinzen gepflanzt worden sein könnte, ist jedoch unwahrscheinlich, da sein Alter von Experten höher geschätzt wird. An Stelle der einstigen „Köhlereiche" sowie der zweiten „Prinzeneiche" wurden kürzlich zur Erinnerung an den „Sächsischen Prinzenraub" Neupflanzungen vorgenommen.

Bartholomäikirche
In der oberhalb des Marktes gelegenen Pfarrkirche wirkte von 1525 bis zu seinem Tod im Jahre 1545 Georg Spalatin, ein wichtiger Förderer der lutherischen Reformation. In der Kirche erinnert eine Bronzetafel an ihn, deren von Philipp Melanchthon verfaßter Text mit den Worten beginnt: „Spalatins kühles Gebein, es ruhet hier unten im Grabe ..."
Der Sage nach steigt der fromme Reformator Spalatin allnächtlich aus unbekanntem Grabe und wandelt mit lautlosen Schritten zur Bartholomäikirche. Er pocht an die Pforte und wartet, daß man ihn wieder in seine

alte Grabstätte legt. 43 Jahre nach seinem Tod hatte man die Gebeine des Gottesmannes nämlich aus der Gruft genommen, um Platz für den zinnernen Sarg eines Herrn von Polheim zu schaffen. Ein Klagelied darüber, das eine Tochter Spalatins verfaßt hatte, soll damals in der ganzen Stadt und darüber hinaus bekannt gewesen sein.

Skatbrunnen auf dem Brühl

Altenburg ist vor allem als Skatstadt bekannt. Seit mehr als 400 Jahren werden innerhalb der Mauern der Stadt Spielkarten hergestellt. Zwischen 1810 und 1818 erfanden spielfreudige Altenburger Bürger das Skatspiel, das von der kleinen Residenzstadt aus bald weite Verbreitung fand. Zum Gedenken daran wurde 1903 der Skatbrunnen errichtet, der die vier Wenzel („Unter") bei lebhaftem Spiel zeigt.

Es wird erzählt, daß die Bewohner des Altenburger Landes von jeher begeisterte Kartenspieler gewesen sind. Süßemilch, Grobhanns, Einundzwanzig, Häufeln und Schafskopf gehörten zu den beliebtesten Spielen. Da mitunter sogar das letzte Geld verspielt wurde, kamen manche altenburgischen Dörfer und Wirtshäuser in Verruf. Als Erfinder des Skatspiels, das bald die anderen Spiele verdrängte, benennt eine Sage den Altenbuger Hofadvokaten und Notarius Hempel. Der war damals so bekannt, daß eine landläufige Redewendung lautete: Das hat gewiß der Hempel gemacht! Als Gymnasiast reiste Hempel oft mit anderen Schülern zusammen in das Dörfchen *Kitscher*, wo sie im Pfarrhaus verkehrten und sich die Zeit auch mit unschuldigen Solospielchen vertrieben. Das wurde Hempel bald zu langweilig, und er sprach: „Ich werde das Spiel verbessern, damit es was zu raten gibt!" Nach längerem Überlegen nahm er die Karten, legte zwei auf den Tisch, verteilte die übrigen dreißig an die Spieler, und der Skat war erfunden.

Wetterkreuz von Zschernitzsch

In einem Neubaugebiet im Nordwesten der Stadt steht am Straßenrand (Siegfried-Fack-Straße 5) ein unscheinbares Steinkreuz. Der linke Kreuzarm fehlt, vom rechten ist nur ein Stumpf erhalten. Bei genauem Betrachten sind ein paar einfache eingehauene Figuren zu entdecken. Wie überliefert ist, wurde an diesem Kreuz auf der Höhe zwischen Altenburg und dem Dorf Zschernitzsch früher Halt gemacht, wenn man in der Kreuzwoche nach altem Brauch in feierlichem Zug um die Flur ging. Man sang am „Wetterkreuz"

fromme Lieder, um auf diese Weise Hagel und Unwetter abzuhalten.
Steinkreuze haben im Volksglauben einen hohen Stellenwert. Als „Wetterkreuze" sollten sie schwere Gewitter teilen und vertreiben, wenn man hier betete. „Pestkreuzen" wurden Abwehrkräfte gegen die gefürchtete Seuche zugesprochen. Den „Mordkreuzen" haftet oft die verblaßte Erinnerung an den ursprünglichen Anlaß der Errichtung solcher Kreuze im späten Mittelalter als Sühne- oder Gedenksteine an. Häufig gelten Steinkreuze als Spukorte.
Über den Ursprung des Zschernitzscher Kreuzes heißt es, daß sich an diesem Ort einst zwei „Bauernkerle" beim Düngerstreuen in die Haare gerieten. Sie gingen mit Mistgabeln aufeinander los und erstachen sich gegenseitig. Da ihnen ein Begräbnis auf dem Leichenacker versagt blieb, wurden sie am Unglücksort eingescharrt. Wie der Pfarrer von Zschernitzsch erzählt, rankte sich später folgende Überlieferung um das Kreuz: Während der Napoleonischen Besetzung töteten Zschernitzscher Bauern an diesem Ort einen französischen Soldaten und sollten deshalb hingerichtet werden. Der Pfarrer des Dorfes setzte sich bei den französischen Offizieren, die in seinem Haus wohnten, für die Bauern ein. Er bot sogar an, sich an Stelle der Bauern hinrichten zu lassen. Das beeindruckte die Offiziere so sehr, daß sie die Bauern verschonten.
→ Meusebach

ANGELRODA (Ilm-Kreis)

Weißenstein und Kammerlöcher
Angelroda liegt zum Teil unter dem landschaftsprägenden Viadukt der Eisenbahnstrecke Erfurt-Ilmenau-Schleusingen, das hier das Geratal überspannt. Südlich vom Ort ragt die aus Muschelkalk bestehende Erhebung des Weißensteins auf. Auf dieser Anhöhe hat der Sage nach einst ein Schloß gestanden, das jedoch spurlos verschwunden ist.
Der Berg wird der Länge nach von einer tiefen Schlucht durchzogen, die durch den Absturz einer etwa 100 m langen Scholle entstanden ist. Dort befinden sich zahlreiche Höhlungen, die sog. Kammerlöcher, auch Quergel- oder Zwergenlöcher genannt. Diese Bezeichnung wie auch der früher in Angelroda geübte Brauch, alljährlich am Trinitatis-Sonntag dort Zweige der seltenen und als dämonenabweisend geltenden Eibe abzubrechen und diese kreuzweise in Kel-

lern, Küchen, Stuben und Ställen zu befestigen, wird durch folgende Sage erklärt:
Früher lebten Zwerge in den Kammerlöchern, die mit Hilfe von Tarnkappen unsichtbar blieben. Sie waren ein lustiges Völkchen, und oft beschenkten sie junge Eheleute, die sich aus bescheidenen Verhältnissen ehrlich und fleißig emporarbeiten wollten. Der Wirt von Angelroda, dessen Bierkeller in den Felsen des Weißensteins lag, hatte aber großen Verdruß mit den Zwergen, denn sie stahlen ihm oft Bier, Wein, Kuchen und andere Speisen. Eines Tages verriet ihm ein weiser Mann, wie er die ungebetenen Gäste loswerden könne. Wenn man mit Zweigen der Eibe nach ihnen schlüge, würden sie gleich sichtbar, auch sei ihnen die Form des Kreuzes verhaßt. Gemeinsam mit allen Dorfbewohnern zog nun der Wirt zu den Kammerlöchern, um Eibenzweige zu brechen und die Wege der Kleinen zu den Kellern und Vorräten zu versperren. Als Mitternacht herannahte, hörte man vom Kirchholz herab ein anhaltendes Trippeln und Trappeln, als ziehe ein Heer von vielen kleinen Leuten vorüber. Mancher Dorfbewohner will Weinen und Schluchzen gehört haben, andere hörten ein Rauschen in der Luft. Die Zwerge verschwanden, und der Wirt hatte Ruhe in seinem Keller, aber nun konnte auch niemand mehr auf die segensreichen Geschenke des kleinen Volkes hoffen.
Nach einer anderen Sage begegnete einem Mann, der ein Sonntagskind war, an den Kammerlöchern ein schneeweißer Hirsch mit goldenem Geweih. Mühelos ließ er sich fangen und leiten. An der tiefsten Stelle der Schlucht warf er sein Geweih ab, und im selben Moment öffnete sich ein Gang zu einem hell erleuchteten unterirdischen Saal, in dem Gold, Silber, Perlen und Edelsteine aufgetürmt waren. Der Glückliche füllte sich die Taschen und wurde dadurch der reichste Mann weit und breit. Alle 100 Jahre zeigt sich der Hirsch an diesem Ort, doch nur Sonntagskinder vermögen ihn zu entdecken.
→ Gera, Zwergenlöcher; → Königsee

APOLDA (Lkr. Weimarer Land)

Drachenskulptur an der Martinskirche
An der nördlichen Außenwand des Chores der aus romanischer Zeit stammenden Martinskirche ist eine uralte Skulptur eingemauert. Sie zierte bis 1859 das Apoldaer Friedhofsportal, ursprünglich gehörte das Bild aber an die Kirche zu *Schöten* bei Apolda. Die

darauf abgebildeten Drachenungeheuer regten die Bildung einer Sage an, die zugleich die Entstehung des Geschlechts derer von Vitzthum erklärt. Die Apoldaer Vitzthume (von Vicedominus = Stellvertreter) herrschten im Auftrag des Erzbischofs von Mainz mehr als 500 Jahre über die Stadt.
Vor langer Zeit hausten nicht weit von Apolda in einem schlammigen Pfuhl zwei Lindwürmer. Sie richteten großen Schaden an. Keiner wagte es, den Bestien entgegenzutreten. Schließlich versprach ein Graf von Apolda demjenigen die Hand seiner Tochter, der das Land von der Plage befreie. Ein Page des Grafen, der Edelknabe Veit, rüstete sich heimlich zum Kampf. Von einem Eremiten erbat er sich die Tröstungen der christlichen Kirche. Der Eremit gab ihm ein geweihtes Schwert. So ausgestattet, zog er aus und konnte nach einem verbissenen Kampf die Lindwürmer besiegen. Die Bevölkerung der Umgebung jubelte ihm zu, der Graf schlug ihn zum Ritter und gab ihm seine Tochter zur Gemahlin. Die Apolder Vitzthume sollen die Nachkommen dieses Paares gewesen sein.

Brunnen in Schöten
Eine andere Variante der Sage vom Kampf gegen die Drachen benennt den Ort, an dem die Ungeheuer hausten, genauer: einen schilfbedeckten Teich, wo heute das zu Apolda gehörende Dorf Schöten (4 km südlich vom Stadtzentrum) liegt. Ein Knecht und eine Magd hatten sich „aneinander vergangen" und waren deshalb zum Tode verurteilt worden. Die Strafe sollte ihnen erlassen werden, wenn sie die Ungeheuer bezwingen würden. Das gelang ihnen auch, und zur Erinnerung wurde an der Stelle ein Brunnen gefaßt. Dieser ist neben der Schötener Dorfkirche noch heute zu sehen. Er ist nicht so alt wie das Dorf, wurde häufig umgebaut und diente auch als Feuerlöschteich.
→ Eisenach, Drachenschlucht

ARNSTADT (Ilm-Kreis)

Markt
Auch in den Annalen von Arnstadt, 704 erstmals urkundlich erwähnt und seit 1266 im Besitz des Stadtrechts, wird mehrfach von verheerenden Feuersbrünsten berichtet. Besonders hart war die Stadt am 7. August 1581 betroffen, als der Bürgermeister Nebel an einem heißen Sommertag die Dachrinne seines Hauses mit siedendem Pech abdichtete, was zu einem schweren Brand führte. 387 Häuser, darunter auch das

Rathaus und die Bonifatiuskirche, wurden ein Raub der Flammen. Das heutige Rathaus und andere Gebäude am Markt entstanden erst nach dieser Katastrophe. Eine Sage, die deutliche sozialkritische Züge aufweist, berichtet, daß ein Arnstädter Schuster in kurzer Zeit zu einem beträchtlichen Vermögen gekommen und zum Bürgermeister gewählt worden war. Trotz seines hohen Amtes blieb er in seinem alten strohgedeckten Haus am Markt wohnen. Als er nun eines Tages die Dachrinne mit siedendem Pech abdichten wollte, fing das Strohdach Feuer, und der rote Hahn breitete sich ringsum rasch aus, viele der schönsten Häuser von Arnstadt sanken in Schutt und Asche. Zum allgemeinen Erstaunen blieb jedoch ein Taubenhaus des Grafen Albrecht von Schwarzburg verschont. Als der Graf sich darüber wunderte, erklärte ihm der frühere Schuster und jetzige Bürgermeister, Tauben seien einfältige, harmlose Tiere, die niemandem etwas zu leide täten. Unter den Stadtbewohnern aber gebe es viele Betrüger, Wucherer und Leuteschinder, die durch den Verlust ihrer Häuser eine gerechte Strafe erhalten hätten.

Liebfrauenkirche
Noch heute wird das Arnstädter Stadtbild maßgeblich von der zwischen 1180 und 1330 erbauten Liebfrauenkirche geprägt, die neben dem Naumburger Dom als einzigartiges Beispiel für den Übergang zwischen romanischem und gotischem Baustil gilt. Um die aus der Zeit um 1300 stammende Westfassade mit ihren ungleich gestalteten Türmen rankt sich eine Baumeistersage, die an die Figur eines sich herabbeugenden Mannes und eines Hundes am vorderen Turm anknüpft.
Als das Gotteshaus erbaut wurde, übertrug der Meister den Bau des vorderen Turmes seinem Gesellen. Der ging emsig und kunstvoll ans Werk, und bald stellte sich heraus, daß der Turm des Gesellen bei weitem schöner und zierlicher emporstieg als der eigene. Ja, er wurde auch von anderen Leuten mehr bewundert als der des Meisters, der darüber mächtigen Groll und Haß verspürte. Als der Geselle nun den Lohn für sein Werk forderte, erklärte ihm der Meister, sein Turm habe einen Fehler, den er ihm zeigen wolle. Er führte ihn hinauf, ließ ihn sich weit hinausbeugen und stieß ihn mit den Worten „Hier hast du deinen Lohn!“ in den Tod. Der kleine Hund des Gesellen, der mit hinaufgekommen war, soll seinem Herrn nachgesprungen sein. Zum Gedächtnis an diesen Vorfall wurde am Turm

eine herausragende Mannes- und Hundegestalt angebracht, die noch heute zu sehen ist.
Derartige Baumeistersagen um einen Mord aus Kunstneid sind als Wandersagen mit zahlreichen bedeutenden Bauwerken verknüpft. In der Arnstädter Liebfrauenkirche findet sich auch im Innenraum eine Darstellung des tragischen Geschehens. Der aufmerksame Besucher kann an einem Kapitell in der Nähe des Hochaltars eine auf den Kopf gestellte – quasi stürzende – männliche Figur erblicken und im Laubwerk daneben den Kopf eines Hundes.
Von der Liebfrauenkirche erzählte man sich Ende des 19. Jh. auch, daß hier Geistermetten abgehalten worden wären. Ein Diakon, der einmal mitten in der Nacht erwachte, fand die Kirche im hellen Kerzenschein. Orgelklang und Chorgesang waren zu vernehmen. Am Hochaltar und an den Nebenaltären sah er Priester, Vikare, Mesner und Chorknaben aus längst vergangener Zeit den Gottesdienst abhalten. Als die Turmglocke die zwölfte Stunde verkündete, verschwand alles, und der Diakon blieb mit Furcht und Grauen allein in der Kirche zurück.
Auf dem Hochaltar der Liebfrauenkirche standen einst zwölf silberne Apostel, ein Geschenk einer frommen Gräfin an das Gotteshaus. Als aber Feinde gegen Arnstadt heraufzogen, vergrub der Priester die Heiligenfiguren in der Kirche. Obwohl der Platz mit einem Kreuz genau bezeichnet worden sein soll, sind sie bis heute nicht wieder aufgefunden worden. Die letztgenannte Sage hat durch den Roman „Die 12 Apostel“ von Eugenie Marlitt (1825–1887), die lange in Arnstadt lebte, Eingang in die Literatur gefunden.
→ Erfurt, „Haus zum breiten Herd“; → Greiz, Stadtkirche

Ausgrabungsstätte Walpurgiskloster
Vom Arnstädter Südbahnhof gelangt man, am Tierpark Fasanerie vorüber, auf einem steil bergauf führenden Weg in ca. 50 Min. zum Walpurgisberg. Hier wurden seit 1976 die Reste eines mittelalterlichen Klosters freigelegt. Hinweistafeln informieren über die Geschichte des 1196 erstmals urkundlich genannten Klosters der „Schwestern der heiligen Maria auf dem Berge der heiligen Walpurgis“, das 1309 an die Arnstädter Liebfrauenkirche verlegt wurde.
Im „Walpernholz“, einem Bergwald, der nach dem Verfall des Klosters die alte Stätte bedeckte und bald in Vergessenheit geraten ließ, soll der Sage nach ein betrügerisches Weib namens Frau Holle umgegangen

sein. Das war eine Bierzapferin, die den Krug ihrer Kunden nicht recht gefüllt hatte. Zur Strafe mußte sie ruhelos umherirren und unentwegt kläglich „Voll Maß, voll Maß“ rufen. Dadurch erschreckte sie nicht selten Wanderer und andere Leute. Ähnliches wird auch von Betrügern in *Suhl, Mehlis (Zella-Mehlis)* und *Dermbach/Rhön* erzählt. Nach dem Volksglauben finden Verstorbene, die eine Schuld auf sich geladen haben, im Grab keine Ruhe und müssen als Wiedergänger umgehen.
→ Judenbach

Jungfernsprung im Jonastal
Von der Liebfrauenkirche im Südwesten der Stadt kann man dem mit einem graugrünen Eichenblatt gekennzeichneten Naturlehrpfad folgen und gelangt nach ca. 40 Min. im windungsreichen Jonastal zu einem steil abfallenden Muschelkalkfelsen. Er ist als Prallhang des Flüßchens der Wilden Weiße entstanden und trägt den Namen „Jungfernsprung“.
Hier soll ein wilder Ritter einem unschuldigen jungen Mädchen nachgestellt haben. Das Mädchen floh vor ihm, der Ritter verfolgte es hoch zu Roß. Querfeldein ging die Jagd, und plötzlich stand das Mädchen an einem Abgrund. In Todesangst und Verzweiflung sprang es hinab. Der Ritter stürzte ihm nach und blieb im steinigen Flußbett der Wilden Weiße zerschmettert liegen. Das Mädchen aber war durch sein weites Gewand sanft ins Tal getragen worden und hatte keinen Schaden genommen. Seit dieser Zeit heißt die steile Wand im Jonastal Jungfernsprung.

AUMA (Lkr. Greiz)

Marktplatz und Stadtwappen
Obwohl schon im Jahre 1331 als Stadt erwähnt, behielt der Ort bis weit ins 19. Jh. hinein seinen dörflichen Charakter. Das spiegelt sich auch in der Sage vom Aumaer Stadtwappen wider. Das Wappen zeigt drei Tannenbäume, auf dessen mittlerem ein Eichhörnchen sitzt. Es heißt, daß der jetzige Marktplatz früher mit Wald bewachsen gewesen sei, insbesondere mit drei Tannen, von denen eine die beiden anderen überragte. Unter dieser Tanne hatte der Schäfer der Gemeindeherde seinen Ruheplatz. In ihrem Schatten frühstückte er und hielt Mittagsruhe. Als der Ort später Stadtrecht erhielt und man einem Markt benötigte, mußten die Tannen gefällt werden, und man nahm sie zur Erinnerung in das Stadtwappen auf.

Eine andere Sage erzählt von einem auf dem Markt vergrabenen Wagen: Während des 30jährigen Krieges raffte die Pest in der Stadt so viele Menschen dahin, daß sie nicht mehr zum Friedhof getragen werden konnten, sondern eigens für diesen Zweck ein Wagen angeschafft werden mußte. Als die Pest vorüber war, wollte keiner dieses Gefährt haben. Eine kluge Frau

riet, es zu vergraben. So lange der Wagen unter der Erde sei, werde Auma von der Pest verschont bleiben. Die Suche nach einem geeigneten Ort für dieses „Grab" war schwierig. Man entschied sich schließlich für den Markt, da hier niemand den Wagen beim Haus- oder Brunnenbau versehentlich ausgraben und die Pest erneut verbreiten würde. Seit dieser Zeit soll der Pestwagen unter dem Marktplatz liegen.

BACHFELD (Lkr. Sonneberg)

Kirche

Das zwischen *Eisfeld* und *Sonneberg* an der B 89 gelegene Dorf Bachfeld wird zum ersten Mal in einer Urkunde des Klosters Fulda aus dem Jahr 929 erwähnt. Die dortige Kirche ist dem Hl. Matthäus geweiht. Wann sie erbaut wurde, ist unbekannt. Vermutlich besaß Bachfeld spätestens um 1400 eine Kirche mit einem großen Turm, der mit seinem Untergeschoß den Altarraum umschloß. Die Emporenfelder und die Wände im Altarraum waren bemalt.

Von der Kirche heißt es, daß sich vor dem Altar manchmal zur Geisterstunde ein Licht zeigte. Ein mutiger Bachfelder grub an der betreffenden Stelle und entdeckte tatsächlich einen Schatz. Als er einen Freudenschrei ausstieß, erhielt er von unsichtbaren Händen eine solche Ohrfeige, daß er ohnmächtig zu Boden stürzte. Der Schatz blieb ungehoben, da der Mann das beim Schatzgraben geltende Schweigegebot verletzt hatte. Das Schatzfeuer soll sich zuweilen noch haben sehen lassen – bis im Zweiten Weltkrieg (11. April 1945) das Dorf beim Einmarsch der Amerikaner von Panzern beschossen wurde und die Kirche abbrannte. In den 50er Jahren ist sie durch einen Neubau oberhalb des Friedhofs ersetzt worden.

Bad Berka (Lkr. Weimarer Land)

Burgen in und bei Bad Berka
Berka wird erstmalig 1119 erwähnt, seit 1240 bestand hier ein Kloster. Im Jahre 1414 nennt man Berka Stadt, trotzdem gibt es auch später noch die Bezeichnung „Dorf" oder „Flecken". Im Mittelalter hatte das Grafengeschlecht der Herren von Berka hier seinen Sitz. Sie lebten zunächst in einer Wasserburg, die um 1277 zerstört wurde, danach in einer Bergfeste. Die Wasserburg befand sich dort, wo heute der Staatliche Forstwirtschaftsbetrieb sein Gebäude hat, die Bergfeste lag auf dem Schloßberg. Die wenigen Ruinenreste erreichen wir auf einem gut beschilderten Wanderweg, der im Kurpark beginnt, in einer knappen halben Stunde. In den Ruinen der Burg zu Bad Berka zeigte sich in jedem Jahr zu einer bestimmten Zeit eine Mönchsgestalt, die die Leute traurig anblickte und nie ein Wort sprach. Es soll sich um den Geist eines der Herren von Kranichfeld handeln. Als junger Ritter hatte er sich in die Tochter des Burgherren von Berka verliebt, und diese erwiderte seine Zuneigung. Als Kaiser Friedrich II. zu einem Kreuzzug rief und ihm seine Lehensleute folgen mußten, kam für beide eine lange Zeit der Trennung. Manchmal hielten ihn nur die Liebe und die Hoffnung aufrecht. Als er zurückkehrte, mußte er jedoch erfahren, daß seine Geliebte auf Geheiß ihres Vaters einen anderen geheiratet hatte. Gebrochenen Herzens beschloß der Ritter, von der Welt Abschied zu nehmen. Wenig später bat er im Kloster *Georgenthal* um Aufnahme als Mönch. Nicht lange lebte er in der Einsamkeit. Der Kummer und die Sehnsucht nach der Geliebten machten seinem Leben bald ein Ende. Doch seine kranke Seele fand auch im Grab nicht die erhoffte Ruhe.

Klosterkapelle
Der Hügel am linken Ilmufer, auf dem heute evangelische Kirche, Pfarrhaus sowie Schule stehen, war früher Ort eines Zisterziensernonnenklosters. Der Legende nach geht die im 13. Jh. erfolgte Klostergründung

Berka an der Ilm und Umgebung

auf das Gelübde des Grafen Dietrich von Berka und seiner Gemahlin zurück. Diese besaßen drei Kinder, allesamt Töchter, und wünschten sich sehnlich einen Sohn. Im Traum hatte sich die Erfüllung ihres Wunsches schon mehrfach ankündigt, als die Gräfin nach langem Warten endlich Zwillingsbrüder zur Welt brachte. In dieser glücklichen Stunde gelobte das gräfliche Paar Gott und der Jungfrau Maria, unweit ihrer Burg zum Dank ein Kloster zu erbauen.
Verschiedene Bauten des 1525 aufgehobenen und vielfach umgebauten Klosters sind noch erhalten, so die einstige Klosterkapelle, die heute als Gemeinderaum dient. Die aus Sandstein gearbeitete spitzbogige Eingangspforte der Kapelle trägt die Jahreszahl 1511 und weist in Kniehöhe merkwürdige handgroße Kerben auf. Wie erzählt wird, wetzte man hier sein Messer oder Schwert, um Kraft, Mut und Unverletzlichkeit zu erwerben. Auch Sichel und Sense wurden in der Hoffnung auf eine gute Ernte an solchen Steinen gern geschärft.

Hexenberg
Der 442 m hohe Berg am nördlichen Stadtrand ist der steile Absturz einer Muschelkalkhochfläche. Auf seiner Kuppe finden sich Reste des Walls einer befestigten Höhensiedlung. Nach der älteren Literatur befand sich hier in vorchristlicher Zeit eine Kultstätte, die auch nach der Christianisierung noch aufgesucht wurde, um die alten Götter zu ehren und ihnen zu opfern. Ein zweiter Grund für die Namensbildung dürfte der am Fuße des Hexenberges gelegene Berkaer Richtplatz sein. Es handelt sich um einen Hügel an der Troi-

stedter Straße, auf dem heute ein Wasserhaus steht. Die Flurbezeichnung lautete Galgenberg. Wahrscheinlich fand hier im Jahre 1673 die Verbrennung „der alten Glasern“ statt, „welche durch ihre Hexerey einem Mädchen von neun Jahren in einem gestrickten Handschuh den Bößen Feind zugebracht“. Noch in der zweiten Hälfte des 18. Jh. erfüllte der Platz seinen schaurigen Zweck, als hier ein aus Eichelborn stammender Gemeindehirte wegen Menschenfresserei gerädert wurde.

Pestilenzeiche
An der nach *Troistedt* führenden Straße, etwa 300 m nördlich des Forsthauses *Tiefborn*, findet man die Eiche und eine Steinbank mit der Aufschrift „1349 Pestilenzeiche 1846“. Die erste Jahreszahl erinnert an eine schwere Pestepidemie, die damals Thüringen heimsuchte. Der Sage nach breitete sich der Schwarze Tod in Berka und Umgebung aus, bis er im Schoppendorfer Gebiet zum Stillstand kam. An der Pestilenzeiche verlief die Sperrlinie. Nur hier durfte Handel getrieben werden, indem Nahrungsmittel aus pestfreien Gebieten abgelegt und – ohne sich nahe zu kommen – bezahlt wurden. Auch Gottesdienste sollen zu Pestzeiten hier abgehalten worden sein. Nachdem die alte Eiche durch Blitzschlag zerstört worden war, erfolgte eine Neupflanzung. Daran soll die Jahreszahl 1846 erinnern. Die jetzige Eiche ist allerdings weit jünger.

Bad Blankenburg (Lkr. Saalfeld-Rudolstadt)

Burgruine Greifenstein
Vom Stadtzentrum benötigt man zu Fuß etwa 25 Min. zum Greifenstein; eine Fahrstraße, die am Ortsausgang in Richtung *Watzdorf* rechts abbiegt, führt zum Parkplatz unterhalb der Burganlage. Die Überreste dreier Vorburgen und der mächtigen Hauptburg erinnern an eine der größten Feudalburgen Deutschlands. Zu den Sehenswürdigkeiten der Burg gehören die Freilichtaufführungen im Adler- und Falkenhof, die auch an die Gründungssage der Burg erinnern:
Einem Schwarzburger Grafen war Greif, sein liebster Jagdfalke, entflogen. Nach tagelangem Suchen fand man ihn auf einem entlegenen Berg, wo er auf einem Steinblock saß. Der Graf war von der Lage des Berges so angetan, daß er hier eine Burg errichten ließ, welche später den Namen Greifenstein erhielt.
In einer anderen Sage wird von einigen Blankenburger Knaben erzählt, die sich in der Burgruine in einem

Kirschbaum vergnügten. Da grollte eine Stimme: „Vergeßt das Beste nicht!“ Aber die Knaben lachten nur darüber und bewarfen sich mit Kirschkernen. Am Abend rollte einem von ihnen etwas Hartes aus dem Schuh – ein Kirschkern aus purem Gold. Die Knaben eilten zur Burg zurück, doch von den Kernen war keine Spur mehr zu finden.

Bad Klosterlausnitz (Saale-Holzland-Kreis)

Klosterkirche

Die Geschichte des Ortes ist eng mit dem einstigen Kloster verbunden, dessen Name sich von dem Bach Lusenize herleitet. Als Gründerin des 1137 vom Papst als „Cella Sanktae Mariae“ bestätigten Klosters gilt Kuniza, eine verwitwete adelige Dame aus Thüringen. Den notwendigen Grund und Boden für das Augustiner-Chorfrauenstift stellte Markgraf Heinrich v. d. Lausitz zur Verfügung.

Der erste, noch aus Holz errichtete Kirchenbau befand sich der Sage nach auf dem sog. Kirchberg südöstlich von Bad Klosterlausnitz. Da sich aber herausstellte, daß der Baugrund für einen größeren Kirchenbau ungeeignet war, verlegte man das Kloster schon bald an einen geeigneteren Ort. Am verlassenen Kirchberg soll in bestimmten Nächten noch immer heller Glokkenklang zu vernehmen sein. Es heißt, dieser rühre von der Glocke der einstigen Marienkapelle her.

An jener Stelle im Zentrum des heutigen Luftkurortes, an dem die vielbesuchte Klosterkirche steht, entstand nach 1150 eine dreischiffige romanische Pfeilerbasilika, die zwischen 1181 und 1185 geweiht wurde. Im

Kirche Klosterlausnitz. Um 1840

16. Jh. wurde das Kloster aufgehoben; an seiner Stelle entwickelte sich das Dorf Klosterlausnitz. Die alte Klosteranlage verfiel allmählich; einige Teile baute man um und nutzte sie zu verschiedenen Zwecken. 1855–66 wurde auf den freigelegten Fundamenten der ursprünglichen Klosterkirche die imposante Basilika mit ihrer mächtigen Doppelturmfassade nach Plänen F. v. Quasts wiederaufgebaut. In der Kirche erinnert heute ein spätromanisches Kruzifix (um 1235/40) an die ersten Jahrhunderte des Klosters.
Nach alten Überlieferungen hatten die Insassen des Klosters bei ihrem Weggang kostbare Kleinodien in der Erde vergraben oder in den Kellern des Klosters versteckt, unter anderem eine goldene Monstranz, einen silbernen Sarg sowie einen Hut aus Silber. Viele Schatzgräber durchwühlten seither das Gelände; auch der stets von Geldnöten geplagte Herzog Christian von Eisenberg ließ lange Zeit alles durchsuchen. Gefunden wurde aber nichts.

Bad Langensalza (Unstrut-Hainich-Kreis)

Ehemaliges Augustinerkloster
Im einstigen Augustinerklosters am Wiebeckplatz ist heute ein Heimatmuseum untergebracht, das über alle wichtigen Ereignisse der über tausendjährigen Geschichte Langensalzas informiert. Große Teile der Stadt fielen mehrere Mal bei Kriegen und Brandkatastrophen in Schutt und Asche. Als im Jahre 1711 erneut ein Großbrand ausbrach, wurde auch das ehemalige Augustinerkloster ein Raub der Flammen. Nur wenige Teile blieben damals verschont. Die sog. Sakristei mit ihrem spätgotischen Gewölbe ist heute der einzige Raum des ehemaligen Klosters, dessen ursprüngliches Aussehen nahezu vollständig erhalten geblieben ist. Vom restaurierten Turm der einstigen Klosterkirche hat man einen Überblick über die sehenswerte Altstadt.
Eine Sage, die von einer dieser Brandkatastrophen berichtet, erzählt vom sog. Heckmännchen, auch Goldmännlein oder Alraun genannt. So nannte man die Wurzel des Nachtschattengewächses Mandragora, der nach dem Volksglauben vielfältige Zauberkräfte innewohnen. Der arme Langensalzaer Schuhmacher Barthol Honemann half nach der Feuersbrunst selbstlos beim Aufräumen des Brandschuttes. Eines Tages fand er unter einem verkohlten Balken einen Lederbeutel, in dem sich eine fingerlange wurzelähnliche Figur befand. Ohne sich viel dabei zu denken, steckte er sie in

die Tasche. Als der arme Schuster zu Hause seinen letzten Weißpfennig aus der Tasche nehmen wollte, um Öl für die Lampe zu kaufen, stellte er verwundert fest, daß zwei Pfennige darin lagen. Nach dem Abendessen nahm er seinen Fund hervor, um ihn seiner Frau zu zeigen. Wieder hatte sich das Geld verdoppelt. Sie legten die Münzen samt dem Heckmännchen in ihre Lade. Als sie im Morgengrauen nachschauten, hatten sich die Münzen abermals vermehrt. Da sie hinter alledem Teufelskünste vermuteten, sprachen die frommen Leute ein Gebet und schlugen ein Kreuz über der Lade. Doch es ergab sich nichts Verdächtiges. Da erkannten sie, daß Gott auf seltsame Weise Wunder wirken kann. Alle zwölf Stunden verdoppelte sich nun ihr Geld. Bald waren die Schustersleute wohlhabend und konnten vielen Notleidenden, die der Brand in Langensalza hinterlassen hatten, Hilfe leisten.

Bad Liebenstein (Wartburgkreis)

Burgruine und Schloß Altenstein

Etwa 3 km nördlich von Bad Liebenstein erstreckt sich der prächtige Landschaftspark Altenstein, zu dessen Gestaltern u. a. Hermann Fürst von Pückler-Muskau zählte. Im Speisesaal des unter Herzog Georg II. errichteten Schlosses befindet sich eine Reihe von Gemälden zu bekannten Sagen der Region. Bei der von Höhlen durchzogenen Felsengruppe hinter dem Schloß sind Mauerreste der Burg Altenstein zu sehen, die Schloß und Park den Namen gaben.

Mit Burg Altenstein wurde 1492 die Familie Hund von Wenkheim belehnt. Eine Sage erklärt den seltsamen Namen folgendermaßen: Eine Edelfrau derer von Wenkheim, die den Lebenswandel ihrer Untertanen mit größter Sittenstrenge verfolgte, ließ eine junge Magd, die Drillinge zur Welt gebracht hatte, zum Tode verurteilen, da sie angeblich Unzucht mit mehreren Männern getrieben habe. Vor ihrer Hinrichtung verfluchte die Unschuldige ihre Herrin und wünschte ihr, mit dreizehn Kindern niederzukommen. Dieser Fluch erfüllte sich wenig später. Zwölf der Neugeborenen wollte die Edelfrau in aller Stille wie junge Hunde ersäufen lassen; ihr Gemahl entdeckte dies jedoch und ließ die zwölf Knaben heimlich von einer Müllerfamilie aufziehen. Als die Edelfrau mit großem Festgepränge den zwölften Geburtstag ihres Sohnes feiern wollte, ließ er die zwölf Knaben in die Burg bringen und stellte die Edelfrau hart zur Rede. Diese Schandtat mußte sie für den Rest des Lebens im

Kloster büßen. Die Söhne und ihre Nachkommen trugen fortan den Namen Hund von Wenkheim.
Ein Sproß dieser Sippe, Burkhard Hund, gehörte zu jenen Rittern, die Martin Luther 1521 unweit des Altenstein zum Schein überfielen und auf die Wartburg brachten (Denkmal an der nach *Ruhla* führenden Straße). In der *Schweinaer* Laurentiuskirche erinnert ein Herrschaftsstand mit einem Gemälde der Burg Altenstein an die im Jahre 1772 ausgestorbene Familie Hund von Wenkheim.

Burgruine Liebenstein
Ein Wanderweg führt in 25 Min. vom Kurhaus Bad Liebenstein hinauf zum Burgberg. Burg Liebenstein entstand vermutlich im 12. Jh. und war Sitz der in der Gegend weit verbreiteten Herren von Stein. Seit 1406 ist der Name Lybinstein in Gebrauch. Im 17. Jh. verfiel die Anlage, von der noch große Teile des gotischen Palas und Reste der ehemaligen Wehrmauer erhalten sind.
Bei der Errichtung der Burg herrschte der Sage nach noch der Glaube, daß ein solcher Bau nur durch ein Menschenopfer gelingen könne. Der Burgherr handelte einer Landstreicherin das Töchterchen ab und befahl dem Baumeister, es lebendigen Leibes einzumauern. Der Blick des Kindes, das arglos an einer Semmel knabberte, traf jedoch sein Herz; er warf das Werkzeug hin und verweigerte die Arbeit. Nun sollte der Geselle das Werk fortsetzen. Dem erging es nicht anders. Schließlich kamen die beiden Lehrjungen an die Reihe, und sie waren hartherzig genug, die grausame Tat auszuführen. Der Burgherr belohnte sie reich, doch bald fand man ihre Leichen am Ufer der Werra. Die Seelen der beiden Lehrjungen fliegen seither in Gestalt von Eulen schreiend durch die Burg, und sie müssen das Gemäuer so lange bewachen, wie hier noch ein Stein auf dem anderen liegt. Auch der Geist der unmenschlichen Mutter geht in der Burgruine um. Eine andere merkwürdige Erscheinung in der einsamen Burgruine war ein Leichenzug, der gelegentlich zur Mitternachtsstunde vom alten Schloß zum Friedhof in *Schweina* ging. Auch eine Frau, die im Leben hartherzig und böse gegen die Armen gewesen ist, wartete in der Ruine auf Erlösung. Sie bewachte als Weiße Frau einen Schatz, der manchen Abenteurer auf den Liebenstein gelockt hat.
→ Hohenleuben, Burgruine; → Orlamünde, Kemenate; → Ranis, Burg

Bad Salzungen (Wartburgkreis)

Ruine der Husenkirche
Die Kirche auf dem Friedhof im Nordosten der Stadt wurde im März 1945 durch Kriegseinwirkungen stark beschädigt und steht seither als Ruine. Ihre Ursprünge reichen in das 8. Jh. zurück; die Husenkirche gilt als älteste christliche Kultstätte im Salzunger Gebiet. Ursprünglich gehörte sie zum Dorf Husen, das im 16. Jh. aufgegeben wurde und an dessen Stelle der Salzunger Friedhof entstand.
Angesichts dieser ungewöhnlichen Geschichte ist es nicht verwunderlich, daß sich um die Husenkirche und ihre Umgebung allmählich Sagen rankten. So soll im Jahre 1786 eine Frau aus Hermannsroda zur Zeugin einer Geistermesse in der Husenkirche geworden sein. Die Frau wunderte sich, daß die Kirche erleuchtet war und Musik erklang, obwohl auf dem verschneiten Weg, der zwischen den Gräbern hindurch zur Kirchentür führte, keinerlei Spuren zu sehen waren. Sie ging hinein und sah, daß die Kirche voller Menschen war. Alle Leute und auch der Geistliche waren ihr unbekannt. Mit Schrecken bemerkte sie, daß das Gesicht der Frau, welche neben ihr stand, ganz mit Spinnweben überzogen war. Ihre Hand, nach der sie prüfend griff, war kalt wie Stein. Der Schreck ließ die Frau bewußtlos zu Boden stürzen, wo sie einige Stunden später der Küster fand.
Ein angesehener Bürger von Salzungen, der beim Spazierengehen an der alten Husenkirche vorbeikam, sah zu seinem Erstaunen, wie sich das alte Brettertor öffnete und eine große, mit schwarzen Pferden bespannte

Die Husenkirche in Bad Salzungen

gläserne Kutsche heraus fuhr. Der Mann trat beiseite und konnte im Vorbeifahren die in der Kutsche Sitzenden erkennen. Es waren lauter längst verstorbene Leute. Die Geisterkutsche fuhr bis zum „Husenbrückchen“, machte dort kehrt und verschwand wieder in dem Tor. Nachdem der Mann zu Hause von dem Gesehenen berichtet hatte, blieb er am anderen Morgen krank im Bett liegen und starb zwei Tage später.
→ Erfurt, Severikirche; → Holungen; → Lauchröden; → Weida

Burgsee
Die Entstehung des im Kurpark gelegenen Sees geht, wie bei vielen Gewässern der Umgebung, auf einen Erdfall zurück. Die Sage weiß von einem Wassermann sowie von drei Wasserjungfern zu berichten, die im Burgsee wohnten. Die Nixen waren von „unmenschlicher“ Schönheit und kamen oft zum Tanz in den Haunschen Hof. Am nassen Saum ihrer Kleider konnte man sie leicht erkennen. Einmal brachte eine Nixe ihr neugeborenes Kind zu einer Metzgerfamilie und bat sie, es aufzuziehen. Sie waren einverstanden, doch als die Zeit herum war, wollten sie es nicht mehr zurückgeben. Als das Kind später einmal im See badete, geschah es, daß es von unsichtbarer Hand ergriffen und in die Tiefe gezogen wurde.
Nix und Nixe der Volkssagen gehen auf ursprüngliche Wassergottheiten zurück, die schon früh dämonisiert wurden. Ihr Wesen ist ebenso ambivalent wie das des Wassers. Erst in der Zeit der Romantik gewann die Nixe eine freundlichere Gestalt. Nixensagen wurden auch erzählt, um Kinder vor den Gefahren des Wassers zu warnen. Früher sagte man, daß der Salzunger Burgsee jedes Jahr ein Opfer verlange, sonst brause er wild auf. Es hieß auch, daß sein Wasser bis unter die Hälfte der Stadt reiche. Nach einer Prophezeiung der letzen Äbtissin des Klosters Allendorf soll dieser Stadtteil einst vom See verschlungen werden, der andere dagegen im Feuer untergehen.
→ Dönges; → Weimar, Ilm

BEICHLINGEN (Lkr. Sömmerda)

Schloß Beichlingen
Am nordöstlichen Rand des Thüringer Beckens liegt in einer waldreichen Hügellandschaft der Ort Beichlingen mit seinem großen Schloßkomplex. Eine Inschrift über dem Eingangstor des Schlosses beginnt mit den Worten: „Beichlingum a romanis conditum,

arcem anitquissimam ..." („Beichlingen, von den Römern gegründet, eine sehr alte Burg ..."). Die Inschrift aus dem Jahre 1553 ist eine Geste der Verehrung gegenüber den Römern. Unter Wolfgang von Werthern erfolgte von 1553 an ein Umbau der Burg im Stil der Renaissance, der das heutige Erscheinungsbild des Schlosses wesentlich prägt. Die ursprüngliche Burg war im Jahre 1014 erstmalig urkundlich erwähnt worden. Im Jahre 1110 vermählte sich Gräfin Kunigunde von Beichlingen in dritter Ehe mit den mächtigen Wiprecht von Groitsch (d. Ä.). Wie überliefert ist, heiratete am gleichen Tag die Tochter der Gräfin, die ebenfalls Kunigunde hieß, den Sohn Wiprechts, der ebenfalls Wiprecht hieß. Im 14. Jh. begann der Niedergang des Beichlinger Grafengeschlechtes, und 1519 ging die Burg an die Familie von Werthern über.
Eine Sage erzählt, daß zur Zeit Heinrichs II. auf Schloß Beichlingen eine Gräfin Reinhilde lebte, in die sich ein Graf namens Werinher von Walbeck verliebt hatte. Die Schöne wies seine Werbungen jedoch ab, da sie dem Kaiser versprochen hatte, einen von ihm ausgewählten Mann zum Gatten zu nehmen. Werinher von Walbeck ließ sich von seinem Ziel jedoch nicht abbringen. Der verwegene Kriegsmann war Witwer; seine verstorbene Gemahlin hatte er sich einst aus dem Stift zu Quedlinburg geraubt. Da er nicht ohne Ehefrau leben wollte, beschloß er kurzerhand, die Gräfin Reinhilde zu entführen. Diese machte ihm aber allerdings mit einer List einen Strich durch die Rechnung. Sie verlangte, daß er auch ihre Lieblingsdienerin entführe. Graf von Walbeck beauftragte einen seiner Gefolgsleute, zur Feste zurückzureiten, um dem Wunsch der Gräfin zu erfüllen. Als ihn die Burgbesatzung gefan-

Schloß Beichlingen

gennehmen wollte, rief er seinen Herrn zu Hilfe. Dieser eilte auch spornstreichs zurück – und bemerkte zu spät, daß er in eine Falle geraten war. Kurzerhand flüchtete er durch einen Sprung über die Mauer. Dabei verletzte er sich so schwer, daß er nach wenigen Tagen Krankenlager starb.
→ Sachsenburg; → Weißensee

BOBECK (Saale-Holzland-Kreis)

Große Rabsburg

Im Zeitzgrund, einem tief in den roten Buntsandstein des Holzlandes eingeschnittenen Tal, das nördlich der Autobahn A 4 zwischen dem Hermsdorfer Kreuz und Stadtroda verläuft, sind unweit des Bahnhaltepunktes „Papiermühle“ die spärlichen Reste der 1333 als Rabensburg erwähnten Großen Rabsburg zu finden. Der Rabsberg, auf dem die im Volksmund als Raubschloß bezeichnete Burg stand, wurde beim Bau der Eisenbahnlinie im Jahre 1874/75 durchschnitten. Man stieß dabei auf die Grundmauern der Burg und fand neben verkohltem Getreide und verbrannten Balken auch Hufeisen, Dolche, Speerspitzen und zahlreiche Gefäßscherben. Heute ist nur noch ein Teil des Wallgrabens zu sehen, und eine trichterförmige Vertiefung markiert den Ort des einstigen Burgbrunnens. Zahlreiche Sagen halten jedoch die Erinnerung an die alte Burgstätte wach.
Ein junger Bursche aus dem Dorf *Bollberg*, der in einer Winternacht von der Spinnstube aus Bobeck kam, stand am Rabsberg plötzlich auf einer blühenden Wiese. Dort weidete ein Hirte, der einen altertümlichen weißen Mantel mit goldglänzendem Gürtel trug, eine große Herde. Alles war reglos und still, und der Bursche wagte nicht, mitten durch die Schafherde zu gehen. Erst als der Hirte seine silberne Schalmei zu blasen begann, kam Leben in die Herde, und wenig später war der Spuk verschwunden.
Nach einer anderen Sage hatte der letzte Herr der Rabsburg vor der Zerstörung des Raubschlosses seine Schätze vergraben. Ein geldgieriger Bauer ging eines Nachts zu der alten Ruine und grub danach. So tief er auch wühlte – er konnte nichts finden, und als es ein Uhr schlug, erlosch sein Licht und er stürzte tot in die Grube. Seitdem konnte man dort um Mitternacht ein Licht flackern sehen – der ruhelose Geist jenes Schatzgräbers. Seit dem Bau der Eisenbahn ist die Erscheinung nicht mehr gesehen worden.
Eine andere Geistererscheinung vom Rabsberg ist eine steinalte Frau, die sich hier zur Mittagsstunde ge-

legentlich zeigt. Ein Mädchen aus Bollberg, das nach *Albersdorf* gehen wollte, sah, wie sich die Alte abmühte, einen Korb voll Reisig auf den Rücken zu heben. Das Mädchen war ihr behilflich, und die Alte gab ihr zum Dank einen Stein, den sie auf dem Rabsberg gefunden hatte. Als das Mädchen seiner Mutter zu Hause das seltsame Geschenk zeigen wollte, war ein Wunder geschehen: der Stein hatte sich in blankes Gold verwandelt.
Auch von einem gespenstischen Hasen am Rabsberg wird erzählt. Ein Mann aus Schöngleina sammelte hier im Winter mit seinem Kind Holz. Als sie ihren Schlitten beladen wollten, saß ein Hase von ungewöhnlicher Größe darin. Der Mann versuchte, ihn wegzuscheuchen – umsonst. Erst als der Mann rief „Alle guten Geister loben Gott, den Herrn", war das gespenstische Tier verschwunden. Eilig beluden die beiden den Schlitten, um den unheimlichen Ort rasch zu verlassen. Doch schon nach kurzer Strecke hatten sie sich verlaufen. Bis zur Dämmerung irrten sie umher, ohne den Ausgang des Waldes zu finden. Erst spät in der Nacht kehrten sie nach Schöngleina zurück. Wie es heißt, hat der Mann danach neun Tage lang schwerkrank im Bett gelegen und seinen Fuß nie mehr in dieses Gegend gesetzt.

BODENSTEIN (Lkr. Eichsfeld)

Burg Bodenstein
Von *Wintzingerode* an der Bahnstrecke Worbis–Teistungen aus erreicht ein rüstiger Fußgänger die Burg Bodenstein in einer knappen Stunde. Sie liegt auf einem westlichen Ausläufer des Ohmgebirges bei dem

Burg Bodenstein

kleinen Ort Bodenstein. Die Burg wurde um 1098 erstmals urkundlich erwähnt. Die Kernburg ist noch gut erhalten und über eine funktionsfähige Zugbrücke zu erreichen. Im Gelände der Vorburg befindet sich die Ruine des Kornhauses. Dort zeigt ein Kreuz aus Eisen die Stelle an, wo einst in der ehemaligen Burgkapelle die ersten lutherischen Gottesdienste auf dem Eichsfeld gehalten worden sind. Das Wintzingeröder Geschlecht, allen voran Barthold von Wintzingerode, vertrat in der Zeit der Reformation und der Gegenreformation begeistert Luthers Ideen. Das Eichsfeld gehörte politisch zu Kurmainz. Der Erzbischof von Mainz als geistlicher Oberhirte war zugleich Kurfürst und damit weltlicher Herr. Barthold von Wintzingerode verweigerte ihm den Treueid, weil er als Protestant keinem katholischen Kirchenfürsten huldigen wollte. Daraufhin eroberten die Kurmainzischen die Burg Bodenstein im Handstreich, Barthold kam als Gefangener nach Mainz und wurde dort 1575 als Aufrührer enthauptet. Sein Schädel ruht auf der Burg unter Glas; er steht auf einer Treppe, die zu einer vermauerten Tür führt. Burg Bodenstein dient heute als Rüstzeitenheim der evangelischen Kirche, kann aber bei Führungen besichtigt werden.

Die Wurzeln der folgenden Sage reichen zurück bis in heidnische Zeit. Wotan, den unsere Vorfahren in vorchristlicher Zeit verehrten, wandelte sich nach der christlichen Missionierung als ehemaliger Gott der Schlachten im Volksglauben zum Wilden Jäger, der in einigen Gebieten Deutschlands bis heute „Wode“ genannt wird. Mit seinem Gefolge, dem Totenheer, zieht er vor allem in den Rauhnächten umher und hinterläßt mitunter ein „Aasgeschenk“.

Ein Schäfer begab sich am späten Abend mit seinem Sohn hinaus zu seinen Schafen in der Nähe der Burg Bodenstein. Als es von einem fernen Kirchturm zwölfmal schlug, vernahmen sie aus der Richtung der Burg ein immer lauter werdendes Brausen und Toben. Gespenstische Reiter und eine Meute Hunde jagten durch die Luft. Während der Vater ein stilles Gebet sprach, stach den Burschen der Hafer, und er äffte die Rufe des Wilden Jägers nach. Da rief es dröhnend von oben:

„Habt ihr mir helfen jagen,
So müßt ihr auch helfen beim Nagen!“

Ein riesiger Pferdekopf schlug neben den beiden auf dem Boden auf. Die Wilde Jagd brauste von dannen, und die beiden Schäfer sahen sich ratlos an. Schließlich schleuderten sie den blutigen Kopf in ein Gebüsch. Aber kaum hatten sie sich zum Gehen gewandt, sprang der Roßschädel von selbst aus dem Loch und rollte geradewegs auf den Pferch zu. Unter den Hunden und Schafen kam es zu einer heillosen Verwirrung. Nun warf der Schäfer das unheimliche Geschenk in eine Grube. Doch das half nichts; der Pferdekopf kam wieder zurück. Schließlich löste der Schäfer das Fleisch von den Knochen und fütterte seine Hunde damit. Nun endlich gab der Spuk Ruhe. Am folgenden Morgen war keine Spur des Schädels mehr zu finden.

Der Anfang der folgenden Sage verrät, daß sie ursprünglich von Gegnern des Barthold von Wintzingerode erzählt worden ist:

Auf der Burg Bodenstein trieb lange Zeit der Geist des Barthold von Wintzingerode sein Unwesen. Er vergrämte den Besuch und verjagte Gesinde und Dienerschaft. Der neue Burgherr sagte demjenigen eine Belohnung zu, der ihm den Spuk vom Halse schaffe. Doch jeden, der es versuchte, verjagte das Gespenst. Bartholds Lieblingsspuk war es, sein auf dem Korridor hängendes Bildnis vor unliebsamen Gästen auf den Boden poltern zu lassen. Nach langer Zeit erbot sich ein lutherischer Theologiestudent, dem unglücklichen Geist zur ewigen Ruhe zu verhelfen. Mit einer Lutherbibel setzte er sich um die Geisterstunde ins Bibliothekszimmer und sprach ein langes Gebet. Wieder nahten die klirrenden Schritte. Der Geist trat ein, ging zum Lesepult und vertiefte sich in den Bibeltext. Dann führte er den Studenten in einen entlegenen Keller, wies ihm dort eine versteckte Öffnung und bat ihn, dieses Loch zumauern zu lassen; er werde nun in Frieden ruhen können, da Luthers Lehre hier in guten Händen sei. Seitdem war Ruhe auf Schloß Bodenstein.

Neben dem Geist Bartholds von Wintzingerode soll auch die Ahnfrau Anna Susanna hier gespukt haben. Doch sie war friedlicher Natur und half den Mägden sogar beim Spinnen.

→ Greiz, Teufelskanzel; → Hohenleuben, Walteich

BORNHAGEN (Lkr. Eichsfeld)

Burg Hanstein

Auf einem 450 m hohen Basaltfelsen des Höheberges nahe Bornhagen und Rimbach findet der Wanderer eine Burgruine, die man zu den imposantesten in Thüringen zählen kann. Zum ersten Mal wird Burg Hanstein in der 1. Hälfte des 9. Jh. in Urkunden des Klosters Corvey erwähnt, Heinrich IV. ließ sie im 11. Jh.

zerstören, doch im gleichen Jahrhundert wurde sie wieder aufgebaut. Bis in das 17. Jh. hinein war sie bewohnt, im Jahre 1683 wird sie als „wüst und unbewohnt“ bezeichnet. Erhalten sind Teile der Ringmauer, der fünf Toranlagen, die Rundtürme und mehrere Wohngebäude. Seit 1985 wurden denkmalpflegerische Arbeiten an der Ruine ausgeführt. Heute ist der Bergfried wieder zu besteigen, und der Rittersaal wird für Konzerte genutzt. Der Aufstieg auf den 24 m hohen Turm lohnt sich, denn von hier aus kann man bei klarem Wetter etwa 150 Orte der Umgebung sehen. In der Kirche des sich an den Fuß des Berges schmiegenden Ortes *Rimbach* steht der Altar aus der ehemaligen Burgkapelle.
Einige der Burgbesitzer waren zu Raubrittern verkommen. Die Sage meint, sie hätten ihre Beute in Gewölben unter der Burg verborgen, und ihre Geister müßten nun ruhelos das einstmals Zusammengeraubte bewachen: Unterhalb der Burgruine Hanstein weidete ein Hütejunge aus dem Dorf Rimbach oft seine Herde. Eines Tages trieb ihn die Neugier, sich eingehend in dem verfallenen Gemäuer umzusehen. In einer versteckten Ecke fand er den Eingang zu einem schmalen Gang, in dem er sich in der Finsternis abwärts tastete, verirrte und schließlich ermattet einschlief. Er erwachte von einem schrecklichen Getöse und grellen Licht – ein geisterhafter Mann in klirrender Rüstung forderte ihn auf, ihm zu folgen und führte ihn in einen mit Schätzen gefüllten Saal, von denen er nach Belieben nehmen durfte. Als die Turmuhr die erste Stunde des neuen Tages schlug, verschwand der Greif und es wurde finstere Nacht. Beim Erwachen fand der Hirtenjunge sich im Keller seines Dienstherrn wieder. Sein Erlebnis gab den Dorfbewohnern Anlaß zu lebhafter Schatzsuche – gefunden hat jedoch keiner etwas.

BREITUNGEN (Lkr. Schmalkalden-Meiningen)

Kloster Herrenbreitungen
Breitungen setzte sich im Mittelalter aus drei Siedlungen zusammen. Links der Werra befand sich *Frauen-* bzw. *Königsbreitungen*, rechts der Werra *Herren-* bzw. *Burgbreitungen* und flußabwärts *Altenbreitungen*. Die Namen Frauen- und Herrenbreitungen leiten sich aus ehemals dort bestehenden Klöstern ab, die durch einen unterirdischen Gang verbunden gewesen sein sollen. Die im 12. Jh. erbaute Basilika des Klosters Burgbreitungen ist noch erhalten; die Klausur

wurde 1554–1556 zum Schloß umgebaut und beherbergt heute ein Museum.
Vom Klosterleben berichtet folgende Sage: In der Erntezeit des Jahres 1472 starb Bruder Johannes, und zwei seiner Mitbrüder, Jeremias und Peter, hielten die Totenwache. Da die beiden sehr gern dem Wein zusprachen, schickte Bruder Peter Jeremias in den Keller, einen Krug Wein zu holen. Da kam Bruder Peter die Idee, Jeremias zu erschrecken. Er nahm den Toten aus dem Sarg, setzte ihn auf die Bank und legte sich in den Sarg. Jeremias kam mit dem Wein aus dem Keller und sah, wie sich der vermeintlich Tote im Sarg bewegte. Er erschrak fürchterlich und rief seinen auf der Bank sitzenden Mitbruder zu Hilfe. Doch der rührte sich nicht. Als Bruder Peter nun aus dem Sarg stieg, ließ Jeremias zu Tode erschrocken den Krug fallen und stürzte zu Boden. Peter sprang hinzu, um den Wein zu retten und brach ebenfalls zusammen. In diesem Moment schlug der totgeglaubte Bruder Johannes die Augen auf und rief Hilfe herbei. Bruder Jeremias erwachte wieder, blieb jedoch bis ans Ende seines Lebens stumm. Zur Strafe durfte er von da an nur noch Wasser trinken. Bruder Peter starb infolge der Aufregungen; Johannes soll indes noch recht lange gelebt haben.

Kirche Frauenbreitungen
Zu den bemerkenswerten Ausstattungsstücken der Pfarrkirche zählt ein spätgotischer Flügelaltar, in dessen Schrein Maria mit der Hl. Barbara und der Hl. Katharina dargestellt sind. Der Sage nach sollen solche Kunstwerke aus „katholischer Zeit" während des 30jähriges Krieges in verschiedenen Orten Unheil abgewendet haben. So auch in Frauenbreitungen. Wie man erzählt, waren die Kroaten unter Graf Isolani auf der Suche nach Stallungen für ihre Pferde und wollten das Gotteshaus ausräumen und als Pferdestall herrichten. Als der Graf aber Malereien und Schnitzereien der Kirche betrachtete, überkamen den grausamen Heerführer Skrupel, und er gab den Befehl, Kirche und Ort zu verschonen.

BUCHFART (Kreis Weimarer Land)

Felsenburg Buchfart
Das mittlere Ilmtal ist bei Buchfart am reizvollsten. Wenige Minuten vom Dorf entfernt sind im steilen Felshang fünfzehn Meter über dem Ilmlauf die Reste einer Burganlage zu sehen, die höhlenartig in den

Kalkfelsen getrieben wurde. Die Anfänge dieser Befestigung liegen in vorgeschichtlichen Zeiten; genutzt wurde sie bis ins ausgehende Mittelalter.
Um die uralte Höhlenburg spann die Zeit der Romantik ein Kunstmärchen nach dem Muster der französischen Feenmärchen, in das Motive alter Thüringer Sagen einflossen: Vom Felsenschloß Buchfart zieht im Frühling ein zartes, schönes Fräulein mit wallenden braunen Locken aus. Sie ist in ein leuchtend weißes Gewand gehüllt und reitet auf einem weißen Hirsch mit goldenem Geweih. Elfen und andere Luftgeister begleiten sie auf ihrem Wege zum Ettersberge bei Weimar. Wo sie segnend ihren goldenen Zauberstab ausstreckt, gedeiht die Ernte. Im Herbst, wenn sich die Natur zum Schlaf anschickt, kommt auch sie zurück in ihre Zauberhöhle. Gefährlich ist es für einen Sterblichen, das schöne Wesen zu sehen. Eine unbezähmbare Sehnsucht zwingt ihn, die Schöne im Felsenschloß aufzusuchen und für immer bei ihr zu bleiben. Nur selten gelang es dem Getreuen Eckart, der als Warner am Eingang steht, einen so Betörten aus dem Bann zu befreien.
→ Jena, Lobdeburg

BURGK (Saale-Orla-Kreis)

Burgkhammer
Am Ausgleichsbecken der Saaletalsperre, direkt unter Schloß Burgk, befindet sich der Ortsteil Burgkhammer, der auf ein altes, nicht mehr vorhandenes Eisenwerk zurückgeht. Das Hammerwerk wird bereits in einer Verkaufsurkunde von 1366 genannt und war bis ins 19. Jh. in Betrieb. Aus dem in unmittelbarer Nähe abgebauten Eisenerz wurden im Burgkhammer unter anderem kunstvoll gestaltete Ofenplatten, wie man sie heute im Museum Schloß Burgk bewundern kann, hergestellt.
In der Sage wird das jahrhundertelange Florieren des Eisenwerkes genauso wie sein allmählicher Untergang mit dem Wirken von Hüttenmännchen, einer besonders in Bergbaugebieten vorkommenden Zwergengattung, in Verbindung gebracht. Die Hüttenmännchen wohnten in den erzhaltigen Saalefelsen; sie besaßen die Fähigkeit, dem Eisen vorzügliche Eigenschaften zu verleihen. Wenn die Gesellen im Hammerwerk ihr Tagewerk vollendet hatten, setzten die Hüttenmännchen nachts die Arbeit fort, besonders dann, wenn ein Geselle krank oder von einem Unfall betroffen war. So lebten die Gesellen viele Jahre lang im

Einvernehmen mit den wohltätigen Helfern. Niemand belauschte oder störte ihr heimliches Tun. Auch als einmal ein neuer Geselle den Hüttenmännchen in der Nacht auflauerte, straften sie zwar den Neugierigen, waren aber nicht nachtragend. Erst als sich die Menschen die Hüttenmännchen mit Geschenken gewogen machen wollten, kam es zum Bruch. Beleidigt verließen sie das Hammerwerk und verschwanden für immer. Von diesem Tag an ging es mit dem Burgkhammer bergab. Das Erz und alle Erzeugnisse verloren ihre Güte, der Betrieb kam ins Stocken. Man wünschte sich die Helfer von Herzen zurück und schnitt ihr Bild zum Andenken in den Türpfosten. Aber die Hüttenmännchen kamen nicht wieder, und das Hammerwerk mußte seinen Betrieb schließlich einstellen.
→ Gera, Zwergenlöcher; → Königsee

BUTTELSTEDT (Lkr. Weimarer Land)

Wetzstein
Am Ortsausgang von Buttelstedt, an der B 85 in Richtung *Kölleda*, steht nahe dem Sportplatz ein Bodendenkmal besonderer Art. Es ist ein Menhir von 2,80 m Größe, der schönste seiner Art in Thüringen. Im Jahre 1994 wurde er gründlich überholt und von seinem bisherigen Platz etwa 700 m näher an den Ortsausgang versetzt. Der Menhir ist ungefähr 4000 Jahre alt und ein Zeuge geheimnisvoller Kulte der Menschen in damaliger Zeit. Seine Form ähnelt einem riesigen Wetzstein. Die Sage erklärt sein Vorhandensein mit dem Wirken von Riesen. Zwei von ihnen waren einst auf dem Ettersberg und der Finne beim Mähen. Als dem einen die Sense stumpf wurde, rief er seinem Kameraden zu, ihm seinen Wetzstein herüberzuwerfen – doch der Stein erreichte sein Ziel nicht und fiel bereits bei Buttelstedt zu Boden, wo er sich tief in das Erdreich bohrte.
→ Schwarzatal, Hünenkuppe

BUTTSTÄDT (Lkr. Sömmerda)

Ratsbrunnen
Die seit 1597 auf dem Buttstädter Ratsbrunnen stehende Figur stellt den hl. Erzengel Michael mit der Seelenwaage dar, in deren Schalen ein Kind sowie der Teufel mit einem Mühlstein sitzen. Die Sage deutete dies folgendermaßen: Einst wohnte in Buttstädt ein kinderlos gebliebenes Ehepaar, das in seiner Not einen Handel mit dem Teufel einging. Er versprach ihnen

einen Nachkommen, der nachher jedoch sein Eigen werden sollte. Die Frau gebar bald einen Knaben, doch als das unschuldige Kind sie anlächelte, wurde ihr angst und bang, und sie flehte zu Gott, daß er das Unheil abwenden möge. Gott sandte einen Engel, der dem Teufel eine Wiegeprobe auferlegte: So mußte sich Herr Urian in eine Waagschale setzen, in die andere wurde der Säugling gelegt. Tief sank des Kindes Schale; das änderte sich auch nicht, als der Teufel noch einen Mühlstein mitnahm. Nun gab er sich zähneknirschend geschlagen, und das Kind war frei.
Tatsächlich handelt es sich um ein Bild des Erzengels Michael als Seelengeleiter. Darstellungen mit der Seelenwaage waren sehr verbreitet: in der einen Waagschale sitzt die menschliche Seele in Gestalt eines Kindes, während auf der anderen Seite der Teufel die Waage herunterzuziehen versucht, damit die Seele „als zu leicht befunden" wird.

CAMBURG (Saale-Holzland-Kreis)

Cyriakskirche
Etwa 1,5 km nördlich der Kleinstadt Camburg steht auf einer Anhöhe über dem linken Saaleufer im schattigen Laubwald die alte Kirchenruine St. Cyriakus. Die Geschichte des Cyriaksberges reicht weit zurück: Zuerst befand sich hier eine steinzeitliche Freilandstation, später eine slawische Opferstätte, bevor die von drei Erdwällen geschützte erste christliche Kirche entstand. Säulen, Bögen und Portale zeugen von der einst stattlichen romanischen Pfeilerbasilika, die vermutlich im 11. Jh. erbaut wurde. Die Kirche gehörte zum Augustiner-Chorherrenstift Neuwerk/Saale und wurde in der ersten Hälfte des 16. Jh. durch Bauern der nahegelegenen Dörfer *Schmiedehausen* und *Münchengosserstädt* teilweise zerstört. Während die Sage vom geisterhaften Treiben verstorbener Mönche in der Ruine berichtet, geht aus den historischen Quellen nicht hervor, ob es sich bei der Anlage auf dem Berg des Hl. Cyriak tatsächlich um ein einstiges Kloster handelt.
Die bekannteste Überlieferung erzählt von einem jungen Mann aus dem Dorf *Leislau*, der wegen einer nicht standesgemäßen Liebschaft von seinem Vater gezwungen worden war, ins Kloster zu gehen. Der Mönch verließ jedoch allabendlich das Cyriakskloster, wanderte mit einer Laterne am Saaleufer entlang und setzte ans andere Ufer über, um zu seiner Geliebten zu gelangen. Bei einem dieser nächtlichen Gänge wurde er erschlagen; man fand ihn verblutet, seine

rechte Hand und die Laterne fehlten jedoch. Seither wanderte die Hand mit der Laterne geisterhaft durch die Gegend und wurde des Nachts oft von heimkehrenden Leuten beobachtet. Stets schwebte sie lautlos hinter den Menschen her. Vor allem in der Dunkelheit des Herbstes wurde diese Gegend deshalb gemieden. Zahlreiche Sagen berichten von verborgenen Schätzen in der alten Cyriaksruine und den – meist mißlungenen – Versuchen, sie zu heben. Ein Bauer aus Camburg, der wegen seiner Habgier verrufen war, ließ in der Ruine keinen Stein auf dem anderen, um den Eingang zu einem verborgenen Schatzgewölbe zu finden. Als er wieder einmal jeden Winkel der Ruine durchstöbert hatte, hörte er seinen Namen rufen. Aus einer Spalte im Gemäuer schob sich ein Arm, der mit einem prall gefüllten Beutel winkte. Begierig griff der Bauer nach dem vermeintlichen Schatz, doch im selben Moment packte ihn eine kräftige Faust am Kragen. Mit übermenschlicher Kraft zog sie ihn durch den Mauerspalt in die Tiefe. Der Bauer verschwand in der Ruine und wurde niemals wieder gesehen.

CATTERFELD-ALTENBERGEN (Lkr. Gotha)

„Kandelaber" auf dem Johannisberg

Auf dem Johannisberg beim Ortsteil *Altenbergen* soll der Sage nach Bonifatius im Jahre 724 die erste Kirche Thüringens errichtet haben. Wenngleich dies historisch umstritten ist, blieb die Legende doch nicht ohne Folgen für den Ort. Graf Ludwig der Bärtige (gestorben um 1080) ließ an der sagenhaften Stätte auf – wie es heißt – „alten Gemäuern" eine St. Johannes geweihte Kirche errichten. Die Johanniskirche bildete mehrere Jahrhunderte lang mit den Dörfern der Umgebung eine Pfarrei. Als die Gemeinden dann eigene Kirchen erhielten, verfiel das alte Gotteshaus auf dem Berg. Für einen Gedenkstein, der an die verschwundene Kirche erinnern sollte, bestimmte ein Holzmacher Anfang des 19. Jh. 20 Gulden in seinem Testament. Das war der Grundstock für die Errichtung des Denkmals auf dem Johannisberg, das Kandelaber (Leuchter) oder auch Bonifatiussäule genannt wird.
Die Legende erzählt, daß das erste Kirchlein die Menschen oft nicht faßte und Bonifatius deshalb im Freien predigen mußte. Doch Scharen von Raben, Dohlen und Krähen sammelten sich auf dem Berg und lärmten so laut, daß seine Predigt kaum zu verstehen war. Da hob Bonifatius die Hände und flehte zu Gott, die gefiederte Plage in alle Himmelsrichtungen zu zerstreuen.

„Kandelaber“

Da flogen die Vögel auf und kehrten, solange das Kirchlein stand, nicht mehr zum Johannisberg zurück. Als der steile Weg hinauf zur Johanniskirche den Menschen zu mühsam wurde, sollte das alte Gotteshaus 1710 abgetragen und im Grund zwischen Altenbergen und Catterfeld neu errichtet werden. Alle Dorfbewohner legten beim Abriß mit Hand an. Am nächsten Tag mußten sie zu ihrem Erstaunen jedoch sehen, daß das Kirchlein unversehrt wieder auf dem Berg stand. Nachdem sich das mehrmals wiederholt hatte, ließen sie davon ab und bauten in ihren Dörfern neue Kirchen. Die alte St. Johanniskirche aber verfiel und stürzte schließlich 1757 zusammen.
→ Erfurt, Dom; → Geismar

Creuzburg (Wartburgkreis)

Burg Creuzburg
Ein schlichtes Holzkreuz im Burghof erinnert daran, daß Bonifatius der Überlieferung nach im Jahre 724 auf dem Burgberg das erste christliche Kreuz errichten ließ und hier längere Zeit ein Kloster existierte. An dessen Stelle entstand im 12. Jh. eine Burg, die ihre größte Blüte zur Zeit der Thüringer Landgrafen erleb-

te. Die Creuzburg war ein bevorzugter Aufenthaltsort der 1235 heilig gesprochenen Landgräfin Elisabeth. Auf der Creuzburg soll Hermann, der erstgeborene Sohn des Landgrafen Ludwig IV. und der Landgräfin Elisabeth, bei einem Festmahl im Jahre 1241 vergiftet worden sein. In seiner Todesstunde ordnete er an, beim Grab seiner Mutter in Marburg bestattet zu werden. Als der Leichenzug schon dorthin aufgebrochen war, befahl Landgraf Heinrich Raspe umzukehren und den Toten statt dessen im Kloster Reinhardsbrunn zu begraben, denn er fürchtete insgeheim, die Wunderkräfte der heiligen Elisabeth würden ihren vergifteten Sohn wieder zum Leben erwecken und dieser könnte ihm die Landgrafenwürde streitig machen.
→ Eisenach, Wartburg

Liboriuskapelle
Creuzburg verdankt seine einstige Bedeutung vor allem der alten Handels- und Heerstraße, die hier die Werra überquerte. Seit 1223 überspannt die „Alte Brücke" mit ihren sieben Bögen den Fluß. Sie gilt als älteste Steinbrücke nördlich des Mains. Die 1499 am östlichen Brückenkopf erbaute Liboriuskapelle unterstreicht die besondere Bedeutung dieses Ortes.
Schon der Vorgängerbau, eine hölzerne Kapelle, war als Wallfahrtstätte bekannt. St. Liboruis galt als Helfer „in Leibesnöten". Über den Bau der steinernen Kapelle berichtet eine Inschrift am Portal: „Zum Jahre 1499 am 5. Sonntag nach dem Feste des heiligen Bartholomäus wurde dieser Bau begonnen." Man erzählt, daß genau an diesem Tag ein Creuzburger Maurergeselle nach langer Wanderschaft aus Italien zurückkehrte. Unter seiner Leitung sei der Bau nach dem Vorbild einer Kapelle in Verona errichtet worden.

CROCK (Lkr. Hildburghausen)

Wallfahrtskirche St. Veit und Irmelsbrunnen
Crock, nördlich von *Eisfeld* an der B 281 gelegen, gelangte 1152 in den Besitz des Grafen Poppo von Henneberg. Von Brünn bzw. Schleusingen kommend, weist ein kleines Schild am Anfang des Ortes den Weg zur abseits auf dem Irmelsberg gelegenen Kirche, die im Mittelalter von vielen Wallfahrern besucht wurde. Der heutige Bau wurde 1489 errichtet. An seinen Vorgängerbau knüpft sich folgende Sage: Irmina, die Tochter des Frankenkönigs Dagobert, sei aus unglücklicher Liebe von Zuhause geflohen und habe an einem Brunnen nicht weit von der Kirche gewohnt, dem Ir-

melsbrunnen. Als sie ihren ganzen Besitz aufgezehrt und zuletzt nichts mehr anderes hatte als ein Säckchen Erbsen, habe sie traurig den Irmelsbrunnen verlassen und sei nach Eisfeld gewandert. Das Säckchen, in dem sie die Erbsen trug, hatte aber ein Loch. Die Erbsen fielen unbemerkt heraus und verwandelten sich in Steine. Noch heute kann man auf dem Weg von Crock nach Eisfeld kleine runde, erbsenfarbene Kiesel finden. Das Wasser des Irmelsbrunnens, dessen Nachfolgebrunnen heute neben der Kirche steht, galt später als wundertätig, und die Wallfahrer, die über den Wald und über Crock nach dem fränkischen Vierzehnheiligen zogen, haben oft und gern daraus getrunken.

D

Daasdorf am Berge (Lkr. Weimarer Land)

Kirche und Glocken

Die heutige, im Jahre 1751 erbaute Kirche zu Daasdorf am Ettersberg birgt in ihrem Turm ein weithin bekanntes Geläut. Die größte der Glocken goß der bekannte Erfurter Glockengießer Heinrich Ciegeler im Jahre 1502, die mittlere stammt aus dem späten 15. Jh., die kleinste aus dem frühen 14. Jh. Sie ist damit die älteste Glocke des Kirchenkreises Weimar. Sie besitzt keine Inschrift; nur die Sage kann Auskunft geben:

Am Hundsberg nahe Daasdorf am Ettersberg stand früher das Dorf Gethorn, von dem keiner weiß, wann es in Trümmer fiel. Dort hütete ein Schweinehirt aus Daasdorf seine Herde. Eine Sau machte sich etwas abseits von den anderen im Erdreich zu schaffen und wühlte so emsig, daß der Hirt neugierig wurde und nachsah. Ein kronenförmiges Gebilde ragte aus dem Erdreich. Der Hirt klopfte daran – es bestand aus Metall. Als alles Ziehen und Rütteln nichts half, rief er einige Männer herbei. Mühsam mußten sie graben und hatten schließlich eine guterhaltene Glocke zutage gefördert, die bald darauf im Kirchturm zu Daasdorf aufgehängt wurde.

→ Helmershausen; → Sülzfeld

Dermbach (Wartburgkreis)

Baier

Unter den mächtigen Basaltkuppen am Nordrand der thüringischen Rhön ist der nördlich von Dermbach gelegene Baier (714 m) die imposanteste Erscheinung – und glücklicherweise noch nicht durch den Basaltabbau entstellt. Von Dermbach kann man über *Unter-*

alba, Oberalba und dem *Emberg* zum Gipfel des Baier wandern (7 km).

Von keinem anderen Berg der thüringischen Rhön wissen die Bewohner der umliegenden Dörfer so viele Geschichten von sagenhaften und unheimlichen Erlebnissen zu berichten. Feurigen, riesenhaft großen Männern konnte man am Baier begegnen und schrecklichen schwarzen Hunden mit glühenden Telleraugen. Auch der aus vielen Sagen bekannte Otternkönig war hier beheimatet. Im 18. Jh. soll sich der legendäre Räuber Rhönpaulus oft am Baier aufgehalten haben.

Rätselhaft und geheimnisvoll erschien den Leuten auch das Innenleben des vulkangeborenen Basaltberges. Die einen glaubten, daß hier ein mächtiges Feuer glühe, und brachten dies mit dem dumpfen Rollen, welches der Berg gelegentlich hören läßt, in Verbindung. Andere meinten, der ganze Berg sei hohl und mit Wasser gefüllt. Der Sage nach kamen oft Leute zum Baier, um nach seltenen Erzen zu graben, darunter zahlreiche Venediger (Italiener, die hier nach Mineralien und Farbstoffen für die venezianische Glaskunst suchten und vom Volksglauben dämonisiert wurden). Einmal waren die Erzgräber schon tief in den Berg eingedrungen, als sie aus dem Inneren ein seltsames Brausen vernahmen. Ein graues Männchen erschien und warnte, die Wassermassen könnten aus dem Berg brechen und das ganze Tal überfluten, wenn sie weiter graben würden. Da erschraken die Männer sehr und warfen die Grube eilig zu. Glücklicher trafen es hingegen jene Venediger, die am Goldborn, einer Quelle über dem Baiershof, große Mengen des edlen Metalls fanden.

Zahlreiche Sagen ranken sich um ein verwunschenes Schloß, daß sich auf dem Baier – oder aber in seinem Inneren – befunden haben soll. Ein Mann aus Oberalba sah hier zur Mitternachtsstunde eine Schar wildaussehender Jäger mit langen Bärten und Spinnwebengesichtern, die zechend an einer Tafel saßen. Ein Mädchen aus Oberalba, das am Berg ihre Kühe weidete, entdeckte den Eingang zu einem Schloß, dessen edler Herr sie zur Frau nehmen wollte. Ein Kötzenmacher aus Gehaus fand am Baier eine Wunderblume, die ihm Zugang in unterirdische Schatzgewölbe verschaffte.

Zur Sagenbildung mag hier auch beigetragen haben, daß der Gipfel des Baiers in vorgeschichtlicher Zeit eine Höhensiedlung trug, von der noch zwei Ringwälle aus Basaltbrocken zu sehen sind. Ein reicher bronzezeitlicher Hortfund, der Mitte des vorigen Jahrhunderts am Osthang ans Tageslicht befördert wurde,

zeugt ebenfalls von der ursprüngliche Bedeutung des Berges.
→ Inselsberg; → Schweina; → Singen

Paulus-Höhle und Ibengarten
Am Westhang des Neuberges beim Ortsteil *Glattbach* wachsen mehr als 400 Eiben, die teilweise 800–1000 Jahre alt sind. Der seltene, unter Naturschutz stehende Eiben-Buchen-Wald wird Ibengarten genannt; der Überlieferung nach soll er einst von Mönchen des Klosters Zella gepflanzt worden sein.
Hier befindet sich auch die Paulushöhle, eine eingefallene Kluftthöhle im Kalk, die dem legendären Rhönpaulus als Unterschlupf gedient haben soll. Historisch sind nur wenige Daten über diesen „edlen Räuber" überliefert: Er wurde als Johann Valentin Paul 1736 geboren und 1780 wegen Schmuggel, Diebstahl und Wilderei am Galgen hingerichtet. Um so größer ist die Zahl der Sagen, die von seinen tolldreisten Räubereien wie auch von manchen gutherzigen Taten gegenüber den zumeist in großer Armut lebenden Rhönbewohnern erzählen:
Einmal erfuhr der Probst von Zella, daß der mit dem Teufel verbündete Räuber sich in einem Haus in Empfertshausen aufhalte. Rasch ließ er das Haus von Bewaffneten umstellen, worauf sich Paulus im letzen Moment in einen prächtigen schwarzen Hahn verwandelte, auf die Haustür flog und den Propst mit lautem Krähen begrüßte. Dieser streichelte dem schönen, furchtlosen Tier bewundernd über den Rücken. Dann ließ er sämtliche Kammern durchsuchen, was freilich vergebens war. Einige Zeit später gelang es den Häschern doch, Paulus in seiner Höhle im Ibengarten festzunehmen. Damit er auf dem Weg zum Galgen nicht entspringen könne, ließ man eigens für seinen Transport einen besonderen Kasten bauen. So gelang es, ihn zum Neuberg zu bringen und dort zu richten.
Der sog. „Pauluskasten", in dem er zum Galgen transportiert worden sein soll, wird im Heimatmuseum Dermbach gezeigt.
→ Dörtendorf

DÖNGES (Wartburgkreis)

Hautsee
Die Landschaft zwischen *Bad Salzungen* und *Tiefenort* wird durch eine Reihe kleiner Seen belebt, auf deren Grund die Sage versunkene Schlösser weiß, die von Nixen und anderen Wassergeistern bevölkert sind.

Diese Gewässer (Salzunger See, Buchensee bei *Wildprechtroda*, Schönsee bei *Urnshausen* u. a.) entstanden durch Erdfälle infolge unterirdischer Auslaugungen. Freilich waren die sich im Verborgenen abspielenden Naturprozesse früher nicht bekannt. So galten die Seen als unheimliche Orte und boten Anlaß zur Sagenbildung.
Besonders interessant ist der Hautsee am Ortsrand von Dönges, bei dem eine „schwimmende Insel“ als weiteres Naturwunder hinzukommt. Die Insel dürfte dadurch entstanden sein, daß der Sturm irgendwann einen verlandeten Uferabschnitt losriß und auf das Wasser trieb. Seit Jahrhunderten hat das Volk die sich verändernde Lage der Insel beobachtet und darin ein Orakel gesehen, aus dem man Krieg und Frieden, Teuerungen und gute Zeiten vorhersagen kann.
Einst sollen in der grundlosen Tiefe des Hautsees auch drei Nixen gewohnt haben. Oft kamen sie zum Tanz nach Dönges, wo sich ein Bursche in die schönste unter ihnen verliebte. Diese ließ sich von ihrem Liebsten einmal zurückhalten, als die anderen um Mitternacht zu ihrer feuchten Heimstatt eilten, und fürchtete nun, von ihrem strengen Vater, dem Wassermann, für ihren Ungehorsam bestraft zu werden. In diesem Fall werde der Bursche ihr Blut aus der Tiefe quellen sehen. Sie schlug mit einer Gerte ins Wasser, worauf sich der See öffnete und sie winkend darin verschwand. Kaum aber hatte sich das Wasser geschlossen, sah der Bursche, wie es sich blutrot färbte. Tatsächlich dürfte die rote Farbe durch bestimmte Algenarten verursacht werden.
Nach einer anderen Sage kam ein Graf aus Brabant mit seiner Tochter am Hautsee vorüber. Die schwimmende Insel übte auf das Mädchen einen solchen Reiz aus, daß sie nicht mehr fort wollte und schließlich gar verschwand. Man gab dem verzweifelten Grafen den Rat, ein Fest zu veranstalten, um die Nixen durch die Musik aus dem Wasser zu locken. So geschah es auch, und alle sahen, daß es statt der drei nun vier Nixen waren, die zum Tanz kamen. Der Graf tanzte mit jeder von ihnen und gewann so seine Tochter zurück.
→ Bad Salzungen, Burgsee; → Weimar, Ilm

DORNBURG (Saale-Holzland-Kreis)

Altes Schloß und Kroatensturz

Auf einem Muschelkalkfelsen, der sich 90 m über dem Flußspiegel der Saale erhebt, befinden sich unweit des gleichnamigen Städtchens die drei Dornburger Schlösser. Den Mittelpunkt der von malerischen Park-

Dornburg mit Kroatensturz. Kupferstich, um 1650

anlagen und Weingärten umgebenen Anlagen bildet das Lustschloß im Rokokostil. Das Renaissanceschloß, wegen der zahlreichen Aufenthalte des Dichters Joh. Wolfg. Goethe (1749–1832) auch Goetheschloß genannt, ist ein Gutsherrenhaus aus dem 16. Jh. Den historischen Ausgangspunkt des Schloßensembles bildet das sog. Alte Schloß, dessen heutige Bausubstanz überwiegend aus dem frühen 16. Jh. stammt, seinem Ursprung nach jedoch auf eine erstmals im Jahre 937 erwähnte Reichsburg und Kaiserpfalz zurückgeht.

Mit dem Alten Schloß und einem in der Nähe befindlichen Felsen, der bis heute „Kroatensturz“ genannt wird, verbindet die Sage eine Erinnerung an die Schreckensjahre des 30jährigen Krieges. Der Ort Dornburg war schon mehrfach von Soldaten heimgesucht worden. Besonders groß war die Furcht vor den Reiterscharen der Kroaten. Niemand wagte, sich gegen sie zu verteidigen. So hatten die Angreifer ohne Mühe Beute gemacht, und wollten, nachdem es im Ort nichts mehr zu holen gab, auch das Schloß plündern, in dem zu dieser Zeit die verwitwete Herzogin Anna Maria mit einigen Bediensteten lebte. Die Kroaten drangen mit wildem Geschrei in das Haus ein. Einige der Plünderer gelangten bis zu den Gemächern der Herzogin. Hier soll sich das Blatt auf ungewöhnliche Weise gewendet haben. Statt um Gnade zu bitten, trat ihnen die weißhaarige Dame zornerfüllt mit vorgestreckter Pistole entgegen. Die Kroaten bekreuzigten sich, als handele es sich um eine Geistererscheinung, und wichen erschrocken zurück. Das ermutigte die Diener, und es kam zu einem Handgemenge, bei dem auch die Herzogin eine Verletzung davontrug. Die Soldaten schwangen sich auf ihre Pferde und zogen sich zurück. Diese Nachricht verbreitete sich in Dornburg wie ein Lauffeuer. Rasch bewaffneten sich die

Männer und nahmen die Verfolgung auf. Die Kroaten gaben ihren Pferden die Sporen, doch in der Finsternis verfehlten sie den Weg und stürzten den steilen Felsen zur Saale hinab, wobei sie den Tod fanden.

DÖRTENDORF (Lkr. Greiz)

Georg-Kresse-Gedenkstein

Als im zweiten Jahrzehnt des 30jährigen Krieges die Übergriffe plündernder Söldner auch in der Pflege *Reichenfels* unerträglich wurden, setzte sich ab 1629 der in Dörtendorf geborene Georg Kresse (1604 bis 1641) mit einer Schar Bauernsöhne erfolgreich gegen die Soldateska zur Wehr. Kresses verwegene Aktionen und die Tatsache, daß er und seine Schar sich über Jahre der Verfolgung entziehen konnten, haben zur Entstehung zahlreichen Sagen beigetragen, in denen Kresse oft als Hexenmeister erscheint, der im Bund mit dem Teufel steht. In Dörtendorf, gegenüber der Bushaltestelle, erinnert ein Gedenkstein an ihn.

Zahlreiche übernatürliche Fähigkeiten schrieb man dem „Teufelskresse" zu. Weder Degen noch Pistole konnten ihn verletzen, und er verstand es auch, seine Feinde am Ort „festzumachen". In dem Dorf *Pohlen* ließ er die feindlichen Soldaten zwar einrücken, bannte sie hier aber fest. Dann strafte er sie ebenso, wie sie mit der Bevölkerung verfahren waren, indem er ihnen Nasen und Ohren abschnitt.

Entsprechend groß war die Furcht, die allein schon sein Name hervorrief. Als Söldner einem Dörtendorfer Bauern das Melkvieh rauben wollten, rief dieser in seiner Not aus Leibeskräften: „Kresse hilf! Kresse hilf!" Die Diebe glaubten wohl, daß sich Kresse im nahen Wald aufhalte, da ließen sie die Kühe stehen und ergriffen die Flucht.

Andere Sagen berichten von seinen Zauberkünsten. Es hieß, daß er die Schwarze Kunst von übernatürlichen Wesen, den Waldweibeln, gelernt habe. Als ihn einst eine Schar Feinde verfolgte, streute Kresse hinter sich einen Sack Häckerlinge aus. Daraus wurden lauter Soldaten, worauf die Verfolger sich aus dem Staub machten. Das Dorf *Staitz* umstellte er mit Haselruten, welche den heranrückenden Feinden wie Soldaten erschienen.

Zahlreich sind auch die sagenhaften Berichte über seinen Tod. So heißt es, daß man nach seiner Gefangennahme zunächst versuchte, ihn mit Pistolen und Musketen zu erschießen, doch die Kugeln verletzten ihn nicht. Erst als Kresse seinen Feinden den Hinweis gab,

es mit dem „Pudel“, seiner eignen Waffe, zu versuchen, traf ihn eine Kugel tödlich. Das soll in Auma gewesen sein. Bis zum großen Stadtbrand 1790 soll das Einschußloch in einer Hauswand zu sehen gewesen sein. Kein Mörtel habe in dem Loch gehaftet, und die Blutspritzer seien nicht abzuwaschen gewesen.
Die Sage, nach der Kresse in seiner Höhle ein mit Dukaten gefülltes Rohr vergraben hat, soll viele Schatzgräber zur Suche veranlaßt haben, allerdings ohne Erfolg. Die „Kressenhöhle“ befand sich im Triebestal, genau gegenüber der Burgruine Reichenfels bei Hohenleuben. Heute sind dort die Felsen eines alten Steinbruchs zu sehen, durch den die Höhle bis auf einen geringen Rest vernichtet worden ist.
→ Dermbach

DREI GLEICHEN (Lkr. Gotha und Ilmkreis)

Zwischen *Erfurt* und *Ohrdruf, Arnstadt* und *Gotha* zieht eine malerische Burgengruppe den Betrachter in ihren Bann: Wachsenburg, Mühlburg und Burg Gleichen, landläufig die „Drei Gleichen“ genannt. Namensgebend wirkte die bereits im Jahre 1034 als „Gliche“ benannte Burg Gleichen. Bei der Entstehung des Namens mag auch eine Rolle gespielt haben, daß die drei Burgen dem Augenschein nach in gleicher Höhe

Die drei Gleichen

ihre Bergkegel krönen und auch die Entfernungen zwischen ihnen in etwa gleich zu sein scheinen. Darüber hinaus will die Sage wissen, daß alle drei Burgen in einer Nacht des Jahres 1230 zur gleichen Zeit bei einem schrecklichen Gewitter in Brand gerieten. In der Erinnerung hinterließ das Ereignis solch tiefe Spuren, daß noch Jahrhunderte später ein Lied davon erzählte:

> Doch sahet ihr zu stolz nach dem Himmel?
> Der Himmel begann mit euch eine Schlacht,

Wild zogen die Wetter zusammen,
Ihr glühet zugleich in den Flammen,
Drei schreckliche Fackeln der Nacht.

→ Holzhausen, Wachsenburg; → Mühlberg, Mühlburg; → Wandersleben, Burg Gleichen

EBERTSHAUSEN (Lkr. Schmalkalden-Meiningen)

Schloß

Ebertshausen ist bereits 838 als Eubriseshausen bekannt. Bis 1487 sollen die Toten von *Suhl* hier begraben worden sein. Im Ort gibt es einen alten Gutshof, der auch als Ebertshäuser Schloß bezeichnet wird und heute als Wohnhaus sowie als Vereinssitz dient.
Der Sage nach soll dort ein Mann spuken. Als einmal einige Kinder am Gutshof Stachelbeeren naschten, sahen sie, wie er ein Licht durch den Garten trug, über den Steg ging und im Nachbarhaus verschwand. Manchmal war das Haus voller Lichter und man vernahm ein seltsames Geräusch, ohne daß jemand zu sehen gewesen wäre. Eine Magd hörte des Nachts in der Scheune die Fegemühle dreimal von alleine gehen. Gelegentlich spukt es auch in der Stube; man kann es zischen, rumoren und auf die Tische schlagen hören.

EFFELDER (Lkr. Sonneberg)

Krummer Stein

Effelder liegt südöstlich von *Schalkau* und wird bereits um die Mitte des 10. Jh. genannt. Etwa 1 km südöstlich des Dorfes befindet sich am Rand der Straße Effelder-*Meilschnitz* direkt auf der Flurgrenze der „Krumme Stein". Dieser ca. 3 × 3,5 m große Stein gilt seit seiner ersten Erwähnung 1378 als Grenzstein. Im 14. Jh. markierte er die Grenze zwischen dem schaumbergischen Amt Schalkau und dem hennebergisch-meißnischen Amt *Neustadt*. Nach der ernestinischen Landesteilung im 18. Jh. zeigte er die Grenze zwischen den Herzogtümern Meiningen und Coburg, später zwischen Thüringen und Bayern an. An der Straße nach Meilschnitz zweigt beim Krummen Stein rechts ein Waldweg nach *Korberoth* ab. Diese Gegend heißt „Das weiße Pferd" und gilt als Spukort. Die Sage erzählt von einem Holzfäller, dem hier um Mitternacht ein weißbärtiger Mann in Mantel und Schlapphut begegnete. Er führte einen Schimmel am Zügel und forderte den Holzfäller auf, das Pferd einige Minuten zu halten. Bei seiner Rückkehr gebot er ihm, als Lohn etwas Laub einzustecken. Der Holzfäller, von der dürftigen Gabe enttäuscht, nahm nur ein Blatt – das sich bei seiner Heimkehr in ein Goldstück verwandelt hatte.

EHRENSTEIN (Ilm-Kreis)

Burgruine
Auf dem Buchen- oder Hainberg über dem Dorf Ehrenstein befinden sich die Ruinen des gleichnamigen Grafenschlosses. Der Sage nach war die Burg einst Witwensitz der orientalischen Gattin des zwiebeweibten Grafen von Gleichen. Der Ort Ehrenstein hieß bis ins 16. Jh. Teichmannsdorf. Diesen Ortsnamen erklärt eine Sage:
Das Dorf trug früher den Namen Teichmannsdorf, weil es hier viele Teiche gab. Diejenigen unter den Einwohnern, die neben ihren Feldern auch Teiche besaßen, nannten sich Teichmänner. Als in einem sehr dürren Jahre eine Hungersnot ausbrach, wurde in der Kirche während der Gottesdienste um himmlischen Beistand und Regen gebetet. Die reichen Teichmänner aber, die ihre Vorratskammern voll hatten, stimmten nicht mit den Armen ins Kirchengebet ein, denn sie hofften, ihr Korn teuer verkaufen zu können. Als aber das erwartete Naß lange ausblieb und nun auch die Teiche austrockneten, wünschten auch sie sich Regen. Nun kamen schreckliche Gewitter, die Wassermassen zerstörten die Teiche, wobei auch viele der Teichmänner ums Leben kamen. Nach dem Unwetter wurde das Dorf näher am Berg wieder aufgebaut und nun nach der Burg Ehrenstein genannt.
→ Wandersleben, Burg Gleichen

EISENACH (Wartburgkreis)

Wartburg
Die im Jahre 1080 erstmals erwähnte Burg erlebte als Pfalz der Thüringer Landgrafen im 12.–13. Jh. einen ersten Höhepunkt ihrer Geschichte. Der in dieser Zeit entstandene spätromanische Palas gilt als ältester Bestandteil der Burganlage. Mit ihm verbindet sich die Erinnerung an den sagenhaften Sängerwettstreit und das legendenumwobene Wirken der 1235 heiliggesprochenen Landgräfin Elisabeth. Ebenso bekannt ist der Aufenthalt Martin Luthers 1521–1522 auf der Burg, der hier das Neue Testament ins Deutsche übersetzte und damit die Grundlage für eine gemeinverständliche deutsche Schriftsprache schuf. Das heutige Aussehen der Wartburg wird in starkem Maße durch

Die Wartburg. Holzschnitt

die bei ihrer Wiederherstellung in den Jahren 1838 bis 1890 entstandenen historisierenden Schöpfungen geprägt. In die Gestaltung wurden Thüringer Sagen und Legenden einbezogen. Am besten gelang dies Moritz von Schwind mit seinen 1854–1855 geschaffenen Fresken. Sie haben nicht unwesentlich zur außerordentlich großen Popularität der Wartburg und ihrer Sagen weit über Thüringen hinaus beigetragen.
Im *Landgrafenzimmer* des Palas sind Szenen aus sieben bekannten Sagen um die Thüringer Landgrafen vom 11. bis zum 14. Jh. dargestellt, darunter die Gründungssage der Wartburg: Graf Ludwig der Springer, der bei der Schauenburg in der Nähe von Friedrichroda viel Land besaß, gelangte im Jahre 1067 während der Jagd auf einen Berg, dessen Lage ihn so begeisterte, daß er ausrief: „Wart Berg, du sollst mir eine Burg tragen!" Obwohl ihm Grund und Boden nicht gehörten, begann er mit dem Bau. Als die auf der benachbarten Burg Metilstein sitzenden Herren ihn deshalb verklagten, griff Ludwig zu einer List. Des Nachts ließ er von seinem Besitz bei Friedrichroda in Körben Erde holen und auf dem Berg verteilen. Mit zwölf Vertrau-

ten leistete er nun den Schwur, auf eigener Erde zu bauen. So erhielt er den Berg, den er Wartberg nannte, und ließ auf ihm die Wartburg erbauen.
In seinem großformatigen Wandbild im *Sängersaal* hat Moritz von Schwind die Sage vom Sängerkrieg auf der Wartburg so ins Bild gesetzt, wie er sie gewiß aus Grimms Sagenbuch (1816/18), E.T.A. Hoffmanns Novelle „Der Kampf der Sänger" (1817) und Ludwig Bechsteins „Sagenschatz" (1835–1838) kannte. Danach versammelten sich im Jahre 1206 auf der Wartburg sechs Sänger, darunter Heinrich von Ofterdingen, Walther von der Vogelweide und Wolfram von Eschenbach, zu einem Wettstreit. Es ging um die Frage, welchem Fürsten wohl größeres Lob gebühre, dem Herzog von Österreich oder dem Landgrafen Hermann von Thüringen. Während fünf der Sänger ihren Gastgeber Landgraf Hermann priesen, lobte Heinrich von Ofterdingen den Österreicher und wurde deshalb zum Verlierer erklärt und dem Henker übergeben. Doch Landgräfin Sophie nahm den Sänger in Schutz und erwirkte ein Jahr Aufschub. In dieser Zeit sollte Ofterdingen aus Ungarn den Zauberer Klingsor holen, damit er über den Streit entscheide. Als die Frist schon beinahe vorüber war, flog der zauberkundige Mann zusammen mit Ofterdingen auf einer Lederdecke nach Eisenach, um den Sängerkrieg mit Weisheit und Besonnenheit zu schlichten.
Diese Sage geht auf die um 1240/60 entstandenen mittelhochdeutschen Gedichte „Fürstenlob" und „Rätselspiel" zurück. Den historischen Hintergrund bildet das Leben am Thüringer Landgrafenhof um 1200 unter dem kunstsinnigen Hermann I. Der genaue Ort des im „Fürstenlob" geschilderten Sängerstreites bleibt in der Dichtung ungenannt. Das Ereignis könnte sich – sofern es in dieser Art überhaupt stattgefunden hat – auch auf der Runneburg, der Neuenburg, dem Eisenacher Steinhof oder einer anderen Residenz der Landgrafen abgespielt haben. In der seit Jahrhunderten überlieferten Sängerkriegs-Sage, die aus dieser Dichtung in Verbindung mit mündlichen Überlieferungen über das Leben am Landgrafenhof entstand, gilt jedoch die Wartburg als Ort des Geschehens. Moritz von Schwinds Sängerkriegs-Gemälde und Richard Wagners Oper „Tannhäuser" haben nicht wenig dazu beigetragen, die Sage vom „Sängerkrieg auf der Wartburg" im allgemeinen Bewußtsein zu verankern.
Schon zu Lebzeiten wurde das Wirken der Landgräfin Elisabeth (1207–1231) zum Gegenstand von Legenden, die nach ihrem frühen Tod und der Heiligspre-

Walther von der Vogelweide

chung 1235 um so reicher blühten. Die Prophezeiung ihrer Geburt durch den Zauberer Klingsor, die Verlobung der erst vier Jahre alten ungarischen Königstochter mit dem Landgrafensohn Ludwig, ihre Hinwendung zur Armut, das „Rosenwunder", ihre zahllosen Werke der Barmherzigkeit und viele andere Episoden sind in Moritz von Schwinds Fresken in der *Elisabeth-Galerie* und in der 1902–1906 mit Mosaikbildern ausgestatteten *Elisabeth-Kemenate* dargestellt. Am Nordhang des Burgberges, unmittelbar an der Fahrstraße zum Parkplatz, erinnern am *Elisabethplan* ein Brunnen und ein Kreuz an das von ihr an diesem Ort während einer Hungersnot errichtete Hospital.
Die *Lutherstube* ist bereits seit Ende des 16. Jh. ein Anziehungspunkt für Besucher. Hinter dem Ofen be-

Die heilige Elisabeth, mit ihren Mägden spinnend. Holzschnitt von Hans Baldung Grien

findet sich die Wand, an der sich der – bis zur Jahrhundertwende oft erneuerte – legendäre Tintenklecks befand. Wie erzählt wird, versuchte der Teufel mit allerlei Mitteln, die Übersetzungsarbeit am Neuen Testament zu verhindern. Er polterte auf der Treppe, umschwirrte Luther in Gestalt einer Hornisse, konnte ihn jedoch nicht aus der Ruhe bringen. Als der Teufel jedoch in seiner wahren Gestalt erschien, warf Luther wütend mit einem Tintenfaß nach ihm, das an der Wand zerschellte. Zur Entstehung dieser seit dem 17. Jh. bekannten Sage haben Glanzrußflecke, die vom einstigen Kamin herrühren, beigetragen; ebenso Luthers Wort, mit der Tinte (d. h. seinen Schriften) den Teufel bekämpft zu haben.

Hellgrevenhof, Georgenstraße 43, 45 und 47
Der Hellgrevenhof ist nach der Sage vom Sängerkrieg die Eisenacher Minnesängerherberge. Zu dem Kulturdenkmal, das in jüngster Zeit durch umfangreiche Sanierungsmaßnahmen vor dem Verfall bewahrt werden konnte, gehört außer den Häusern in der Georgenstra-

ße auch die im Hof befindliche Kemenate, ein vermutlich in der Mitte des 12. Jh. entstandener Steinbau. Hier erwachte der Minnesänger Heinrich von Ofterdingen, nachdem ihn der Zauberer Klingsor in einem phantastischen Flug von Ungarn nach Eisenach geleitet hatte. Im Garten des Hellgrevenhofes prophezeite Klingsor schließlich in einer sternklaren Nacht den versammelten Eisenacher Bürgern die Geburt der heiligen Elisabeth, der künftigen Thüringer Landgräfin. Generationen von Heimatforschern und Historikern haben sich bemüht, Belege für einen Aufenthalt der Minnesänger im Hellgrevenhof zu erbringen – oder aber das Gegenteil zu beweisen.

Mönch und Nonne am Metilstein

Vom Stadtzentrum führt ein Weg den Schloßberg hinauf durch das Roesesche Hölzchen zum Metilstein, einer felsigen Erhebung unmittelbar gegenüber der Wartburg. Hier sind bescheidene Reste einer Burg zu sehen, die schon vor Gründung der Wartburg bestand. Den Herren von Burg Metilstein entriß Ludwig der Springer der Sage nach durch eine List den Berg, auf dem er die Wartburg erbauen ließ.

Unterhalb des Burgplatzes führt der Weg an einer merkwürdigen Felsbildung vorbei, „Mönch und Nonne" genannt. Es geht die Sage, daß sich ein junger Mönch und eine junge Nonne aus zwei Eisenacher Klöstern verliebt hatten und heimlich hier trafen. Damit hatten sie freilich ihr Gelübde gebrochen, und die Strafe blieb nicht aus: Als sich die Verliebten wieder einmal nachts an diesem Ort trafen und umarmten, verwandelten sie sich, zur Warnung für andere, in Kolosse aus Stein.

1777 hat Johann Wolfgang von Goethe „Mönch und Nonne" in ihrer damaligen Gestalt in einer Zeichnung festgehalten. Seither haben Umwelteinflüsse diese Felsbildung merklich verändert, und es bedarf einiger Phantasie, das „versteinerte Liebespaar" wiederzuerkennen.

Drachenschlucht

Wo die B19 in südlicher Richtung Eisenach verläßt, zweigt wenige hundert Meter hinter dem Ortsausgang die romantische Drachenschlucht ab. Etwa 1 km lang windet sich der Weg zwischen den immer näher zusammenrückenden Felsen hindurch, die im Sommer moosbedeckt sind und sich im Winter in Eiswände verwandeln. Teilweise ist der Weg mit Rundhölzern befestigt; darunter sprudelt der Bach,

der dieses Naturwunder in den rötlichen Fels gewaschen hat.
Das früher schwer zugängliche Tal wurde 1832 begehbar gemacht. Der Sage nach grub einst ein mächtiger Drache die merkwürdige Schlucht in den Berg. Das Ungeheuer, dem die Stadt jährlich eine Jungfrau opfern mußte, wurde schließlich von einem tapferen Ritter zur Strecke gebracht. Oft wird St. Georg, der Schutzpatron von Eisenach, in diesem Zusammenhang genannt. Er ist als Drachentöter u. a. auf dem Eisenacher Marktbrunnen und auf einem Denkmal am Jakobsplan dargestellt.
→ Apolda

EISENBERG (Saale-Holzland-Kreis)

Mohrenbrunnen auf dem Markt
Neben der Eisenberger Schloßkirche, einem der schönsten Barockbauten Thüringens, ist der Markt die wichtigste Sehenswürdigkeit der einstigen Residenzstadt des Herzogtums Sachsen-Eisenberg. Hier, auf dem von ehrwürdigen Renaissancebauten geprägten Platz, befindet sich auch der barocke Mohrenbrunnen, das Wahrzeichen der Stadt. Die auf einem hohen Sockel stehende Figur stellt einen prächtig gekleideten Mohren dar, dem die Augen verbunden sind. Aus einem goldenen Becher, den er in der Rechten trägt, sprudelt eine Wasserfontäne.
Mit dem Mohrenbild, das sich auch im Wappen der Stadt befindet, ist folgende Überlieferung verbunden: Ein Graf, der einst im Eisenberger Schloß lebte, hatte sich von einem Kreuzzug ins Heilige Land einen Mohren mitgebracht, der ihm viele Jahre treu diente. Als eines Tages eine goldene Kette aus dem Gemach der Gräfin verschwunden war, fiel der Verdacht sogleich auf den dunkelhäutigen Diener. Obwohl er seine Unschuld beteuerte, wurde er zum Tode verurteilt. Er

Das Stadtwappen

stand bereits auf dem Richtplatz und die Augen wurden ihm verbunden, als die Gräfin den gesuchten Schmuck in ihrem Gebetbuch entdeckte. So konnte die Hinrichtung in letzter Minute verhindert werden. Der Graf schenkte dem Mohren die Freiheit und ließ, um dessen Ehre wieder herzustellen, sein Bildnis ins Wappen aufnehmen. Von diesem ging es später auch in das Siegel der Stadt über. Ein Wappenstein mit Mohrenkopf aus dem Jahre 1579 befindet sich am Rathaus; im Jahre 1727 ließen die Eisenberger Stadtväter schließlich den Mohrenbrunnen errichten.

EISFELD (Lkr. Hildburghausen)

Schloß
Eisfeld, am Oberlauf der Werra gelegen, ist bereits 802 als Asifelde erwähnt. 1323 erhielt der Ort das Recht, seine Neustadt mit Mauern, Toren und Türmen zu umgeben. Kurz darauf, im Jahr 1331, wurde Eisfeld das Marktrecht verliehen. Die Gerberei und die Tuchfabrikation waren die wichtigsten Gewerbe der Stadt. Die ältesten Bauteile des Schlosses reichen wahrscheinlich ins 12. Jh. zurück. Durch Eisfeld ziehenden Truppen fiel das Schloß 1632 zum Opfer. Es wurde zerstört und bereits 1647–50 wieder aufgebaut. Der Bau beherbergt heute das Stadtarchiv und das „Otto Ludwig-Museum“. Auf dem hohen, runden Turm mit der barocken Zwiebelhaube läßt sich der Sage nach zuweilen ein spukender Mönch sehen und hören. Im Schloß sollen mehrere Mönche in vermauerte Fensternischen eingeschlossen worden und elendiglich darin umgekommen sein. Ein Mönch, der im Schloßturm gefangen war und dort verhungern mußte, erscheint manchmal in den heiligen Nächten zwischen Weihnachten und dem Dreikönigstag (6. 1.). Er trägt eine weiße Kutte und einen langen Bart. Wenn der Wächter auf den Schloßturm stieg, um die Stunde anzublasen, folgte er ihm und blies ebenso. Es heißt, daß der Mönch nachts auf dem Turm fürchterlich heule, wenn die Stadt von einem Unglück bedroht ist.

Schulmännle
In einer Blende an der Südostecke der einstigen „Deutschen Schule“ oder „Mägdleinschule“ in der Stadtmitte befindet sich eine gedrungene Sandsteinplastik, das Eisfelder „Schulmännle“. Der Mann in mittelalterlicher Tracht mit Knotenstock und Hund soll der Sage nach ein Schäfer sein, der im Wald einen Schatz gefunden hat und aus Dankbarkeit 1575 die

Schul- oder Zollmännlein am alten Schulgebäude

„Alte Schule" erbauen ließ. Im Mauerwerk steht heute eine Nachbildung der Plastik; das Original befindet sich im Museum.

ELLRICH (Lkr. Nordhausen)

Nikolaiturm
Ellrich wird erstmalig um 876 urkundlich erwähnt und erhielt 1286 durch die Grafen von Klettenberg das Stadtrecht. Hier war einst die letzte Station zum Pferdewechsel, bevor die Gespanne in die Berge des Harzes fuhren. Gräfin Adelheid von Klettenberg begründete im 12. Jh. das Hospital (heute Heimatmuseum). Die alte Nikolaikirche wurde im 18. Jh. wegen Baufälligkeit abgebrochen. Ihr Geläut beherbergt jetzt der an gleicher Stelle erbaute Nikolaiturm. Die wertvollen alten Glocken wurden im Zweiten Weltkrieg zum Einschmelzen aus dem Turm genommen. Nach dem Krieg fand man sie auf dem Hamburger Glockenfriedhof wieder und konnte sie ihrer Heimatgemeinde zuführen. Heute läuten sie täglich um 18 Uhr den Abend ein.
Um die Nikolaikirche rankt sich die Sage vom „Ellricher Säuferkönig": Graf Ernst von Klettenberg hatte an einem Wett-Trinken in Ellrich teilgenommen, das sich bis in den Sonntagmorgen hinzog. Während alle

anderen Saufkumpane längst unter dem Tisch lagen, nahm er den Siegerpreis, eine goldene Kette, entgegen. Mühsam schwang er sich auf sein Pferd, um heimzureiten. Der Weg führte ihn an der Nikolaikirche vorbei, aus der gerade frommer Gesang tönte. In seiner Trunkenheit lenkte er sein Roß in das Kircheninnere, direkt zum Altar hin. Doch kaum berührte das Tier mit seinen Hufen die Altarstufen, fielen alle vier Hufeisen ab, Pferd und Reiter strauchelten, und der Frevler stürzte tot zu Boden. Die Hufeisen wurden zum Gedächtnis und zur Mahnung an die Kirchentür geschlagen.

Pontelteich (Buntel)
Ein geologisches Zeugnis für die auslaugende und höhlenbildende Tätigkeit des Wassers ist der Pontel bei Ellrich, ein über 20 m tiefer Erdfall von etwa zwei bis drei Hektar Flächenausdehnung. Er liegt östlich vom Naturschutzgebiet Himmelreich nahe dem Bahntunnel. Die Sage verleiht dem Gewässer etwas Unheimliches. Wie es heißt, taucht aus dem Buntel alle siebzig Jahre ein Gespenst in Gestalt eines Gerippes auf. Es soll der Geist eines Menschen sein, der in seinem Leben Böses getan hat und die ewige Ruhe finden möchte. Manche sagen, es handele sich um den Geist des Säuferkönigs, andere meinen, ein Mönch aus Walkenried habe sich aus Verzweiflung vom Felsen in den See gestürzt, und seine Seele finde nun keine Ruhe. Eines Tages ging eine Frau an dem Teich vorbei, als der Spuk aus dem Wasser stieg und um Mitleid flehte. Sie aber gab Fersengeld und berichtete ihrem Manne von dem Erlebnis. Der eilte sofort zum Wasser, um den Geist zu erlösen und dafür, wie er meinte, viel Geld zu erhalten. Doch er kam zu spät, der Geist war schon wieder verschwunden. Seine Frau indes wurde vom Unglück verfolgt und starb im Trübsinn.
→ Arnstadt, Walpurgiskloster

ERFURT

Furt an der Gera
Mitten durch die Stadt sucht sich das Flüßchen Gera seinen Weg. Die durch einen Brief des Missionsbischofs Bonifatius aus dem Jahr 742 überlieferte Ortsnamenform „Erphesfurt“ läßt darauf schließen, daß die Gera, die damals Erpf, Erphesa oder Epha („braunes Wasser“) hieß, hier von einer oder mehreren Furten durchquert wurde. An ihren Ufern entstanden im Laufe der Jahrhunderte viele Mühlen. Deshalb ist es

nicht verwunderlich, daß die Sage Entstehung und Benennung der Stadt einem Müller zuschreibt.
An der Gera, keiner weiß mehr so genau, wo das gewesen ist, erlaubte einst der Frankenkönig Chlodwig, eine Mühle zu errichten. Der Müller soll selbst edlen Geblüts gewesen sein und vom alten Königshof in Burgscheidungen gestammt haben. Damit seine Mahlgäste und auch Durchreisende trockenen Fußes das Wasser passieren konnten, legte er eine Furt an. Bald bauten an dieser Stelle weitere Handwerker und Händler ihre Häuser, und eine Siedlung entstand. Später erhielt der Platz an der Furt den Namen des Müllers, der Erph oder Erphes hieß. Nun war der Ortsname gefunden: Erphesfurt – Erfurt.

Dom

Der Dom erhebt sich an der Stelle, auf der Bonifatius nach dem Bericht seines Schülers Gregor von Utrecht im Jahre 725 eine Kirche erbaute, die Anfang des 12. Jh. als maijor ecclesia bezeichnet wurde. Die wechselvolle Geschichte des Erfurter Domes beginnt mit der Einführung des Christentums, die Bonifatius als vom Papst bestätigter Bischof beim „gesamten Volk der Thüringer" vorantrieb. In einem Schreiben aus dem Jahre 742 bat er Papst Zacharias II., drei Bischofssitze, darunter Erfurt „Erphesfurt", zu bestätigen, wo er Bischöfe eingesetzt hatte. Der von Bonifatius in Erfurt gegründete Bischofssitz, der nur wenige Jahre bestand, könnte auf dem Petersberg gelegen haben.
Der Überlieferung nach begann die Einführung des Christentums im Raum Erfurt mit der Vernichtung eines heidnischen Heiligtums. Bonifatius wollte auch in Erfurt das Wort Gottes verkünden, doch die heidnischen Bewohner des damals noch kleinen Ortes hielten an ihrem alten Glauben fest. Da forderte Bonifatius sie auf, mit ihm in den Wald zu gehen, der sich südlich von Erfurt erstreckte und den man später die Wagd oder den Steigerwald nannte. Die uralten Eichen, die hier wuchsen, wurden als heilige Stätte des Gottes Wage verehrt. Dort ließ er die stärksten Eichen fällen und schlug mit eigener Hand den größten Baum. Daß dieser Tat kein Strafgericht folgte, nahm das Volk als Beweis für die Stärke des neuen Gottes und ließ sich zum Christentum bekehren.
Schon wenige Jahre später (755) wurde das von Bonifatius gegründete Bistum mit dem von Mainz zusammengelegt. Die Wahl des Bauplatzes für die erste Kirche setzt die Legende ebenfalls ins Bild: Als Bonifatius die erste Holzkirche in Erfurt erbauen ließ, stand

Dom und Severikirche in Erfurt, vom Marktplatz aus. Kupferstich, 1853

auf der Erhebung des gegenüberliegenden Petersberges eine alte Frau, die ihren Krückstock in die Erde gestoßen hatte. Eine Taube setzte sich auf den Stock; es war die Mutter Maria, die sich in diesen Vogel verwandelt hatte. Dies wurde als göttliches Zeichen angesehen, daß der Ort für den Kirchenbau recht gewählt war. Der Berg erhielt den Namen Marienberg und trug später das Marienkirchlein. Nachdem dieser Bau 1153 eingestürzt war, wurde der romanische Neubau der Stiftskirche Beatae Mariae Virginis, des Domes, 1154 begonnen.
Im Zuge der Reformation war auch Erfurt ein Ort bedeutender religiöser Auseinandersetzungen, welche die Sage auf einen Streit um den Besitz des Domes verkürzt. In Thüringen, dem Kernland der Reformation, gilt dabei als besonders mitteilenswert, daß der Dom den Anhängern des katholischen Glaubens erhalten blieb. Daß dies möglich war, so meinten die Erfurter in späterer Zeit, konnte nur Resultat einer List sein: Während die Bewohner Erfurts in Scharen zur

neuen Lehre übertraten und auch Mönche und Nonnen den neuen Glauben annahmen, hielt das Domkapitel am alten Glauben fest. Auf Druck der Bevölkerung mußte es sich aber einem Entscheid stellen, wer ferner im Besitz der Domkirche sein dürfe. Diejenigen, so hieß es, die an einem bestimmten Tage zuerst in die Kirche kämen, sollten sie für alle Zeit behalten. Am festgesetzten Tage war das Gedränge an der Kirchentür unbeschreiblich groß. Endlich wurde die Tür geöffnet, und das Volk stürzte in die Kirche. Da mußte man entdecken, daß sich der Vorsteher des Franziskanerklosters, Dr. Konrad Kling, bereits in der Kirche befand, und wollte schon an ein Wunder glauben. Von der Kanzel herab rief er der überraschten Menge seinen Triumph zu. Der eifrige Mönch hatte sich für mehrere Tage und Nächte im Dom einschließen lassen und dadurch den Verbleib des Gotteshauses bei der katholischen Kirche gesichert.
→ Geismar

Gloriosa

Der Bau der Erfurter Stiftskirche, des Domes, hat mehrere Jahrhunderte gedauert. Beachtenswert ist, daß die ab 1555 errichtete gotische Halle des Domes die größte im Thüringer Raum ist. Als ein besonders wichtiger Abschnitt im Baugeschehen erwies sich das gelungene Einfügen einer großen Glocke, der „Gloriosa", ins Geläut. Erstmals ertönte im Dom zu Erfurt 1251 eine große Glocke dieses Namens. Sie wurde 1472 durch ein Feuer zerstört; die danach hergestellte Glocke wurde wenig später unbrauchbar, da sie einen Sprung bekommen hatte. Die 1497 gegossene, über 11 Tonnen schwere und zweieinhalb Meter hohe Gloriosa gilt als die weltgrößte freischwingende Glocke des Mittelalters. Zweifellos verlangte solch ein Glockenguß hohe Kunstfertigkeit. Eine Sage führt die Schwierigkeiten bei diesem Werk auf das Wirken des Teufels zurück.

Erfurt wollte ein Glocke haben, deren Ruf bis weit ins Umland erschallen sollte. Doch der Teufel suchte dieses Vorhaben nach Kräften zu hintertreiben. Zweimal sorgte er dafür, daß die Glocke zersprang, zweimal standen die Türme der Kirche in Flammen, und die Glocke schmolz. So wie es ein Wahrsager prophezeit hatte, vergingen stets nicht einmal 60 Jahre, bis die Glocke ihren Klang und damit ihr Leben verlor. Als die Vorbereitungen für einen fünften Guß der Gloriosa getroffen wurden, warnte ein Mönch davor, die Arbeiten an geweihter Stätte vorzunehmen: zwischen Dom

und Severikirche lägen Heilige bestattet, die dadurch in ihrer Ruhe gestört würden. Trotzdem machte sich ein Meister, Claus von Mühlhausen, ans Werk. Aber er starb, bevor der Guß beendet war. Andere Meister konnten den Guß zwar vollenden, doch zwei Jahre später war die Glocke erneut geborsten. Nun munkelte man, daß auf dem Guß dieser großen Glocke kein Segen läge und der Teufel seine Finger im Spiel habe. Doch Gerhard van Wou nahm 1497 die Herausforderung an und konnte das Werk glücklich beenden.
Bis in unsere Tage wurden immer wieder Arbeiten an der Gloriosa erforderlich. Weihnachten 1984 riß die Glocke – wohl auf Grund einer 85 Jahre zurückliegenden Drehung um 90 Grad und den Einbau eines schwereren Klöppels. Der Riß konnte aber kunstgerecht geschweißt werden. Längere Zeit war der öffentliche Zugang zur Glocke gesperrt, nachdem der Mittelturm bei Besichtigungen mutwillig beschädigt worden war. Seit 1997, dem Jahr des 500jährigen Glokkenjubiläums, kann die Glocke wieder besichtigt werden.

Grabmal derer von Gleichen
An der Südwand des Doms befindet sich seit dem 19. Jh. ein Grabstein von 1277, der ursprünglich zu einem Erbbegräbnis im Peterskloster gehörte. Er zeigt den Grafen Ernst II. von Gleichen mit zwei Frauen. Diese Darstellung war Anlaß zur Sagenbildung um den „doppeltbeweibten" Grafen: Während eines Kreuzzugs war er in Gefangenschaft geraten und konnte seine Freiheit nur dadurch wiedererlangen, indem er der Tochter eines Sarazenenfürsten, der ihn als Sklaven hielt, die Ehe versprach. Obwohl glücklich verheiratet, führte er noch eine zweite Frau in seine thüringische Heimat. Historisch nachgewiesen ist, daß der Graf tatsächlich zweimal verheiratet war – allerdings nacheinander und nicht, wie die Sage erzählt, gleichzeitig.
→ Wandersleben, Burg Gleichen

Die Severikirche
Die Stiftskirche St. Severi ist die zweite Dominante des Domberges. Sie war die Kirche der regulierten Augustiner-Chorherren und wurde 1121 erstmals urkundlich genannt, während ihr Chroniken eine höheres Alter zubilligen. Der Bau der fünfschiffigen frühgotischen Hallenkirche wurde um 1280 begonnen und wahrscheinlich in der Mitte des 14. Jh. vollendet. Der Abschluß der Einwölbung erfolgte erst um 1400. In

ihr und im Dom sollen nach früher verbreiteten Vorstellungen in mitternächtlicher Stunde Geistermessen und -prozessionen abgehalten worden sein. Solch ein Spukerlebnis hatte der Sage nach auch ein Bischof: Einmal erwachte Bischof Hunold in einer dunklen Winternacht, da zu ungewöhnlicher Stunde die Glokken läuteten. Er begab sich unverzüglich in die Severikirche. Das Gotteshaus war hell erleuchtet, die Stiftsherren knieten in ihren Chorgestühlen, und der Bischof setzte sich schweigend dazu. Ein feierliches Hochamt wurde zelebriert, erst beim Segen konnte der Bischof in die Gesichter der Anwesenden schauen, die ihm jedoch völlig unbekannt waren. Als es dann vom gegenüberliegenden Domturm ein Uhr schlug, erloschen die Kerzen; Chor und Altar waren auf einmal verwaist. Geängstigt und verwirrt stürzte der Bischof aus der finsteren Kirche zurück in seine Wohnung.

Petersberg und Peterskirche
Der Petersberg, westlich des Domhügels gelegen, ist vom Domplatz aus über eine Treppenanlage zu erreichen. Hier vermutet die Sage einen zweiten Ursprung Erfurts: Nachdem die Franken 531 mit ihrem Sieg über die Thüringer die Oberhoheit über das Land erlangt hatten, richteten sie an militärisch und politisch wichtigen Punkten im Thüringer Becken Stützpunkte ein, darunter in Erfurt. Der Frankenkönig Merwig baute auf dem Petersberg eine Burg oder ein Jagdschloß. Diese Anlage ließ einer seiner Nachfolger in ein Kloster umbauen, das dem Hl. Petrus geweiht wurde.
Archäologische Beweise für diesen fränkischen Stützpunkt fehlen. Heute ist auf dem Gelände des Petersberges die ehemalige Klosterkirche St. Peter und Paul zu besichtigen. Allerdings wurde die einst dreischiffige romanische Pfeilerbasilika (Grundsteinlegung 1103) durch Beschuß im Jahre 1813 stark beschädigt und danach zu einem Militärmagazin umgebaut.
Ab 1664 wurde auf dem Petersberg eine mit zahlreichen Bastionen versehene Stadtfestung, die Zitadelle, gebaut. Dieses Denkmal der Festungsbaukunst, in dem sich heute u. a. das Thüringische Landesamt für Denkmalspflege und ein kleines Museum zur Festungsgeschichte befinden, besitzt Mauern von mehr als 2000 m Länge, die 12 m hoch aufragen und aus 1,20 m starken Füllmauerwerk bestehen. Mit der Festung, die noch vor wenigen Jahrzehnten Gefängnis war, verbindet sich die Erinnerung an Kaiser Napoleon I. (1769–1821). Er hielt in Erfurt nicht nur den prunkvollen Fürstenkongreß 1808 ab, sondern ließ

auch die Stadtfestung weiter ausbauen. Die napoleonische Fremdherrschaft währte in Erfurt sieben Jahre. Nach der Schlacht bei Leipzig (16.–19. Oktober 1813) versuchte Napoleon, in Erfurt die Reste seines Heeres zu sammeln. Doch der Belagerung durch österreichische, preußische und russische Truppen mußte der Franzosenkaiser schließlich weichen.
Angeblich um den Siegern der Schlacht erfolgreich entgegentreten zu können, inspizierte Napoleon damals die Zitadelle Petersberg. Wie man erzählt, war er während eines früheren Aufenthaltes bereits stürmisch die Domstufen hinauf- und hinuntergeritten. Auch diesmal zeigte er sich als kühner Reiter. Er ritt am höchsten Punkt der Bastion auf einem schmalen Steinsockel am gähnenden Abgrund entlang. Hier wollte er sich zu Tode stürzen, um sich von der Schmach der verlorenen Schlachten zu befreien, ohne daß man es als Selbstmord erkennen sollte. Doch sein Schimmel beschritt diesen gefährlichen Weg ohne Fehltritt und vereitelte damit Napoleons Vorhaben.
→ Gotha, Schloß Friedenstein

Rathaus am Fischmarkt
Das Rathaus am Fischmarkt wird erstmals 1275 erwähnt. An seiner Stelle entstand ab 1869 ein neogotischer Bau. Dieser ist in seinem Inneren durch *Wandbilder* des Historienmalers Peter Jannsen geschmückt.

Der heilige Martin

Neben einem Bonifatius-Bild und einer Darstellung der Zerstörung von Raubburgen in der Erfurter Gegend durch Rudolf von Habsburg geben andere Gemälde Einblick in die örtliche und regionale Geschichte und Sagenwelt.

An herausragender Stelle des Rathauses, und zwar in einer Türumrahmung des Festsaales, hat ein *Bildnis des heiligen Martin* Platz gefunden. Er galt als Schutzpatron der Mainzer Diözese und der Stadt Erfurt, die den Heiligen in ihr Stadtsiegel aufnahm, ihm zwei Kirchen und ein Hospital weihte und ein vergoldetes Standbild am Eingangsportal des alten Rathauses setzen ließ.

Die Legende, die sich mit diesem volkstümlichen Heiligen verbindet, wird besonders dort tradiert, wo Martinspatrozinien bestehen. Dies ist auch in Erfurt der Fall. Hier wird der Martinstag von beiden großen Kirchen begangen, denn am 11. November kann zugleich der Geburtstag Martin Luthers (10. November) gefeiert werden. Aber auch eine Reihe von Bräuchen trugen dazu bei, daß der Martinstag verwurzelt blieb. Zu Beginn der kalten Jahreszeit begann die „Schlachtezeit", und deshalb wurde der Martinstag von denen, die die Möglichkeit dazu besaßen, mit dem Verspeisen der Martinsgans verbunden.

Am Martinsabend, so berichtet die Sage, saßen einmal zwei Erfurter Domherren bei einem köstlichen Mahl. Beim Anblick der von auserlesenen Speisen und Getränken überquellenden Tafel spotteten sie jedoch der Armen, die niemals in ihrem Leben solche Leckerbissen zu sich nehmen konnten. Doch ihre lästerliche Rede sollte nicht ungesühnt bleiben. Plötzlich brach unter ihnen der Fußboden, und sie stürzten samt der gedeckten Tafel in die darunterliegende Kloake. Dort mußten sie unter fürchterlichen Umständen ihr Leben lassen, und ihre Leichname kamen nie wieder ans Licht. Der Papst habe, so erzählte man weiter, vom unseligen Ende der Kleriker gehört und geboten, daß nunmehr alljährlich zum Martinsabend die Kirchenglocken zu läuten seien. Diesen Läutebrauch nannte man später „Läuten der Martinsgans".

Noch heute werden die Erfurter von Kindesbeinen an auf den Martinstag vorbereitet. Schon im Kindergarten bastelt und bemalt man bunte Laternen oder Kürbisse und zieht damit am Martinstag heischend durch die Innenstadt und die Neubaugebiete. Ein spezielles Gebäck, die Martinshörnchen, wird gebacken, und der Höhepunkt ist ein Treffen der Familien auf dem Domplatz, wo an den erleuchteten Domstufen ein großer Gottesdienst stattfindet.

Haus „Zum breiten Herd" und Haus „Zum roten Ochsen" am Fischmarkt

Der Wohlstand der Stadt, in der 21 Reichstage stattfanden, läßt sich bis heute an ihrer eindrucksvollen Architektur ablesen. Dazu zählen prächtige Bürgerhäuser, die oft aus mittelalterlichen Profanbauten hervorgegangen sind. Die beiden Renaissancehäuser „Zum breiten Herd" (Fischmarkt 13/16) und „Zum roten Ochsen" (Fischmarkt 7) gehören zu den architektonischen Blickfängen am Fischmarkt. Beide verbindet eine Baumeistersage, die vom Mord aus Kunstneid handelt:

Das Haus „Zum roten Ochsen" wurde einst von einem Meister erbaut, während das Haus „Zum breiten Herd" nach dem Entwurf seines Gesellen entstand. Als beide Häuser fertig waren, gaben die Erfurter dem Haus des Gesellen jedoch den Vorzug. Das erzürnte den Meister, und er ließ dem erfolgreichen Gesellen die Augen blenden, damit er nicht noch weitere solcher Häuser bauen könne.

Obwohl die Sage ein gleichzeitiges Entstehen der beiden Renaissancebauten behauptet, ist doch das Haus „Zum roten Ochsen" schon 1562, das „Zum breiten Herd" aber erst 1584 errichtet worden.

→ Arnstadt, Liebfrauenkirche; → Greiz, Stadtkirche

Roland auf dem Fischmarkt

Mitten auf dem Fischmarkt steht seit 1591 auf einer Säule der bewaffnete steinerne Erfurter Roland. Er galt als städtisches Machtsymbol und „Beweistum der Freiheit" gegenüber der kurmainzischen Oberherrschaft. Hier befand sich schon vor dieser Zeit eine Rolandsfigur, an der öffentlich Recht gesprochen wurde. Der Sage nach schleppte man am Tage Petri und Pauli 1510 den Obervierherrn (Bürgermeister) Heinrich Kellner zum Roland, hielt über ihn Gericht und verurteilte ihn zu Tode. Aber kein Henker wollte ihn hinrichten. Sein eigenes Patenkind, ein Müllerbursche, fand sich schließlich für 20 Gulden Lohn dazu bereit, den unglücklichen Mann zu hängen. Vierzehn Wochen hing der Leichnam des Obervierherrn am Galgen und wollte nicht aufhören zu bluten. An diesem Zeichen erkannte man, daß er unschuldig gestorben war. Endlich fanden sich zwei Gesellen, die den Körper des Gehenkten nach *Lützendorf* bei Weimar brachten und dort beerdigten. Noch lange Zeit aber soll in Erfurt in der Mittagszeit eine alter Mann, den man den „Bürgermeister" nannte, mit dem Kopf unter dem Arm umgegangen sein.

Der Erfurter Chronist Falkenstein beschreibt Kellner in der „Thüringischen Chronika“ von 1738 als Schuldigen einer städtischen Finanzmisere: „... und man sagte, daß er der Stadt groß Gut und Geld entwand habe.“ Nach dieser Quelle wurde Kellner von seinem Patenkind, Andreas Kellner, das er zuvor selbst vor dem Galgen gerettet hatte, gehenkt.
Diese Hinrichtung gehört zu den Ereignissen des „Tollen Jahres“ in Erfurt (1509/10), als es vor dem Hintergrund des niedergehenden Waidhandels, des Rückgangs der Erfurter Messen und der verlorenen Kriege gegen den sächsischen Kurfürsten und den Bischof von Mainz zur Erhöhung der Steuern für die gesamte Bürgerschaft gekommen war. Die Unruhen, die ihren blutigen Höhepunkt in der Hinrichtung Kellners fanden, führten zu einer zeitweiligen Entmachtung des Erfurter Rates, später zu einer Umbildung und Veränderung der Stadtverfassung, die jedoch vorrangig den Einfluß der Fürsten stärkte. Die Sage, die für den Hingerichteten Partei nimmt, greift einen besonders spektakulären Moment dieser Auseinandersetzungen heraus.

Haus Dacheröden, Am Anger 37/38
Mit dem repräsentativen Renaissancehaus, das in den letzten Jahrzehnten kulturellen und wissenschaftlichen Zwecken diente, ist seit der klassischen Zeit die Erinnerung an Herder, Goethe, Schiller und Wilhelm v. Humboldt verbunden, die hier bei der Familie Dacheröden zu Besuch weilten.
Über den Advokaten Klaus, der dieses Haus zuvor besessen haben soll, wird folgende „erschröckliche“ Geschichte erzählt: Der Advokat Klaus war als Wucherer und übler Rechtsverdreher bekannt und gefürchtet. Er hatte seine Seele dem Bösen verschrieben, und dieser stand ihm bei seinen zwielichtigen Prozessen bei und vermehrte seinen Reichtum. Als der Wucherer alt wurde, wollte der Teufel seine Seele holen. Er saß in der Ecke des Wohnzimmers beim Ofen und lauerte auf das letztes Stündlein des Advokaten. Als es soweit war, veranlaßte die Haushälterin zwar, daß ihrem Herrn das Abendmahl verabreicht wurde, doch er spie es gleich wieder aus. Daraufhin drehte der Teufel ihm das Genick um und fuhr mit seiner Seele zur Hölle.
In der Gestalt des Advokaten Klaus kritisiert die Sage einen ganzen Berufsstand. Advokaten waren Berater der im Umgang mit dem Recht unerfahrenen Leute. Die Prozeßführung nahm häufig einen längeren Zeitraum in Anspruch; daß die Zeit bis zum Urteilsspruch

durch den Rechtsbeistand oft verlängert wurde, weil er sich dadurch einen höheren Gewinn erhoffte, war eine weit verbreitete Ansicht.

Augustiner-Eremitenkloster

Im Augustiner-Eremitenkloster in der Augustinerstraße befindet sich die sog. Lutherzelle, und der repräsentative Kapitelsaal weist ebenfalls auf Martin Luther hin. Der spätere Reformator hatte die Erfurter Universität im Sommersemester 1501 bezogen und war als „Martinus Ludher ex Mansfeldt" in die Matrikel eingetragen worden. Zunächst betrieb er Studien an der Philosophischen Fakultät. Es ist anzunehmen, daß Luther schon während dieses Studiums in der Universitätsbibliothek auf die Bibel stieß. Das Bakkalarexamen bestand Luther um Michaelis 1502, und im Januar 1505 wurde er zum magister artium promoviert. Danach begann er mit dem Jurastudium. Dieses beendete er spontan unter dem Eindruck eines tragischen Erlebnisses, bei dem er während eines Gewitters im Sommer 1505 seinen Freund verlor. Durch den Eintritt ins Augustiner-Eremitenkloster am 17. Juli 1505 beendete Luther sein Studium der Rechte und unterwarf sich fortan den Ordensregeln der Augustiner. Die davon handelnde Erzählung ist in ihrem Kern

Martin Luther. Kupferstich von Lucas Cranach, 1520

durch Luthers Tischreden überliefert und gehört zu den mehr als 270 deutschen Sagen, die Luther und die Reformation zum Gegenstand haben.
Als Luther in Erfurt die Rechte studierte, überraschte ihn und seinen Freund Alexius bei einem Spaziergang nach *Stotternheim* (oder auch zur Cyriaksburg) ein schweres Gewitter, welches seinem Freund durch Blitzschlag das Leben kostete. Mit den Worten: „Hilf, heilige Anna, ich will ein Mönch werden!" soll Luther in dieser Stunde gelobt haben, ins Kloster zu gehen, wenn er verschont würde. Nach anderen Berichten war Luther ins Kloster gegangen, weil er seinen Freund bei einem Besuch tot im Bett aufgefunden hatte.

Collegium majus, Michaelisstraße 39
Die 1392 gegründete Erfurter Universität, an der erstmals in Deutschland die vier klassischen Fakultäten bestanden, wurde bald ein Zentrum bedeutender geistiger Auseinandersetzungen und vor allem von Studenten aus bürgerlichen Schichten bezogen. Die Gebäude der 1816 geschlossenen Universität sind im Zweiten Weltkrieg größtenteils zerstört worden. Zu sehen sind im alten Universitätsviertel unter anderem

Dr. Faust

noch die meterhohen Mauern sowie das aus dem 16. Jh. stammende Portal des Collegium majus, des einstigen Zentralgebäudes der Universität. Mit der Geschichte der Erfurter Universität sind eine Reihe sagenhafter Persönlichkeiten verbunden, vor allem Dr. Faust. Der Abenteurer und Schwarzkünstler hielt sich 1513 nachweislich in Erfurt auf, wo er im Haus zum Anker wohnte. Sein Aufenthalt in der Stadt und sein Wirken an der Universität hat vielfältige Spuren in der Sagenüberlieferung hinterlassen.

Der Riese Polyphem

Als Faust nach Erfurt kam, war er hier kein Unbekannter mehr. Eines Tages sprach Faust vom großen Katheder des Kollegium Maximum über den Dichter Homer. Da baten ihn die Studenten, die Helden der Odyssee erscheinen zu lassen. Faust erfüllte diese Bitte. Als die Anwesenden den einäugigen, rothäutigen Riesen Polyphem erblickten, der am Unterschenkel eines griechischen Kriegers kaute, fürchteten sie sich nicht wenig. Das Entsetzen der Zuhörer wuchs ins Ungeheure, als Polyphem den Befehl des Schwarzkünstlers ignorierte, die Stätte seines Auftritts zu verlassen. Erst im letzten Augenblick konnte Faust den Riesen dorthin zurück zaubern, wo dieser hingehörte.
Auch von anderen Auftritten Faust an der Erfurter Universität gibt es Kunde. In einer Disputation beklagten einmal Theologen und Ratsvertreter den großen Verlust vieler Werke der römischen Dichter Plautus und Terentius. Faust wollte sie für kurze Zeit beschaffen und Gelegenheit geben, sie von Stadtschreibern für den weiteren Gebrauch abschreiben zu lassen. Den Anwesenden war aber nicht wohl bei diesem Angebot des Zauberers, und so lehnten sie lieber ab.
Der Magier soll auch in der Lage gewesen sein, mit seinem Pferd innerhalb kürzester Zeit Wegstrecken zurückzulegen, für die sonst Tage nötig gewesen wä-

Faust kommt mit seinem Zauberpferd von Prag nach Erfurt

ren. Auf diese Weise reiste er einmal innerhalb eines kurzen Augenblicks von Erfurt nach Prag und zurück. Die Nachricht von Fausts Kunststücken und Wundern verbreitete sich wie ein Lauffeuer in der Stadt. Allein der Klerus betrachtete sein Tun argwöhnisch, und Dr. Klinge, Vorsteher des Franziskanerklosters und Domprediger, bekam den Auftrag, gegen Fausts Unwesen vorzugehen. Doch all seine Versprechen und Drohungen nützen nichts, denn Faust hatte ein Bündnis mit dem Höllenfürsten unterzeichnet. Schließlich ließen der Rektor und der Erfurter Rat Dr. Faust aus der Stadt vertreiben. Einer aber soll noch lange als Gespenst umgegangen sein: Fausts weißer Pudel, der sich am hellichten Mittag in der Michaelisstraße zeigte.

Faustgäßchen

Das von der Schlösserstraße abzweigende Gäßchen war ursprünglich so schmal, daß nur ein einzelner Mensch hindurchpaßte. Gleich zu Beginn seines Erfurter Aufenthaltes fuhr Dr. Faust mit einem mächtigen Heuwagen in die Gasse hinein. Nach Menschenermessen mußte die Fuhre in diesem Schlauch stekenbleiben, doch es kam anders. In letzter Sekunde wichen die Mauern wie von Geisterhand bewegt zurück, und das Gespann passierte die Gasse, ohne daß ein einziger Halm der Ladung die Häuser streifte. Während das Volk noch mit offenem Munde dastand, kam ein Mönch des Wegs und verfluchte die Wundertat. Urplötzlich verwandelten sich Pferde und Fuder in zwei rote Hähne, die einen winzigen Strohhalm durch die Gasse zogen. Dieser fluchende Mönch soll kein anderer als Martin Luther gewesen sein, der auf diese Weise Fausts Zauberkunststücke als Taschenspielertricks und teuflisches Blendwerk entlarvte.

Steinkreuz am Steiger

Beim „Waldschlößchen", oberhalb der Steigergaststätte „Hubertus", kann man 6 m westlich der Fernverkehrsstraße Erfurt-Arnstadt das Mönchs- oder Steigerkreuz finden, das 1967 wegen der Verbreiterung der Straße an diesen Ort versetzt wurde. Auf Grund seiner künstlerischen Gestaltung und der ihm anhaftenden Sage zählt es zu den interessantesten Steinkreuzen in Thüringen. Auf dem Kreuz ist eine kniende Gestalt in der Kutte eines Geistlichen zu sehen. Das soll jener Mönch sein, der Erfurt einst in Schutt und Asche legte.

Als Erfurt am 19. Juni 1472 von einem schrecklichen Brand heimgesucht wurde, konnte sich zuerst niemand den Ursprung des Feuers erklären. Einige sahen in ihm ein Strafgericht Gottes, andere suchten die Schuld bei der Geistlichkeit, wieder andere dachten an die Feinde der Stadt. Schließlich fiel der Verdacht auf einen Mönch, der zur fraglichen Zeit durch das Löbertor die Stadt verlassen hatte. Dieser Mönch, Dietrich Becker oder Burkardi, war aus dem Kloster Schulpforta entwichen und trieb sich in der Gegend herum. Von Apel Vitztum, einem Feind Erfurts, war er gedungen worden, die Stadt zu vernichten. Diesem Mönch eilte man nach und fand ihn auf der Höhe des alten Steigers, wo er sich am Flammenmeer ergötzte. Er versuchte zu fliehen, wurde aber gefangen genommen, seiner geistlichen Würden enthoben und an jener Stelle, wo er aufgegriffen worden war, dem Feuer übergeben. Später wurde hier das Steinkreuz errichtet.

Der Chronist Falkenstein stellt dem Mönch noch acht weitere „leichtfertige Gesellen" zur Seite, die mit ihm den Brand gelegt haben sollen. Tatsächlich wurde das Sühnekreuz bereits um 1323 für den hier durch Graf Heinrich von Schwarzburg erschlagenen Magister Henricus de Sybeleben gesetzt. Zwischen der Brandstiftung und dem Setzen des Sühnekreuzes besteht also kein Zusammenhang; erst durch die auf dem Steinkreuz abgebildete Mönchsfigur konnte eine Beziehung hergestellt werden – sicher zu einer Zeit, als das Wissen um die Bedeutung solcher Kreuze weitgehend verloren gegangen war und eine kritische Betrachtung des katholischen Klerus durch breite Bevölkerungskreise eingesetzt hatte.

→ Altenburg, Wetterkreuz Zschernitzsch

FLURSTEDT (Lkr. Weimarer Land)

Bettelmannstein

Am Ortsausgang in Richtung *Obertrebra* führt rechts hinter dem letzten Haus eine gepflegte Naturtreppe zu einem Rasenplatz, auf dem ein tonnenschwerer Quarzitbrocken liegt. Die Leute nennen ihn Bettelstein oder Bettelmannstein. In seiner Oberfläche findet der aufmerksame Betrachter Reste eingeschlagener Nägel. Die Bauern meinten einstmals, man könne Krankheiten „vernageln“. Das geschah in bestimmten Nächten. Dann ging eine mit Zaubersprüchen vertraute Person zu einem Baum oder zu einem markanten Stein und bannte im Auftrage eines Leidenden dessen Krankheit. Sie sagte dabei alte Zauberformeln auf. Zum Schluß schlug sie den Nagel im Namen von Gott Vater, Gott Sohn und Gott Heiligem Geist ein.
Eine Sage versucht den merkwürdigen Namen des Naturdenkmals zu erklären: Ein Bettler, der in Wirklichkeit ein Hüne war, kam in das Dorf Flurstedt. Erfolglos suchte er bei den Bauern um milde Gaben nach. Zornig verließ er den Ort, und als er in einiger Entfernung einen riesigen Stein liegen sah, konnte er seine Wut auf die geizigen Flurstedter nicht länger im Zaum halten. Er hob den Brocken in die Höhe und schleuderte ihn weit von sich, in der Absicht, das Dorf damit zu treffen. Das Wurfgeschoß jedoch stürzte kurz vor dem ersten Gehöft donnernd zu Boden und grub sich tief in das Erdreich ein.

Lahmender Bettler. Holzschnitt, 1508

FRIEDRICHRODA (Lkr. Gotha)

Schloß Reinhardsbrunn

Das neogotische Schloß in einem reizvollen Landschaftspark am Stadtrand von Friedrichroda wurde am

Schloß Reinhardsbrunn

Ort des ehemaligen Benediktinerklosters Reinhardsbrunn erbaut. Dieses war im Jahre 1085 durch Ludwig den Springer gegründet worden. Im 13. Jh. galt die wohlhabende Abtei als geistiges Zentrum Thüringens. Reinhardsbrunn war das Hauskloster der Ludowinger und deren Begräbnisstätte. Mit dem 1827–1835 errichteten Jagdschloß der Herzöge von Sachsen-Coburg und Gotha wurden die Grundmauern des Klosters überbaut. Im Festsaal des Schlosses befindet sich eine Ahnengalerie der Ludowinger.
Über die Klostergründung durch Ludwig den Springer berichtet folgende Sage: Nachdem Ludwig den Pfalzgrafen Friedrich ermordet und sich der gerechten Strafe durch einen Sprung von der Burg Giebichenstein entzogen hatte, pilgerte er nach Rom, um beim Papst Absolution für seine Sünden zu erlangen. Nach seiner Rückkehr suchte er eine geeignete Stätte, um ein Kloster zu gründen. Seine Wahl fiel auf einen Ort unweit der Schauenburg, an dem bei einem Brunnen ein Töpfer namens Reinhard lebte. Diesem war eine merkwürdige Erscheinung aufgefallen, zwei hell strahlende Lichter, die sich an einer bestimmten Stelle seines Anwesen zeigten. Als Ludwig davon erfuhr, sah er darin einen Fingerzeit Gottes und gründete hier ein Kloster, das den Namen Reinhardsbrunn erhielt. Er trat selbst als büßender Mönch ein und starb auch an der geweihten Stätte.

GEBESEE (Lkr. Sömmerda)

Tretenburg

Die „Tretenburg“ ist ein Bodendenkmal 2 km nordwestlich von Gebesee, unweit der Stelle, wo sich Gera und Unstrut vereinigen. Hier befand sich seit frühgeschichtlicher Zeit bis ins Mittelalter eine bedeutende

Wallburg, die ein wichtiger Versammlungs- und Gerichtsort in Thüringen war. Mitte des 12. Jh. verlor sie ihre Bedeutung als zentrale Gerichtsstätte. Im vorigen Jahrhundert gab es noch Teile eines gepflasterten Weges. Heute finden wir keine baulichen Überreste mehr, aber das Gelände ist noch als ehemalige Burgstelle zu erkennen.
Eine Vielzahl von Sagen und Legenden belegt die einstige weitreichende Bedeutung der Tretenburg. Vom Untergang des Thüringerreiches im Jahre 531 und vom Schicksal der Königstochter Radegunde, die nach ihrer erzwungenen Vermählung mit dem Frankenkönig Chlothar I. im Jahre 553 Nonne wurde und 567 das Kloster St. Croix zu Tours gründete, wird in diesem Zusammenhang folgendes berichtet: Zu der Zeit, als Thüringen noch ein großes Königreich war, lebte die Prinzessin Radegunde. Ihr Vater war der Thüringerkönig Berthar. Als der raubgierige Frankenkönig Chlothar I. in Thüringen eindrang, leisteten König Berthar und sein Bruder Hermanfried Widerstand. Sie wurden aber geschlagen und flüchteten auf die Tretenburg. Der Frankenkönig erstürmte in nächtlichem Handstreich die Wälle und veranstaltete ein großes Gemetzel, bei dem Berthar umkam. Zusammen mit ihrem jüngeren Bruder wurde Radegunde von den Franken an ihren Königshof verschleppt, wo sie Chlothar im Jahre 538 heiraten mußte.
Auch der Name von Bonifatius ist mit den Überlieferungen um die Tretenburg verbunden: Ein Teil der Bevölkerung hatte sich dorthin geflüchtet, da sie fürchteten, mit Waffengewalt zum christlichen Glauben gezwungen zu werden. Ihre Führer stellten die Bedingung, der Christengott möge sie von ihren Abgabepflichten gegenüber den heidnischen Ungarn befreien, was ihnen Bonifatius nach einer im Traum erhaltenen göttlichen Offenbarung zusagte. An der Unstrut im Ried bei *Nägelstädt* kam es zum Kampf zwischen Thüringern und Ungarn, den die Thüringer gewannen; danach ließen sie sich von ihm taufen.
Die folgende Sage gehört zu den vielen, die von der Habgier der Burgherren und den unermeßlichen Schätzen in verfallenen Gewölben berichten. Da sich auf der Tretenburg nie ein „Rittersitz" befunden hat, bezog sich die Sage wahrscheinlich ursprünglich auf die einstige Burg im Ort Gebesee und wurde später auf die geheimnisumwitterte Tretenburg übertragen.
Auf dem Gelände der Tretenburg stand einst eine Ritterfeste. Ihr Besitzer lebte in Saus und Braus. Bezahlen mußten das die Leibeigenen und Bauern, die er bis aufs

Blut auspreßte. Sein Übermut ging so weit, daß er sich ein Kegelspiel aus purem Gold anfertigen ließ. Als er wieder einmal ausgeritten war, um Zins einzutreiben, drang er in ein Gehöft ein und bedrohte die dort wohnende Frau mit dem Spieß. Da hieb ihm der Bauer in seiner Verzweiflung mit einer Sense das Haupt ab. Seither muß der Geist des Ritters als kopfloser Unhold am Ort seiner ehemaligen Schandtaten spuken. Seine an den bösen Taten niemals beteiligte Tochter wandelt in besonderen Nächten mit einem schweren Bund goldener Schlüssel im Mondschein umher.
Manch einer wühlte schon auf der Tretenburg nach Schätzen. Ein Herbslebener Schäfer soll dereinst zwei goldene Kegel gefunden haben. Es heißt, von deren Erlös hätten die Gemeinden Gebesee und *Herbsleben* den Bau ihrer Kirchhofsmauern bezahlt.
→ Erfurt, Dom; → Geismar; → Mühlberg, Mühlburg

GEFELL (Lkr. Sonneberg)

Kirche

Der Flurname „Gevell“ wird im Jahr 1162 in einer Urkunde als Eigentum des am Obermain gelegenen Klosters Banz erwähnt. Da der Ort aber an einer Kreuzung zweier mittelalterlicher Handelswege lag, dürfte die Besiedlung schon eher erfolgt sein. Der Baubeginn der Nikolauskirche, einer Tochterkirche von *Mupperg*, wird ins 11. Jh. datiert. In der Mitte des 15. Jh. begann man, den Chorraum zu verändern. Im 16. Jh. wurde ein Langhaus angebaut. Aus dieser Zeit stammt auch die Kirchenmauer mit dem Torturm; bis auf den Wehrgang ist sie heute fast vollständig erhalten.
Wie es zum Kirchenbau kam, erzählt folgende Sage: Im nahen *Rottmar* lebte in einem Schloß ein adeliges, unverheiratetes Fräulein als letzte ihres Geschlechts. Sie verfügte, daß nach ihrem Tod das Schloß abgebrochen und aus den Steinen eine Kirche gebaut werden sollte. Auch ihr Vermögen sollte für den Kirchenbau verwendet werden. Als sie gestorben war, machten sich die Gefeller an den Kirchenbau. Doch sie konnten sich nicht über den Ort einigen, an dem die Kirche stehen sollte. Die meisten wollten sie im Süden des Dorfes bauen. So wurden die Steine an den Platz südlich des Dorfes gebracht. In der Nacht aber kam ein Riese, der die Steine an den anderen Bauplatz trug. Die Gefeller fügten sich dem Willen des Stärkeren. Zum Andenken daran ließen sie ein Bild des Riesen in die Kirche malen. Heute ist es nicht mehr zu sehen.
→ Riethnordhausen

GEHLBERG (Ilm-Kreis)

Schneekopf

Von der Schmücke (Gasthaus und Parkplatz), der alten Wegkreuzung zwischen Gehlberg, *Oberhof, Schmiedefeld* und *Suhl*, gelangt man in ca. 20 Min. zum Gipfel des mit 978 m zweithöchsten Berges des Thüringer Waldes. Er gilt als der „Rauhe" des Gebirges; an seinem schattigen Nordhang sind oft noch im Mai Reste von Schnee und Eis zu finden, was auch seinen Namen erklären mag. Eine geologische Besonderheit sind die im Porphyrgestein vorkommenden Schneekopfkugeln, in deren Innerem sich häufig prächtige Minerale, z. B. Achat, Bergkristall oder Amethyst, befinden. Jahrzehntelang war der Schneekopf militärisches Sperrgebiet; seit 1994 ist er wieder zugänglich.
Wie auch von anderen Bergen, wird vom Schneekopf erzählt, daß sich im Innersten große Wassermassen befänden, welche sich dereinst als gewaltige Sintflut bis nach Arnstadt oder sogar über ganz Thüringen ergießen werden. Andere Sagen warnen vor den Gefahren der zahlreichen Hochmoore in dieser Gegend. Das größte Sumpfloch ist das „Teufelsbad". Es heißt, wenn es dem Teufel in seiner unterirdischen Hölle zu heiß werde, komme er auf die Erdoberfläche, sause zum Schneekopf und nehme in diesem Loch ein kühlendes Bad. Berichtet wird auch von einem gespenstischen Reiter, der ins Teufelsbad hinabtaucht und nach einiger Zeit, ohne einen Tropfen Wasser an sich zu haben, wieder erscheint.
Die Tiefe des Moores sollten Gegenstände bezeugen, die man hier hineingeworfen hatte und die angeblich erst in Arnstadt wieder ans Tageslicht gelangten. Blut, das man hier ins Moor geschüttet hatte, kam erst in *Mäbendorf* im Haseltal wieder zum Vorschein.
→ Dermbach, Baier; → Schweina

Jägerstein

Am Fuße der Schneekopfkuppe, dicht am Teufelsbad, steht der sogenannte Jägerstein, der an eine geheimnisvolle Begebenheit im Jahre 1660 erinnert. Die verwitterte Schrift des Steins lautet: „Anno 1690 den 16. September ist Hr. Johann Valentin Grahner, F. S. F. (= Fürstlich Sächsischer Förster) zu Gräfenroda von seinem Vetter als Schwestersohn Caspar Greiner unversehens erschossen worden." Im Gräfenrodaer Kirchenbuch heißt es dazu, daß der Förster „in Verblendung einer Hirschgestalt" erschossen worden sei. Man erzählt über diesen Unglücksfall folgendes:

Johann Valentin Grahner war Förster in *Gräfenroda*. In seinem Revier, das bis zum Rennsteig reichte, gab es viel Wild, besonders starke Hirsche. Als Jagdgehilfen nahm er auch den Sohn seiner Schwester, Caspar Greiner, auf, der schon bald als bester Schütze im Thüringer Wald galt. Ging der Fürst auf Jagd, durfte Caspar mit ihm pirschen. Das weckte den Neid seines Oheims, und er überlegte, wie er dem Burschen schaden könne. Er wandte sich an ein Weib, das in einer versteckten Waldhütte wohnte und allerlei Zauberkunststücke beherrschte. Er gab der Alten Geld, damit sie seinen Neffen verhexte. Von Stund an verließen den Burschen Jagdglück und Treffsicherheit. Einen kapitalen Hirsch, den er im Auftrag seines Oheims am Schneekopf schießen sollte, spürte er zwar mehrmals auf, doch wenn er schießen wollte, war das Tier im letzten Moment stets wie vom Erdboden verschluckt. Ermüdet und erschöpft fand ihn ein alter Glasmeister aus der Gehlberger Glashütte. Dem erzählte er sein Mißgeschick. Der Meister meinte, daß es hier nicht mit rechten Dingen zugehe und versprach, ihm eine gläserne Kugel zu machen, gegen die jeder Zauber machtlos wäre. Nachdem Caspar seine Flinte mit der gläsernen Kugel geladen hatte, ging er erneut am Schneekopf auf die Jagd. Diesmal erlegte er den Hirsch mit dem ersten Schuß. Voller Freude eilte Caspar zu der Stelle – und sah nun mit Schrecken, daß statt des Hirsches sein Oheim blutend am Boden lag. Die Kugel hatte ihm die Schläfe durchbohrt.

GEISMAR (Lkr. Eichsfeld)

Hülfensberg mit Wallfahrtskirche

Nicht weit von der ehemaligen innerdeutschen Grenze nahe Geismar erhebt sich der 444 m hohe Hülfensberg. Ihn krönt eine dreischiffige frühgotische Wallfahrtskirche aus der Zeit um 1360, die im Jahre 1890 restauriert und umgestaltet wurde. Von der Höhe des Berges kann der Wanderer die Aussicht in das Werratal und das Friedatal genießen. Die wichtigsten alljährlichen Wallfahrten auf den Hülfensberg sind die Bittwallfahrten im Mai, die Johanneswallfahrt im Juni und die Michaelswallfahrt im September. Die Wallfahrtsstätte wird heute von Franziskanerpatres betreut. Im nördlichen Seitenschiff ist im Gewölbe ein Stück Eichenholz eingemauert, das nach der Überlieferung von der ersten Kapelle auf dem Berg stammt. Diese soll der iro-schottische Mönch Bonifatius, der von 680–755 lebte und großen Teilen Deutschlands die

Wallfahrt zum Hülfensberg

Botschaft von Jesus Christus brachte, errichtet haben. Darauf bezieht sich auch die Gründungslegende der Wallfahrtsstätte:
Der Hülfensberg hieß einstmals Stuffenberg. Auf seinem Kamm standen eine dem Donar geweihte Eiche und auch ein Heiligtum des in Niedersachsen und Nordthüringen verehrten Gottes Stuffo. Bonifatius predigte in den benachbarten Dörfern, sammelte die um sich, die schon Christen waren, und taufte täglich Neubekehrte. Viele jedoch gingen weiterhin auf den Stuffenberg, um Donar und Stuffo anzubeten. Bonifatius entschloß sich, mit seinen Getreuen die heilige Eiche zu fällen. Da diese Tat entgegen allen Erwartungen nicht bestraft wurde, erkannten die Menschen die Macht des Christengottes an und ließen sich taufen. Aus dem Holz des gefällten Baumriesen errichteten die Boten des Evangeliums eine Kapelle. Während der Bauarbeiten kam oft ein Mann und fragte, was hier gebaut werde. Die Zimmerleute antworteten stets: „Ei, eine Scheuer soll es werden." Als der Fremde am fertiggestellten Bau erkannte, daß es sich um eine Kirche handelte, fuhr er wütend durch den Giebel, wo er ein Loch hinterließ, und stürzte sich anschließend durch eine Kluft im Berg hinab in die Hölle. Diese Öffnung im Berg nennen die Leute bis heute Stuffensloch, denn sie meinen, es sei der Gott Stuffo gewesen, der aus Zorn über den Kirchenbau in die Hölle gefahren sei.
Im 11. Jh. brachte der Ritter Hennig von Bartloff von einem Zug ins Heilige Land ein kostbares Kruzifix mit. Die Wallfahrer nannten das Bildwerk „Sante Hulpe", den heiligen Helfer oder den heiligen Gehilfen. Ihm zu Ehren erhielt der Stuffenberg den noch heute gültigen Namen Hülfensberg.
Auch weiterhin gab es öfter Streit zwischen denen, die den neuen Glauben angenommen hatten und anderen,

die Wotan und den alten Göttern die Treue hielten. Eines Tages stand Bonifatius wieder auf dem Stuffenberg, blickte weit ins Land und betete dann zu Gott: „Herr, wann wird Frieden schweben über diesen Auen?" Aus den Worten des Gebetswunsches sollen die damals in der Nachbarschaft liegenden Siedlungen ihre Namen erhalten haben: Wanfried, Frieda, Schwebda und Aue.
→ Catterfeld-Altenbergen; → Erfurt, Dom

GEORGENTHAL (Lkr. Gotha)

Klosterruine und Kornhaus
Eine Übersichtstafel am Schloßplatz und Hinweisschilder an den historischen Gebäuden erleichtern die Orientierung im Gelände des ehemaligen Zisterzienserklosters, wo die freigelegten Ruinen der Abteikirche mit dem romanischen Säulensaal, Reste der alten Klostermauer, die St.-Elisabeth-Kirche, das Pfortenhaus, das sogenannte Hexenhaus und das Kornhaus (heute Museum) zu sehen sind.
Das Kloster wurde um 1140 durch die Grafen von Schwarzburg-Käfernburg gegründet. Es befand sich zunächst auf dem St. Georgenberg bei Altenbergen, wurde dann aber ins Tal verlegt, wo 1152 die Bauarbeiten begannen. Mit dieser Klostergründung reagierte das alteingesessene Grafengeschlecht der Käfernburger auf die Gründung des Klosters Reinhardsbrunn durch die aufstrebenden Ludowinger. Im Bauernkrieg 1525 wurde die Klosteranlage verwüstet und verfiel in den folgenden Jahrhunderten. Erst die seit dem 19. Jh. durchgeführten Ausgrabungen haben das Kloster wieder ins allgemeine Bewußtsein gerückt.

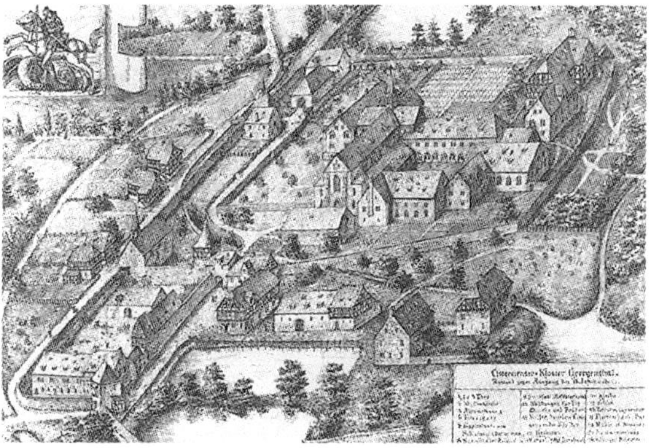

Das Zisterzienserkloster Georgenthal im 15. Jh.

Über den ersten Abt des Klosters, Eberhard, erzählt eine Legende: Um das Jahr 1126 waren zwei Brüder, Eberhard und Adolf, Grafen von Altena und Mark, in blutige, opferreiche Kämpfe verwickelt. Aus Reue kehrte Eberhard anschließend nicht nach Hause zurück, sondern zog als Büßender durch die Fremde, bis ihn der Abt der Zisterzienserabtei Morimond veranlaßte, in sein Kloster einzutreten. Eberhard wurde ein glaubenseifriger Mönch und brach bald darauf in sein Vaterland auf, um in den Besitzungen seiner Verwandten Klöster der Zisterzienser zu gründen.
Das westlich der Kirche befindliche Kornhaus ist mit einem kunstvollen gotischen Steinrosettenfenster geschmückt. Es heißt, daß deren Durchmesser ebenso groß wie die äußerste Mündung der großen Glocke im Erfurter Domstift sei. Der Sage nach sollen die Mönche vor ihrem Weggang unter der steinernen Rose ihre Schätze in die Erde versenkt haben.
Die Bezeichnung „Hexenhaus" erinnert daran, daß im 17. Jh. in Georgenthal zahlreiche Hexenprozesse stattfanden und das Gebäude als Folterstätte diente.

Gera

Schreibersches Haus
Der kulturhistorisch wertvolle, unter Denkmalschutz stehende Barockbau am Nicolaiberg Nr. 3 beherbergt heute das Museum für Naturkunde Gera. Es ist das älteste Haus innerhalb der einstigen Stadtmauern. Das im Mittelalter als Freihaus errichtete und vom preußischen Lehnsadel bewohnte Bauwerk brannte 1686 nieder. 1687/88 wurde es neu gebaut und 1716 von dem Kauf- und Handelsherr J. G. Schreiber erworben.

Zigeunerlager. Kupferstich, 17. Jh.

Daß es als einziges Gebäude der Stadt den großen Brand von 1780 überstand, deutet eine Sage folgendermaßen: Wenige Wochen vor dem großen Stadtbrand hielten sich Zigeuner in Gera auf. Man bestaunte ihr ungewöhnliches Aussehen, und einige Leuten ließen sich die Zukunft wahrsagen; doch niemand wollte den Fremden Quartier geben. Nur der alte Kaufmann Schreiber lud sie in sein gastfreundliches Haus ein und beschenkte sie überdies reich. Bevor sie weiterzogen, gab einer der Zigeuner dem Kaufmann ein hölzernes Stäbchen und prophezeite ihm, daß in Kürze ein großes Unglück über die Stadt hereinbrechen werde. Er aber solle das Hölzchen auf den obersten Balken des Hauses legen, dann werde sein Anwesen von dem Übel verschont. Schreiber folgte diesem Rat, und als bald darauf der verheerende Brand die ganze Stadt verwüstete, blieb sein Haus als einziges unversehrt.
Nach anderen Überlieferungen hatte sich die Brandkatastrophe von 1780 nicht nur durch die Prophezeiung des Zigeuners angekündigt. Eine Vielzahl merkwürdiger Ereignisse seien ihr vorausgegangen: Nordlichter und blutrote Himmelszeichen, ungewöhnliche Krankheiten, Selbstmorde und Unglücksfälle, die im Volksglauben als Vorboten kommenden Unheils galten. Während des Brandes soll dann der „dreißigste Herr von Gera" die brennende Stadt hoch zu Roß in rasender Eile umjagt haben. Heinrich XXX., letzter Graf aus dem Hause Reuß-Gera, hegte besonderes Interesse für das Feuerlöschwesen und leitete manche Feuerlöschaktionen persönlich. Das führte zu dem Glauben, daß er ein Feuer durch Umreiten ersticken könne. An anderen Orten habe er auf diese Weise Brände gebannt, doch in Gera sei es ihm nicht gelungen.

Die Höhler
In zahllosen Sagen wird von unterirdischen Gängen berichtet, von verborgenen Fluchtwegen aus Burganlagen oder geheimnisumwitterten Verbindungswegen zu Klöstern und Kirchen. Auch unter dem Altstadtkern von Gera befindet sich in einer Tiefe von 5–11 m ein System von Gängen und Nischen, das eine Gesamtlänge von 9 km hat und unter vielen Hausgrundstücken, Straßen und Plätzen verläuft. Dieses unterirdische Labyrinth besteht aber nicht aus „Geheimgängen", sondern aus einstigen Bierlagerkellern, sogenannten Höhlern, die im 17. und 18. Jh. entstanden. 1986 bis 1989 wurden zehn der Tiefkeller im Bereich Nikolaiberg und Steinweg durch Gänge und Mauer-

Mittelalterliche Keller, sog. Höhler

durchbrüche verbunden und können – im Rahmen von Führungen des Stadtmuseums – besichtigt werden.
In einem der Keller unter dem Geraer Steinweg soll es früher gespukt haben. In dem finsteren Gewölbe ging ein Mann um, der im Leben als Freigeist bekannt gewesen war und nie eine Kirche betreten hatte. Oft hörte man ihn in den Kellern singen, und als Huckauf plagte er die Hausbewohner. Auf Mädchen, die Bier aus dem Höhler holen mußten, hatte er es besonders abgesehen. Mehrmals huckte er ihnen auf, und seine Finger hinterließen blaue Flecken an ihren Achseln.
Ein harmloserer Abkömmling dieser den zahlreichen Druckgeistern zuzurechnenden Gestalten scheint der ebenfalls aufhockende Bieresel zu sein. Die Sage nennt die Bierkeller der Gasthäuser sowie die Wohnstätten alter Geizhälse als seine bevorzugten Aufenthaltsorte. In den Wirtshäusern mischte er sich unsichtbar unter die Gäste und trank ihnen das Bier aus. Er tat niemandem etwas zuleide; rauflustigen Burschen und übermäßigen Trinkern hockte er jedoch auf dem Heimweg gelegentlich auf. „Du lachst wie der Bieresel“, so sagte man in der Geraer Gegend zu einem Kind, das lauthals lachte.
→ Greiz, Oberes Schloß

Wipsebach
Der Wipsebach mündet im südlichen Stadtgebiet in die Weiße Elster. Man kann dem Bachlauf von Gera-Liebschwitz auf einem markierten Wanderweg („Thüringenweg“) bis zu seiner Quelle folgen. Zahlreiche Sagen, die von Schätzen im Wipsetal und von goldschürfenden Venedigern berichten, weisen auf das Vorkommen von Gold im Sand und Kies des Baches

hin. Nähere Information zu diesen und anderen – meist sehr geringfügigen – Goldfunden in Thüringen bietet eine Ausstellung des Geraer Museums für Naturkunde.
Die Sage erzählt von einem Jäger, der im Wipsetal einige Männer überraschte, wie sie am Bach mit Netzen hantierten. Es waren Venediger, und sie versicherten, keine Fische fangen zu wollen, sondern Gold zu waschen. Das aber glaubte der Jäger nicht und wollte ihnen die Netze wegnehmen. Doch kaum hatte er den ersten berührt, fühlte er sich in die Luft erhoben und in eine fremde, ferne Stadt versetzt. Er stand in Venedig vor der Tür eines prachtvollen Palastes, und die Fremdlinge, die er im Wipsetal kennengelernt hatte, luden ihn freundlich ein, das Haus zu betreten. Hier zeigten sie ihm einen Schatz aus Gold und Edelsteinen, von denen er sich ein Stück als Andenken aussuchen durfte, und brachten ihn dann in Sekundenschnelle zum Wipsebach zurück.
Es heißt, daß man in Liebschwitz noch bis in die Mitte des 19. Jh. venetianischen Goldwäschern Unterkunft gewährt habe. Auch in anderen Orten dieser Gegend berichtet die Sage von schatzsuchenden Venedigern.
→ Inselsberg; → Reinsfeld; → Schwarzatal

Zoitzberg
Vom Ortsteil Liebschwitz gelangt man in 20 Min. auf den 284 m hohen Zoitzberg, wo sich an der steinernen Aussichtshütte ein guter Fernblick ins Tal der Weißen Elster bietet. Früher war dieser Berg bekannt dafür, daß man hier einem Glücksbringer besonderer Art begegnen konnte, dem Otternkönig. Er war schwarzweiß gezeichnet und größer als gewöhnliche Ottern. Als besonderes Zeichen trug er ein erbsengroßes Krönlein aus purem Gold, das manchmal einer Beere, manchmal dem Kopfschmuck des Pfauen ähnelte. Wem der Otternkönig sein Krönlein – oft als Lohn für Hilfe und menschliche Güte – schenkte, der hatte sein Glück gemacht. Wer sich das kostbare Kleinod mit Gewalt anzueignen versuchte, dem drohte hingegen der Tod. Den Otternkönig erkannte man auch daran, daß er mitunter seine pfeifende Stimme hören ließ. Dann kamen alle Ottern der Gegend zusammen, und sie vereinigten sich am Zoitzberg zu einem riesigen Haufen.

Zwerghöhlen
Der Osthang des Märzenberges zwischen den Ortsteilen Untermhaus und Thieschitz verdankt sein bizarres

Aussehen den zahlreichen Grotten und Höhlungen im Dolomitgestein, bei deren Entstehung möglicherweise auch der in dieser Gegend betriebene Bergbau eine Rolle gespielt hat. Das unter Naturschutz stehende Gebiet ist über die Untermhäuser Straße, vorbei am alten Friedhof, zu erreichen.
Die Bezeichnung „Zwerghöhlen" geht auf die Sagen vom einst hier beheimateten Zwergenvolk zurück. Nach Aufzeichnungen des Geraer Sagensammlers Robert Eisel stellte man sich die Zwerge „als kaum menschenähnlich, krüpplig, gräulich, mit aufgedunsenem Kopfe, höckrigem Nacken, schwappeligem Kropfe und runzligem Gesichte" vor; ihre Größe wurde mit 1 bis 3 Fuß angegeben. Im Unterschied zu ihrem wenig vorteilhaften Aussehen wird ihr Wesen als liebenswert und gütig beschrieben. Die Zwerge vom Märzenberg und vor allem ihr weiser König Coryllis standen den Menschen jederzeit mit wohlmeinenden Ratschlägen zur Seite. Wer ihren Rat suchte, mußte sich drei Kieselsteine vom Ufer der Weißen Elster holen und rücklings über sich in die Höhle werfen. Auch halfen die Zwerge den Bewohnern der umliegenden Orte heimlich in Haus, Hof, Garten und Feld. Daß es eines Tages dennoch zum Zwist mit den Menschen kam, wird darauf zurückgeführt, daß die Zwerge frisch gebackenes Brot über alles liebten und den Leuten aus Untermhaus und Gera häufig ganze Brotlaibe stahlen. Da gab ein Pfaffe den Rat, Anis, Fenchel oder Kümmel in den Brotteig zu mengen. „Fenchelbrot, unser Tod!" jammerten nun die Zwerge. Viele wurden von dem gewürzten Brot krank und starben. Deshalb entschloß sich König Coryllis, mit seinem Volk die undankbare Gegend für immer zu verlassen. Ein Fischer aus Langenberg setzte das Zwergenvolk über den Fluß, und man entlohnte ihn mit soviel „Zwergel- oder Pfengelgeld", daß er ein reicher Mann wurde. Der Weg, auf dem die kleinen Wesen fortgegangen waren, soll noch Jahrzehnte dadurch kenntlich gewesen sein, daß auf ihm kein Grashalm sproß und das Getreide der naheliegenden Äcker nur spärlich wuchs.

GERSTENBERG (Lkr. Altenburg)

Dorfkirche und Kirchberg
Die kleine Kirche mit ihrem vermutlich aus dem 14. Jh. stammenden Langhaus erhebt sich auf einem – in der ansonsten eher flachen Umgebung – auffällig steilen Hügel. Die Erhebung, die ursprünglich eine

frühmittelalterliche Wehranlage trug, steht als Bodendenkmal unter Schutz.
Die Sage berichtet, daß auf dem Kirchberg vor langen Jahren ein Schloß gestanden habe, welches zwei Brüder aus dem Geschlecht von Raben bewohnten. Die Brüder hätten ihren Besitz dem Altenburger Bergerkloster vererbt; später sei an Stelle des Schlosses zu ihrem Gedenken das Kirchlein errichtet worden.
Ein kleines Steinbild, das sich bis vor kurzem an der südlichen Außenwand befand und jetzt im Kircheninneren aufbewahrt wird, zeigt den Erzengel Michael, dem das Gotteshaus geweiht ist. In der rechten Hand trägt der Engel ein Schwert, die linke Hand ist abgebrochen. Es heißt, daß diese Hand ursprünglich auf eine Stelle des Berges gezeigt habe, an der eine Braupfanne voll Gold vergraben liege. Damit kein Unbefugter den Schatz heben könne, habe der Klerus den Arm entfernen lassen. Tatsächlich fand man am 8. September 1843 südlich der Kirche eine Urne, die über 800 silberne Hohlmünzen enthielt.
Andere Überlieferungen erzählen von einem unterirdischen Gang im Inneren des Kirchberges und davon, daß sich der Berg gelegentlich um Mitternacht öffne, ein feuriger Wagen mit feurigen Pferden herausfahre und später wieder zurückkehre. Auch soll sich hier einst einem Hirtenknaben ein graues Männchen gezeigt haben. Es wies den Knaben auf etwas, daß einem Häuflein glühender Kohlen glich und forderte ihn auf, davon zu nehmen. Als der Hirte nach Hause kam, hatte er die Hand voll Goldstücke.

GOTHA (Lkr. Gotha)

Rathaus am Hauptmarkt
In einer Urkunde Karls des Großen von 775 wird eine Siedlung Gothaha (d. h. „gutes Wasser") erwähnt, die jedoch nicht eindeutig zu lokalisieren ist. Als Stadt erscheint Gotha urkundlich erstmals Ende des 12. Jh. Dagegen will eine Sage wissen, daß Gotha um das Jahr 500 entstanden sei und nennt als Gründer die Ostgoten, von denen sich auch der Name der Stadt herleite. Tatsächlich wird es umgekehrt gewesen sein: Die scheinbare Wortverwandtschaft von „Gotha" und „Goten" führte zu dieser Sage. Als Belege für die Stadtgründung durch die Goten galten das Lamm und der Lindwurm am reich geschmückten Nordgiebel des Rathauses. Sie werden durch den bei der Neugestaltung des Gothaer Rathauses im Jahre 1574 über dem Eingangstorbogen angebrachten Spruch erklärt: „Als

man abbrach den alten Dvrm, darrahn stvnd dis Lamb vnd Lindwvurm. Das Lamb die Gotten in ihren Fahnen geführt in Friedens Zeitenn, den Lindwvurm aber wider ihren Feind in Krieg vnd Streiten“.

Schloß Friedenstein

An Stelle der aus dem 12. Jh. stammenden und im 16. Jh. zu einer mächtigen Festung ausgebauten Burg Grimmenstein entstand das Schloß 1643–1655 als Residenz der Herzöge von Sachsen-Gotha. Die größte frühbarocke Schloßanlage Deutschlands hat soviel Räume wie das Jahr Tage hat. 1648, als der 30jährige Krieg beendet war, erhielt das Gothaer Schloß den Namen Friedenstein. Es beherbergt heute bedeutende Museen und eine große Forschungsbibliothek.
Die Eroberung Gothas und die Schleifung der Festung Grimmenstein durch sächsische Truppen im Jahre 1557 hat in zahlreichen Sagen ihren Niederschlag gefunden. Durch böse Vorzeichen wie die Explosion einer der größten Kanonen habe sich das Unglück lange zuvor angekündigt. Anlaß für das Eingreifen der sächsischen Truppen war, daß der auf dem Grimmenstein regierende Herzog Johann Friedrich der Mittlere den vom Kaiser geächteten Ritter Wilhelm vom Grumbach bei sich aufgenommen hatte. Das wird vor allem dem Wirken des Schwarzkünstlers Hänsel Tausendschön, einem Bauernjungen namens Hans Müller aus Sundhausen, zugeschrieben. Er soll den Herzog im Auftrag Grumbachs auf mancherlei Art bezaubert haben. So versprach er dem Herzog beispielsweise, die begehrte Kurwürde erlangen oder gar Kaiser werden zu können. Als Hänsel Tausendschön nach der Niederlage mit sechs weiteren Aufrührern auf dem Gothaer Jakobsplatz hingerichtet wurde, habe sich der Teufel seine schwarze Seele geholt.

Gotha. Um 1860

Über die ungleichen Türme des Schlosses wird folgende Baumeistersage erzählt: Ursprünglich trugen beide Türme schön gewölbte Barockdächer, die der Architekt Andreas Rudolphi entworfen hatte. Nachdem das Dach des Westturms durch die Unvorsichtigkeit eines Bediensteten abgebrannt war, sollte es in der ursprünglichen Gestalt wieder aufgebaut werden. Den beauftragten Baumeistern gelang es jedoch nicht, die komplizierte Konstruktion des genialen Rudolphi nachzuahmen. So erhielt der Ostturm sein schlichtes Spitzdach, das er noch heute trägt. Historisch verhält es sich dagegen folgendermaßen: Beide Türme besaßen zunächst Spitzdächer, und nach dem Brand des Ostturms 1677 wurde dieser entsprechend der neuesten Barockarchitektur mit einem runden Haubendach versehen.
Eine Weiße Frau ließ sich auf Schloß Friedenstein immer dann sehen, wenn das Gothaer Herzogshaus von einem Unglück bedroht war. Die Ahnfrau stieg dann wie ein bleicher Schatten aus der Gruft der Schloßkirche empor, schluchzte und stöhnte wie eine Mutter am Grab ihrer Kinder. Sehen vermochten die Erscheinung nur jene Personen, welche das kommende Unglück direkt betraf.
An einen Aufenthalt Napoleon Bonapartes auf Schloß Friedenstein erinnert folgende Überlieferung: Als Napoleon 1813 auf dem Weg zur Schlacht bei Leipzig als Gast des Herzogs August in Gotha weilte, soll er der Überlieferung nach Schloß Friedenstein mitten in der Nacht überstürzt verlassen haben. Der Herzog hatte dem Kaiser ein prunkvolles Schlafzimmer im Empirestil einrichten lassen. An der Stuckdecke prangten eine Sonne mit den Gesichtszügen Napoleons und ein Mond mit denen Herzog Augusts. Napoleon jedoch wurde in der Nacht von schlimmen Träumen geplagt, und als er erwachte, schien ihm, daß sein prächtiges Bett einem Sarg gleiche. Hastig zog er sich an und verließ das Schloß, um den Rest der Nacht bei seinen Truppen im Feldlager zu verbringen.
→ Erfurt, Petersberg; → Orlamünde, Kemenate

Wasserkunst am Schloßberg, Leinakanal

Die Wasserkunst, eine repräsentative Brunnenterrasse, verbindet das Schloß Friedenstein mit dem langgestreckten Hauptmarkt. Diese Brunnenanlage entstand 1895 an Stelle der alten Bergmühle. Eine Tafel erinnert daran, daß die Wasserkunst aus Anlaß des 500jährigen Bestehens des Leinakanals geschaffen wurde. Unter Landgraf Balthasar war 1366–69 durch den Bau

eines Kanals vom Flüßchen Leina nach Gotha die Wasserversorgung der Stadt gesichert worden, was einen bedeutenden Aufschwung des einheimischen Gewerbes ermöglichte. Diese für das 14. Jh. ungewöhnliche technische Leistung wurde der Sage nach von einem Geistlichen vollbracht.
Das Kanalbett soll von einem Mönch aus dem Gothaer Augustinerkloster gegraben worden sein. Er benutzte dazu einen großen Pflug, der von einem weißen Stier gezogen wurde. Nachdem der Mönch sein Werk vollendet hatte, wurden ihm auf Befehl des Landgrafen die Augen ausgestochen, damit er nicht für einen anderen Herren eine ähnliche Arbeit vollbringen konnte.
→ Sachsenburg

Bildnis des Herrn Augustin
Am Haus Hauptmarkt 2 ist in einer Nische in Höhe der 2. Etage das Steinbild eines Mannes zu sehen, der zwei Kindern Brot reicht. Das Bild soll einen frommen und kinderlieben Gothaer Bürger namens Augustin darstellen, der zu Beginn des 15. Jh. am Gothaer Jakobsplatz wohnte. Ging er über den Markt, folgte ihm stets eine große Kinderschar, denn Herr Augustin hatte stets Gebäck und andere Leckereien bei sich, mit denen er die Kindern beschenkte. Die Vorräte in seinen Taschen schienen unerschöpflich zu sein. Als 1433 bis 1438 in Gotha eine schwere Hungersnot herrschte, ließ Herr Augustin von seinem Geld Brot backen und an die hungernden Kinder verteilen. Zum Andenken wurde an dem Haus am Hauptmarkt nach seinem Tod jenes Steinbild angebracht und immer wieder in die Neubauten übernommen.

GRÄFENRODA (Ilm-Kreis)

Kirche
Mit der Gräfenrodaer Kirche, einem Barockbau von 1713/33, ist die sagenhafte Geschichte eines vereitelten Kirchenraubes verbunden: Einst waren mehrere Mädchen des Ortes zur Spinnstube zusammengekommen. Sie scherzten und erzählten, und plötzlich fragte jemand: „Getraut sich eine von euch, jetzt in der Nacht auf den Kirchhof zu gehen?“ Keine fand den Mut, nur Maria stellte ihren Spinnrocken beiseite und machte sich auf den Weg. Als Zeichen, daß sie wirklich auf dem Kirchhof gewesen sei, wollte sie die Blüte einer Heckenrose mitbringen, die nur dort wuchs. Aber sie sah in der Kirche ein Licht schimmern und schlich sich zur Kirchentür. Durch einen Spalt konnte sie ins Inne-

re sehen und entdeckte einen Räuber, der gerade die kostbaren Altargerätschaften in einem Sack verpackte. Der Räuber lud seine Beute auf ein Pferd und ging zur Kirche zurück, um das Licht zu löschen. Da nahm das Mädchen allen Mut zusammen, sprang auf das Pferd und ritt davon. Der Räuber stürzte ihr mit blanker Waffe nach. Im letzten Moment konnte sie ins Haus gelangen, die Tür hinter sich zuschlagen und den Riegel vorschieben. Dem Räuber blieb nur die Flucht. Die Mädchen der Spinnstube aber gingen am anderen Morgen gemeinsam zum Pfarrhof und brachten den Kirchenschatz zurück. Die Mutige erhielt dort einen silbernen Becher zum Lohn, den sie bis an ihr Lebensende aufbewahrte.
Von solchen Mutproben auf dem Friedhof oder anderen unheimlichen Örtlichkeiten während der Spinnstubenabende erzählt eine ganze Reihe von Sagen. Während manche Geschichten davor warnen, daß dies mit dem Leben bezahlt werden müsse, wird in anderen die Angst überwunden und die abenteuerliche oder lustige Seite hervorgekehrt. Solche Geschichten gehören zu den noch heute gern erzählten Überlieferungen.
→ Mupperg; → Niederdorla, Historischer Friedhof

Graitschen auf der Höhe (Saale-Holzland-Kreis)

Trojaburg Schwedenhieb
Die Ortsbezeichnung Graitschen tritt in Ostthüringen mehrfach auf. Sie ist slawischen Ursprungs und leitet sich von grodisce = Burgstätte ab. Graitschen a. d. Höhe liegt ca. 5 km östlich von Camburg über dem Saaletal. Unterhalb der Friedhofskapelle, die den höchsten Punkt des Ortes darstellt, erhebt sich ein kleiner Hügel mit flacher Kuppe, auf dem ein in den Rasen gestochenes Labyrinth von ca. 10 m Durchmesser zu finden ist – die sogenannte Trojaburg Schwedenhieb. Auf den ersten Blick wirkt der Verlauf der schmalen Pfade regellos. Schaut man genauer hin, wird jedoch deutlich, daß dieses Muster den aus dem Altertum überlieferten Labyrinthdarstellungen weitgehend entspricht.
Solche als Trojaburgen bezeichneten Steinreihen oder Rasenlabyrinthe finden sich mehrfach in Mittel-, häufiger aber in Nordeuropa. Ihr Name könnte auf das althochdeutsche Wort drajan = drehen zurückgehen. Von manchen dieser Stätten ist überliefert, daß sie der Ort von kultischen Handlungen bzw. Festen vor allem in der Frühjahrzeit gewesen sind, bei dem die Gänge nach bestimmten Vorschriften durchschritten oder

durchtanzt wurden. In Graitschen wurden in der Nähe der Trojaburg noch zu Beginn des 20. Jh. das „Winteraustreiben“ und die Sonnenwendfeier begangen; die eigentliche Funktion des Rasenlabyrinths ist jedoch nicht überliefert.
Ursprünglich befand sich die Graitschener Anlage zu ebener Erde. Als man in der Umgebung Kies abbaute, ließ man den „Schwedenhieb“ unberührt, so daß er als künstlicher Hügel stehenblieb. Die merkwürdige Besonderheit des Ortes, die auch im Ortssiegel zu finden ist, wurde über Jahrhunderte erhalten. Seit mehreren Generationen pflegt die Graitschener Familie Eisenschmidt das rätselhafte Bodendenkmal.
Der Sage nach war im 30jährigen Krieg ein verwundeter Schwede in Graitschen zurückgeblieben. Dieser soll das Labyrinth angelegt haben, angeblich als Belustigung für die Kinder. Darauf führt man die Bezeichnung „Schwedenhieb“ zurück.

GREIZ (Lkr. Greiz)

Oberes Schloß, Schloßberg und Park
Greiz liegt landschaftlich reizvoll im Schnittpunkt von fünf Seitentälern in einem engen Talkessel der Weißen Elster. Als Wahrzeichen der Stadt gilt das Obere Schloß mit seinen Renaissancegiebeln, das sich auf einem Bergkegel inmitten der Stadt erhebt. Von 1306 an war Greiz Residenz der Vögte und Herren Reuß; das Obere Schloß ist unter den verschiedenen Greizer Residenzgebäuden das älteste.
Gegenüber dem Bergfried befinden sich in westlicher Richtung zwei Kammern, die einst zu den gräflichen Wohnräumen gehörten. In einer dieser Kammern soll sich zuweilen ein rätselhafter Gast aufgehalten haben. Die Mägde, die dort das Bett machten, fanden jeden Morgen als Belohnung für ihre Arbeit ein altes Groschenstück. Sehen ließ sich der seltsame Schlafgast nur selten. Eine Magd, die gerade ihren Dienst gekündigt hatte, bekam ihn aber einmal zu Gesicht. Es war eine hagere, hohlwangige Männergestalt, die eine lange Mönchskutte und eine weiße Halskrause trug. Der Schloßmönch musterte sie mit großen, ernsten Augen und verschwand dann am Stelzentor. Bis ins hohe Alter bewahrte die Magd Stillschweigen über dieses unheimliche Erlebnis.
Auch anderen Personen erschien der Schloßmönch, und solche Begegnungen hatten oft schicksalhaften Charakter. Zeigte er sich im schwarzen Gewand, stand der Tod eines Mitgliedes der fürstlichen Familie bevor.

Hielt er in rotem Gewand Schildwache, drohte ein Brand, und in weißer Kutte zeigte der Mönch ein bevorstehendes Hochwasser an.
Dieser Mönch soll im Schloß auch eine Braupfanne voller Gold bewachen. Von einem sagenhaften Schatz im Oberen Schloß wurde früher viel erzählt, und mehrere Versuche, ihn zu heben, sind in den Akten vermerkt. Letztmalig erhielt im Jahre 1932 ein Wünschelrutengänger die offizielle Erlaubnis zur Schatzsuche im Oberen Schloß. Mit großem Aufwand – aber ohne Erfolg – grub dieser an verschiedenen Stellen, bis ihm die Schatzgräberei 1935 untersagt wurde.
Die im englischen Stil angelegte Parkanlage am Fuße des Schloßberges ist heute vor allem durch ihren wertvollen Baumbestand sowie durch das frühklassizistische Sommerpalais bekannt. Folgt man den zahlreichen Sagenüberlieferungen, muß diese freundliche Landschaft einst jedoch ein Tummelplatz von Dämonen der unangenehmsten Sorte gewesen sein, von sogenannten „Aufhockern“, die im Greizer Land meist als „Trut“, „Schrättel“ oder „Huckauf“ bezeichnet wurden. Den Trut beispielsweise stellte man sich als greisenhaftes Männchen von affenartiger Behendigkeit vor, das sich schwer auf Rücken oder Brust legte, so daß einem der Angstschweiß ausbrach und allmählich der Atem ausging.
In der Gestalt des Schrättels und ähnlicher Druckgeister, die in den Volksüberlieferungen des gesamten deutschen Sprachraumes weit verbreitet sind, finden Angstgefühle ihren Ausdruck, die oft einen realen Hintergrund haben. Viele Beschreibungen von „Brustenge“ und ähnlichen Symptomen weisen auf Krankheitsbilder wie Angina pectoris u. ä. hin. Einem solchen Dämon hat der Greizer Bildhauer Carl Roeder in Form eines Brunnendenkmals Gestalt verliehen. Der Brunnen steht auf dem Marktplatz in Hildesheim; eine lebensgroße Gipskopie des „Huckauf“ ist im Gartensaal des Greizer Sommerpalais zu sehen.
→ Gera, Höhler; → Kaltennordheim, Goldbach

Teufelskanzel
Vom nördlichen Ausgang des Greizer Parks führt ein markierter Wanderweg zum Weißen Kreuz (2 km). Von hier hat man nicht nur die schönste Aussicht auf Greiz, sondern auch auf einen an der gegenüberliegenden Talseite aus dem Hochwald ragenden mächtigen Quarzitblock, die Teufelskanzel. Wie von vielen anderen Felsbildungen dieser Art wird erzählt, hier habe in grauer Vorzeit der Teufel seine Predigten gehalten. Es

geht auch die Sage von einer riesenhaften Gestalt, die mit einem Fuß auf der Kanzel, mit dem anderen auf dem gegenüberliegenden Hirschstein gestanden und so Fluß und Tal wie eine Brücke überspannt habe. Am Klingenstein, südlich der Teufelskanzel, wie auch beim alten Fischerhäuschen am Parkausgang soll außerdem der Wilde Jäger mit Peitschenknall, Hundegebell und lautem „Hussa!“ und „Hallo!“ oft vorübergezogen sein.
→ Bodenstein; → Hohenleuben, Walteich

Hundeskulptur an der Stadtkirche
Auf dem Sims eines Fensters an der Nordseite des Kirchturms steht ein Hündchen aus Ton oder Stein. Die Sage erzählt von einem Baumeister, der seinen anhänglichen Hund über alles liebte. Als der Meister einmal am Turm arbeitete, folgte ihm der Hund in die schwindelerregende Höhe. Unbedacht fuhr der Baumeister seinen Hund mit harten Worten an, und da das Tier keinen Rückweg sah, sprang es in die Tiefe und fand den Tod. Zur Erinnerung an den treuen Hund brachte der Baumeister jenes Steinbild an.
Im Unterschied zu dieser volkstümlichen Deutung hält der Sagenforscher Rudolf Schramm die Hundefigur eher für ein Ersatz-Bauopfer beim Wiederaufbau der barocken Kirche nach dem Stadtbrand von 1802. Nach dem Volksglauben war beim Bau einer Kirche ein solches Opfer notwendig, um den Wohlklang der Glocken zu gewährleisten.
→ Arnstadt, Liebfrauenkirche; → Erfurt, „Haus zum breiten Herd“

H

HAINDORF (Lkr. Schmalkalden-Meiningen)

Kirche
Die Kirche von Haindorf bei Schmalkalden wird in Chroniken „die Schneekirche“ genannt. Das bezieht sich auf ein legendäres Ereignis, das sich beim Bau der an diesem Ort ursprünglich stehenden Kapelle zugetragen haben soll: Die Erbauer suchten lange nach einem Bauplatz, konnten sich aber nicht auf einen geeigneten Ort einigen. Da lag eines Tages frisch gefallener Schnee an einer bestimmten Stelle. Der taute zwar im Lauf des Tages wieder, jeden Morgen aber war die Stelle erneut schneebedeckt – und das auch im Sommer. So begann man im Jahr 1027 an diesem Ort eine Kapelle zu bauen, die bald zur Wallfahrtsstätte wurde. Um 1407 war die Zahl der Wallfahrer so groß, daß die Kapelle erweitert und zur Wallfahrtskirche ausgebaut

werden mußte. Ab 1444 wurden Anbauten vorgenommen; dazu gehörte das nördliche Seitenschiff, der Turm und später die sogenannte Sakristei. Die beiden Glocken im Turm wurden 1463 und 1464 gegossen. An der Westseite des Turmes ist hoch über der Tür ein Wasserspeier in Gestalt eines Menschenkopfes mit weit aufgerissenem Mund zu sehen. Er soll den Kopf des Bauherrn oder des Hl. Kilian darstellen. Es wird jedoch noch eine andere Geschichte von diesem Kopf erzählt: Als die Kirche gebaut werden sollte und die nötigen Steine bereits gebrochen waren, wollten die Mittelschmalkaldener die Kirche lieber in ihrem Ort errichten lassen. Die Haindorfer aber beabsichtigten, mit den gebrochenen Steinen die alte Kapelle zu vergrößern. Es entbrannte ein heftiger Streit, und eines Nachts holten die Mittelschmalkaldener heimlich die in Haindorf gelagerten Steine zu sich. Bereits in der folgenden Nacht hatten die Haindofer die Steine wieder in ihr Dorf gebracht und begannen unverzüglich den Anbau. Die Mittelschmalkaldener ärgerten sich darüber fürchterlich und wurden noch wütender, als der Baumeister einen steinernen Kopf anbringen ließ, der seine Zunge in Richtung Mittelschmalkalden herausstreckte, als ob er sagen wollte: „Ätsch, die Haindorfer waren doch schlauer!" Daraufhin soll später ein Mittelschmalkaldener Jäger dem Kopf die Zunge aus dem Mund geschossen haben.
→ Riethnordhausen

HEILIGENSTADT (Lkr. Eichsfeld)

Martinskirche
Die Martinskirche war ursprünglich die katholische Mutterkirche des Eichsfeldes. Sie wurde 1304 als Kirche des um 960 gegründeten Kollegiatsstifts St. Martin erbaut. Als Anfang des 19. Jh. das Eichsfeld preußisch wurde, kam das Gotteshaus an die stark gewachsene evangelische Gemeinde. Wie Ausgrabungen ergaben, steht das Gotteshaus auf dem ältesten Stadtgebiet Heiligenstadts. Man fand hier die Grundmauern einer Königspfalz, in der sich im Jahre 973 Otto II., im Jahre 990 Otto III. und in den Jahren 1153 und 1164 Friedrich I. aufgehalten haben. Die Sage berichtet darüber folgendermaßen:
Als im 5. Jh. die Hunnen mit ihren Horden Europa verwüsteten, hielt der Hunnenkönig den frommen Bischof Aureus zusammen mit dem Diakon Justinus gefangen. Unter Attilas Dienern gab es auch Anhänger des christlichen Glaubens. Diese verhalfen den beiden

Heiligenstadt mit kurmainzischem Barockschloß und Martinskirche

zur Flucht. Gemäß einer Weisung, die Gott dem Aureus und seinem Diakon im Traum gegeben hatte, zogen sie in Richtung des heutigen Eichsfeldes. Hunnische Krieger verfolgten sie und nahmen sie bei dem Ort Rustenfeld wieder gefangen. Die Hunnen boten ihnen die Freiheit an, wenn sie ihr christliches Bekenntnis verleugneten. Da sie dies ablehnten, banden die Häscher sie an Bäumen fest, wo des Nachts die wilden Tiere wechselten. Doch die Bären und Wölfe legten sich im Kreis um die Gefesselten, lauschten ihren Gebeten und verzogen sich mit dem Morgengrauen. Da hieben ihnen die Hunnen die Häupter ab und nahmen diese als Beweis mit zurück zu Attila. Ihre kopflosen Leiber wurden von einem ihrer Begleiter an diesem Ort bestattet.
Lange Zeit darauf kam der Frankenkönig Dagobert in diese Gegend. Er war unterwegs, um Heilung vom Aussatz zu suchen. Hier gefiel es ihm so gut, daß er sich eine Wohnung und eine Kapelle zu Ehren der Mutter Maria und des heiligen Petrus erbauen ließ. Als er nach der Jagd einmal im Freien geschlafen hatte, stellte er fest, daß der Tau einige Stellen seines Körpers vom Aussatz gereinigt hatte. Er warf seine Kleider ab und badete in dem vom Himmel gesandten Wasser. Alsbald war er völlig geheilt, sank in die Knie, dankte Gott und rief aus: „Wahrlich, dies ist eine heilige Stätte!" Da offenbarte ihm der Himmel die Stelle, an der Aureus und Justinus bestattet lagen. Über ihrer Ruhestätte ließ Dagobert eine Stiftskirche errichten. Bald siedelten hier viele Menschen, der Ort wuchs zusehends. Schließlich erhielt er den Namen Heiligenstadt nach der Stätte, an der Gott Wunderbares an Dagobert vollbracht hatte.

Stadtbefestigung

Große Teile der Mauer zeugen davon, daß Heiligenstadt früher sehr stark befestigt gewesen ist. Eine Sage behauptet jedoch, daß die Tore nicht immer sorgfältig verwahrt worden seien. Einmal sei beispielsweise der Pflock zum Zuhalten eines Tores abhanden gekommen, und der Torwächter habe kurzerhand eine gelbe Rübe in die Öse gesteckt. Alles wäre wohl gutgegangen, wenn nicht in der Nacht eine Ziege diese Möhre erspäht und aufgefressen hätte. Die die Stadt belagernden Feinde sahen mit Erstaunen, wie sich das Tor plötzlich von allein öffnete und weit und breit kein Verteidiger zu sehen war. Diese verhängnisvolle Nachlässigkeit brachte der Stadt eine Niederlage und ihren Einwohnern den Spitznamen „Möhrenkönige" ein. Die heutigen Bürger Heiligenstadts ärgern sich nicht über die böswillige Verleumdung. Den früheren und gegenwärtigen Lästermäulern zum Trotz feiern sie alljährlich im September ein Möhrenkönigsfest, bei dem sich die Kinder als Möhren verkleiden und um das originellste Kostüm wetteifern.

→ Stadtroda

Friedhofskapelle St. Annen

Auf dem Altstädter Kirchplatz steht gegenüber dem Nordportal der Pfarrkirche St. Marien die frühgotische Kapelle der heiligen Anna. Oberhalb des Gewölbes, das die Kapelle überspannt, befindet sich ein kleiner Raum, den ein schlanker Mann mit Mühe über eine Luke erreichen kann. Eine Sage berichtete folgendes: Im Jahre 1632 belagerten die Schweden die Stadt. Die Heiligenstädter verteidigten unter der Führung des Roten Zwehl, des Mainzischen Kämmerers, tapfer ihre Mauern. Schließlich mußten sie jedoch der Übermacht nachgeben. Als die Schweden die Stadt eingenommen hatten, suchten sie vergebens nach dem mutigen Anführer. Der Rote Zwehl war wie vom Erdboden verschwunden. Oben im Kämmerchen über dem Gewölbe von St. Annen hielt er sich verborgen, und Gott streckte schützend seine Hand über ihm aus. Als die Not ihr Ende hatte, stiftete er dankbar für die Heiligenstädter Kirche St. Ägidien einen den Vierzehn Nothelfern geweihten Altar.

HEINERSDORF (Lkr. Sonneberg)

Ortsname

Heinersdorf wird im Jahr 1071 erstmals urkundlich erwähnt. Der Ort wird als Marktflecken im Radenzgau bezeichnet; es wurden hier jährlich zehn Jahrmärkte abgehalten. Der Sage nach entstand der Ort folgendermaßen: Im südlichen Flurteil des heutigen Dorfes lag ursprünglich die Siedlung Pfaffendorf. Dort wohnte einst ein Vater mit seinen drei Söhnen Heinrich, Friedrich und Wilhelm. Als die Söhne erwachsen waren, schickte sie der Vater hinaus in die Welt, um dort ihr Glück zu suchen. Die Liebe zur Heimat trieb die Brüder aber bald wieder zurück, und sie ließen sich in der Nähe ihres Elternhauses nieder. Heinrich gründete Heinersdorf, Friedrich *Friedersdorf* im Buchbachtal und Wilhelm gründete *Welitsch*. Im Innern des Hügels, auf dem Pfaffendorf stand, sollen sich ausgedehnte Gewölbe befinden, in denen Goldschätze, Schmuck und Waffen versteckt sind. Um 1850 grub man nach diesen Schätzen, die Suche blieb allerdings ohne Erfolg.

Kirche

Um 1100 war das Gotteshaus von Heinersdorf eine Filialkirche von *Rothenkirchen*, deren Mutterkirche in Kronach stand. In dieser Zeit wurde auf dem heutigen Kirchberg eine Kapelle gebaut, von der ein Teil in der Sakristei der Kirche erhalten geblieben ist. Im Jahr 1493 wurde die selbständige Pfarrei Heinersdorf gestiftet. Im gleichen Jahr erweiterte man die Kapelle zur Kirche und errichtete das heutige Pfarrhaus. Die Wehrmauer, die Kirche und Friedhof umgibt, wurde 1505 errichtet.

Wie es heißt, stiftete eine Adelige aus der Gegend von Banz der Kapelle einst eine geschnitzte Muttergottes mit Krone. Diesem Bildwerk werden seit Jahrhunderten Wunderheilungen zugeschrieben. Es befindet sich noch heute in der Kirche und ist Ziel zahlreicher Wallfahrer. Daran änderte weder die Reformation etwas, durch die das Gotteshaus evangelisch wurde, noch die 40 Jahre „Sperrgebiet“ in der DDR-Zeit.

Es heißt, daß die Heinersdorfer sich für den Kirchenbau ursprünglich einen Platz in der Mitte des Dorfes ausgesucht hatten. Dorthin transportierten sie die Sandsteine aus den drei Wegstunden entfernten Steinbrüchen Kronachs. Einige Tage, bevor man den Grundstein legen wollte, war plötzlich das gesamte Baumaterial verschwunden. Nach kurzem Suchen fanden es die Heinersdorfer auf einer felsigen Anhöhe unmittelbar am Ort und brachten alles zurück. Am nächsten Tag lagen die Baustoffe aber wieder auf dem Berg, und die Heinersdorfer mußten sie erneut zurückschaffen. In der folgenden Nacht stellten sie Wachen

auf. Gegen Mitternacht kam ein großer Wagenzug, der von Wichteln geführt wurde. Die Wächter fragten die Wichtel, weshalb sie die Steine fortbringen wollten, und erhielten die Antwort, daß die Kirche nur auf dem Berg in Gottes Hut stehen und vor Feuer bewahrt bleiben würde. Als die Wächter dies den Dorfältesten meldeten, beschlossen die Heinersdorfer, die Kirche auf dem Berg zu bauen. Bis heute hat es in der Kirche nicht gebrannt.
→ Riethnordhausen

HELDBURG (Lkr. Hildburghausen)

Veste Heldburg
837 ist Heldburg bereits als „villa Helidberga“ erwähnt. Sie steht auf einem 403 m hohen Phonolithkegel und ist 1323 als Castrum bezeugt. Damals war sie Amts- und Gerichtssitz der Grafen von Henneberg. Im 14. Jh. befand sich die Veste in wettinischem Besitz. Der heutige Bau entstand hauptsächlich im 16. und 17. Jh.; 1874–1895 erfolgte eine umfassende Erneuerung unter Herzog Georg II. von Sachsen-Meiningen. Seit dem 14 Jh. wird die Veste als „Fränkische Leuchte“ bezeichnet, was mit ihren zahlreichen, weit ins Land leuchtenden Fenstern erklärt werden kann. Der Sage nach sollen es damals so viele Fenster gewesen sein, wie das Jahr Tage zählt. Mit dem Namen des im Jahre 1509 fertiggestellten sogenannten Heidenbaus ist die Überlieferung verknüpft, daß sich an Stelle einer Zisterne der Heldburg einst ein Heidentempel befunden habe.

Seemühle
Die Seemühle bei Heldburg, ein ca. 1770 errichtetes Gebäude mit Krüppelwalmdach und verschiefertem Giebel, ist von der Straße in Richtung Holzhausen zu erreichen. Einst soll ein Müller hier seine Frau im Bett erstochen haben. Seitdem geht es in der Mühle nicht mit rechten Dingen zu: Manchmal springen nachts die Türen auf, es klopft und poltert, und man hört Schritte durchs ganze Haus tappen.

Schäferkreuz
Fährt man von Heldburg nach *Lindenau*, so kommt man ca. 1 km nach Einöd an einem verwitterten Steinkreuz vorbei, dem Schäferkreuz, das links in der Wiese steht. Die Wiesen im Kreckgrund waren besonders gute Weideplätze der Heldburger und Hellinger Schäfer und deshalb sehr begehrt. Als der Hellinger Schä-

Hirt mit Schafherde. Holzschnitt, 1493

fer gestorben war, nahm Hellingen den Sohn des Heldburger Schäfers in seine Dienste. Die Ratsherren hofften so wohl auch auf ein Ende der ständigen Gerichtsprozesse. Einige Zeit lang ging es auch gut. Doch eines Tages begannen Vater und Sohn sich zu streiten. Einige Tiere des Sohnes waren in die Herde des Vaters geraten. Mit Steinwürfen versuchte er, sie aus seiner Herde zu jagen, traf aber dabei seinen Sohn. Dieser warf in höchster Wut seine Schippe nach dem Vater und traf ihn tödlich. Vor Entsetzen ließ der Sohn seine Herde im Stich und zog aus seiner Heimat weg. Wohin er gegangen ist, weiß niemand. Zur Erinnerung an diese Bluttat errichteten Heldburg und Hellingen ein Steinkreuz an jener Stelle.
→ Altenburg, Wetterkreuz Zschernitzsch

HELMERS (Lkr. Schmalkalden-Meiningen)

Burgruine Frankenberg und Jungfernstein
Die Ruine Frankenberg liegt nördlich von Helmers und ist von dort zu Fuß in ca. 30 Min. zu erreichen. Die

Burg war Stammsitz der Herren von Frankenberg und wurde im 12. Jh. erbaut. Die Frankenberger stellten häufig die Klostervögte der Vogtei Frauenbreitungen und hatten Besitzungen unter anderem in Altenbreitungen, Mittelschmalkalden, Breitenbach und Springstille. Die Burg wechselte mehrfach ihren Besitzer und war im 13. und 16. Jh. hennebergisches Eigentum. Während des Bauernkrieges 1525 wurde sie zerstört.

Die Sage hingegen erzählt über die Zerstörung der Burg folgendes: Einst lebte hier ein reicher und mächtiger Graf, dem kein Feind widerstehen konnte. Doch eines Tages kamen die Hunnen ins Land, belagerten die Burg und wollten sie niederzubrennen. Als der Graf sah, daß er die Burg nicht mehr lange halten konnte, versuchte er, seine Tochter in Sicherheit zu bringen. Er schickte sie mit ihrer Zofe durch einen unterirdischen Gang zum Kloster Frauenbreitungen. Die beiden Frauen erreichten den Wald unentdeckt, aber als des Geschrei der Feinde näherzurücken schien, flüchteten sie sich auf eine alte Eiche. Zu ihrem Unglück war ihnen ein kleines Hündchen aus der Burg gefolgt, das durch sein Bellen ihr Versteck verriet. Sie wurden vom Baum geholt, geschändet und ermordet. Als der Graf sah, daß alles verloren war, sprengte er mit seinem Streitroß über die Burgmauer; er stürzte in den Wallgraben und brach sich das Genick.

An die Stelle, wo die beiden Frauen umgebracht worden waren, setzte man einen Stein, der Jungfernstein genannt wird. Er liegt dort, wo der sogenannte alte Kutschweg von der Burg in den nach Frauenbreitungen führenden Fahrweg mündet.

Helmershausen (Lkr. Schmalkalden-Meiningen)

Ruine Hutsburg

Die Burgruine liegt etwa 2 km südlich von Helmershausen. Sie gehört zu den ältesten Besitzungen der Grafen von Henneberg. Im Jahr 1383 übertrug Graf Heinrich V. von Henneberg das 1381 wiederaufgebaute Schloß an Hans von der Kere. Bis ins 16. Jh. wechselte die Hutsburg oft ihre Besitzer. Im Bauernkrieg wurde die Burg dann stark zerstört. Die Ruine ist bis heute erhalten.

Von der Burg werden verschiedene Sagen erzählt. Eine von diesen besagt, daß einer der Burgbesitzer, ein Ritter, sein Kind in die Burg habe einmauern lassen. Dem Kind wurden eine Semmel und eine Flasche Wein mitgegeben. Als die Helmershäuser die Burg erobert hatten, fanden sie die Semmel und die Flasche Wein unversehrt. Nach einer anderen Sage suchte einst eine Frau aus *Bettenhausen* auf dem Hutsberg nach dürrem Holz. Dabei kam sie auch zur Burgruine. Sie war sehr erstaunt, dort ein Tuch zu finden, auf dem Flachsknotten ausgebreitet waren. Sie steckte einige davon ein und ging nach Hause. Als sie die Knotten am nächsten Tag aus ihrer Tasche nahm, hatten sich diese in Gold verwandelt. Sofort lief sie wieder zur Hutsburg und hoffte, dort noch mehr von den Knotten holen zu können. Doch als sie dort ankam, waren weder Knotten noch Gold zu finden. So ging sie unverrichteter Dinge betrübt wieder nach Hause.

HENFSTÄDT (Lkr. Hildburghausen)

Osterburg
Von *Themar* aus gesehen liegt in Richtung Meiningen auf einem Berg nördlich des Dorfes Henfstädt die Ruine der Osterburg. Von der Burg sind noch der viereckige Hauptturm aus dem 13. Jh., der kreisähnliche Mauerring, ein Mauerturm, Graben und Wall erhalten. Seit 1187 sind die Herren der Osterburg genannt. Sie waren Burgmänner der Grafen von Henneberg. Im Lauf der Zeit fiel die Burg an verschiedene Linien der Henneberger. Die letzten bekannten Besitzer waren die Grafen von Hanstein. Die Osterburg, einer der ältesten Verwaltungsmittelpunkte der Henneberger, liegt in einem Wald, der im Volksmund der „Hain" genannt wird. Unter Trümmern der Burg sollen sich große Kellergewölbe befinden, in welchen Weinfässer lagern. Der Wein ist so alt, daß der Weinstein inzwischen ein natürliches Faß bildet. Das Holz der Fässer und die Reifen sind versteinert.
Es heißt, daß der Burgmann Dietz Kieseling auf der Osterburg einst von einem Henneberger Grafen belagert wurde. In seiner Not, als alle Steine schon verschossen waren, bewarf er die Belagerer mit steinharten Broten und ebenso hartem Kuhkäse. Die Angreifer schlug er damit zwar zurück, doch er und die Burg erhielten daraufhin den Spottnamen: „Käs und Brot".

HENNEBERG (Lkr. Schmalkalden-Meiningen)

Burgruine
Östlich des Dorfes Henneberg erhebt sich der Burgberg. Dort befindet sich die zu Fuß erreichbare Ruine der Burg Henneberg. Sie war die Stammburg des Grafengeschlechtes der Henneberger und schützte die

Straße von Würzburg nach Meiningen. Die Burganlage, deren ältester Teil – der Bergfried – wahrscheinlich aus dem 12. Jh. stammt, entstand in mehreren Bauabschnitten. Die Burg wurde im Jahr 1525 im Bauernkrieg zerstört. Heute sind noch der Bergfried, ein zweiter Rundturm, die Apsis der Kapelle, Grundmauern einzelner Gebäude und große Teile der Umfassungsmauer erhalten.

Siegel des Grafen Poppo von Henneberg

Als die Burg fast vollendet war, forderte ein Maurer den Grafen Poppo I. auf, ein Kind als Bauopfer einzumauern, wie eine Sage berichtet. Nur dann würde die Burg lange bestehen und uneinnehmbar sein. Der Graf könne hierfür ein Kind kaufen oder eine Kinderbelustigung auf der Burg abhalten, an der alle Kinder Hennebergs teilnehmen müßten. Das Kind, das als erstes durch das Burgtor ginge, solle eingemauert werden. Der Graf tat, wie ihm der Maurer vorgeschlagen hatte. Doch beim Einzug der Kinder ging das Töchterchen des Maurers voran. Der Vater ließ nicht zu, daß sein Kind eingemauert wurde, und verlangte einen zweiten Einzug. Doch auch bei diesem lief das Töchterchen des Maurers den anderen voran. So bat der Maurer den Grafen um einen dritten Einzug. Graf Poppo I. erfüllte den Wunsch, doch zum Unglück des Maurers führte auch diesmal sein Töchterchen den Zug an. Nun mußte der Vater sein Kind mit eignen Händen rechts am Eingangstor einmauern. Als das Mädchen in seinem kleinen Gewölbe stand und weinte, reichte man ihm etwas zu essen. Nachdem der letzte Stein gesetzt worden war, konnte man das Mädchen noch stundenlang weinen hören, bis es schließlich still war. Es heißt, daß das Mädchen zur Burgjungfer wurde, die man im Sommer manchmal bei der Burg sehen könne.
→ Hohenleuben, Burgruine; → Ranis, Burg

HILDBURGHAUSEN (Lkr. Hildburghausen)

Rathaus

Der Sage nach wurde Hildburghausen vom Sohn des Frankenkönigs Chlodwig, Childerich (Hilderich,

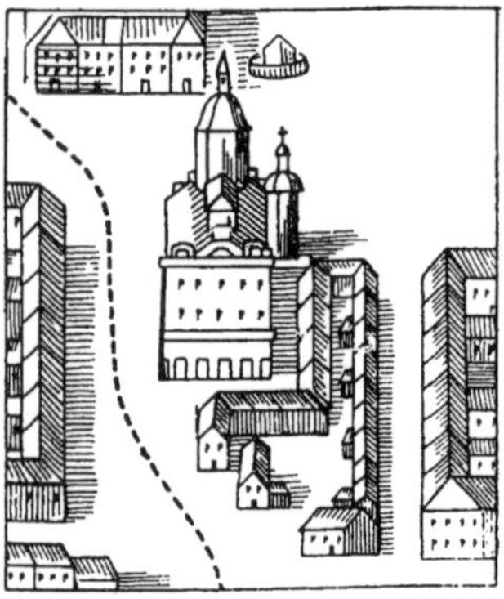

Das Rathaus in Hildburghausen. Stadtplan, 1735

Childbert, Hildebert), gegründet. Er soll auf der Heldburg residiert haben und da, wo jetzt Hildburghausen liegt, ein Lusthaus besessen haben, in dem er sich oft zum Vergnügen und zur Jagd aufhielt. Die erste urkundliche Erwähnung als „Hilteburgehusin" stammt aus dem Jahre 1234. Schon 1314 existierte ein städtischer Rat, und 1324 ließ Graf Berthold VII. die noch junge Stadt mit einer Mauer umgeben. Das Rathaus – ältestes Gebäude von Hildburghausen – entstand 1395 aus einer ehemaligen Burg, die Landgraf Balthasar von Thüringen der Stadt 1388 überlassen hatte. In einer anderen Gründungssage heißt es, das Rathaus sei aus der steinernen Kemenate einer Dame namens Hiltburg entstanden, die unter der Regierung Ludwigs des Frommen in Frankreich reich begütert war. Sie habe dem Stift Fulda ansehnliche Besitzungen geschenkt und durch den Bau der Kemenate Hildburghausen gegründet.
Vom Schicksal der Stadt während des 30jährigen Krieges erzählt folgende Sage: Als am 2. Oktober 1632 die Wallensteinschen Heere vor der Stadt standen, hatte der Stadtfähnrich Lorenz Schüßler Dienst als Kommandant der Wache am Oberen Tor. Als er den Wallensteinschen Offizier einließ und zum Rathaus führte, stellte sich heraus, daß die beiden sich von früher her kannten. Schüßler bat seinen Freund, die Stadt zu schonen. Der Bürgermeister opferte ein Schiff aus getriebenem Silber mit einem goldenen Steuermann. Daraufhin erhielten die Soldaten zwar Plünderungserlaubnis, aber die Stadt konnte sich mittels einer hohen Geldsumme von der Brandschatzung freikaufen. Um andere plündernde Söldnerhaufen zu täuschen, verbrannten die Hildburghäuser am Abend Reisig auf dem Marktplatz und an der Stadtmauer. Aus der Ferne sah das aus, als ob die Stadt in Flammen stünde. So

blieb den Hildburghäusern wenigstes das Dach über dem Kopf erhalten.

Schloßruine

Das Residenzschloß wurde unter Herzog Ernst von Gedelar begonnenen und 1707 vollendet. Baureste am Schloßpark erinnern an das im Zweiten Weltkrieg zerstörte Bauwerk. Der Überlieferung nach stand früher vor dem Schloß Tag und Nacht eine Schildwache, und wenn das Militär in den Krieg gezogen war, mußte die Bürgerwehr Wache stehen. Dabei wollen die Wachposten an diesem Ort oft unheimliche Erscheinungen wahrgenommen haben. In der Dunkelheit sahen die Wachen häufig einen großen Schäfer, der um Mitternacht wieder verschwand. Anderen Wachposten soll ein Hase erschienen sein, der – als die Posten ihn fangen wollten – immer größer wurde, feurige Augen bekam und sogar Feuer spie. Die Wachen versuchten, auf den Hasen zu schießen, doch ihre Gewehre versagten. Daraufhin ergriffen sie die Flucht und gingen bis zum Morgen nicht mehr aus ihrer Wachstube.

Grab der Dunkelgräfin am Schulersberg

1807 kam eine offenbar adelige Dame mit ihrem Begleiter in Hildburghausen an, die durch ihr geheimnisvolles Auftreten den Namen Dunkelgräfin erhielt. Sie soll die Tochter des französischen Königs Ludwig XVI. gewesen und nach Deutschland geflohen sein. In der Öffentlichkeit zeigte sie sich selten und wenn, dann nur verschleiert. Mit ihrem Begleiter zog die Dame später ins Schloß nach Eishausen. Am 25. November 1837 starb die Dunkelgräfin und wurde auf dem Schulersberg bei Hildburghausen beigesetzt, wo sich ihre namenlose Grabstätte noch immer befindet. Die Identität der Dunkelgräfin ist bis heute nicht geklärt. Ihre wenigen Hinterlassenschaften sind in einer kleinen Ausstellung im Stadtmuseum Hildburghausen zu sehen.

HOHENLEUBEN (Lkr. Greiz)

Burgruine Reichenfels

Die Burgruine befindet sich westlich der Stadt Hohenleuben; vom Markt ist sie zu Fuß in ca. 30 Min. zu erreichen. Sie gehört zum Museum Reichenfels, das 1825 vom „Vogtländischen Altertumsforschenden Verein zu Hohenleuben" gegründet wurde und als ältestes bürgerliches Museum Deutschlands gilt. Die 1356 erstmals erwähnte Burg Reichenfels ist wahr-

scheinlich eine Gründung der Vögte von Weida. Unter Heinrich XLIII. von Reuß-Köstritz wurde um 1800 der Wiederaufbau der verfallenen Anlage versucht, was jedoch mißlang; der neue Turm stürzte bereits 1872 wieder ein. Heute ist im Gelände der malerischen Burgruine ein „Zaubergärtlein“ mit Pflanzen, denen magische Kräfte nachgesagt werden, zu besichtigen. Ein 1991 entdeckter Mauerhohlraum wird mit einer Bauopfersage in Verbindung gebracht:
Beim Bau von Burg Reichenfels kam es häufig vor, daß in der Nacht die am Vortag errichteten Mauern ohne ersichtlichen Grund einstürzten. Um seine Burg fest und uneinnehmbar zu machen, entschloß sich der Burgherr, ein lebendiges Kind einmauern zu lassen. So geschah es auch. Aber die Mutter, die dem Ritter ihr Kind verkauft hatte, wurde von Tag zu Tag stärker von ihrem Gewissen geplagt. Schließlich rannte sie sich an der Burgmauer vor Verzweiflung den Schädel ein. Lange Zeit konnte man den vom Blut geröteten Stein noch erkennen. Es heißt, er dürfe nicht entfernt werden, da sonst die ganze Mauer einstürzen würde.
Bauopfersagen sind weit verbreitet und erinnern an einen bis in die Vorzeit zurückreichenden und bei fast allen Völkern geübten Brauch. Bei der Errichtung von Bauwerken gebrachte Opfer sollten zerstörende Kräfte abwehren oder aber ein dämonisches Wesen, in dessen Bereich der Mensch mit dem Bau eingriff, versöhnlich stimmen. Geopfert wurden Speise, Trank, Geld oder lebendige Wesen. Zahlreiche Sagen berichten von menschlichen Bauopfern; von einem Kind erhoffte man dabei dank seiner ungebrochenen Jugendkraft und Unschuld besondere Wirkung.
→ Ranis, Burg; → Henneberg

Steinkreuz und Tränenstein
Im Vorgelände der Burg steht ein mannsgroßes steinernes Kreuz, von dem mehrere Sagen erzählt werden. So heißt es, das Kreuz erinnere an eine Kapelle, welche Wallfahrer aus Verärgerung darüber errichtet hätten, daß sich auf der Burg keine Andachtsstätte befand. Ein merkwürdiger Stein, der etwa einen Schritt vor dem Kreuz aus dem Erdboden ragt, spielt in den Sagen ebenfalls eine Rolle. In diesem Stein befindet sich ein kreisrundes Loch, das auch bei trockenem Wetter fast immer mit Wasser gefüllt ist. Nach einer Sage hatte sich die Tochter des Reichenfelser Burgherren in einen Edelknappen verliebt, aber die Eltern des Mädchen suchten diese Liebe zu verhindern, indem sie den Knappen einkerkern ließen. Bei einem

Fluchtversuch stürzte er sich zu Tode; das Burgfräulein machte daraufhin ihrem Leben im nahen Walteich ein Ende. Zum Gedenken ließen die Eltern der beiden das steinerne Kreuz errichten. Die Tränen der Liebenden aber, so sagt man, quellen noch heute aus jenem steinernen Loch und werden niemals versiegen.
Nach einer anderen Überlieferung erinnert das Kreuz an einen Kampf zwischen den Sorben und einem Fronherren, der auf Burg Reichenfels herrschte. Als alle übrigen Verteidiger der bedrängten Burg schon erschlagen waren, wollte der Burgherr sich mit einem Sprung über die Mauer retten. Er stürzte jedoch mit seinem Pferd in die Tiefe und wurde getötet. Der Sage nach erinnert das steinerne Kreuz an den Todessturz des Ritters. Unter dem Stein soll der Kopf seines treuen Pferdes begraben liegen; jenes Loch sei dessen Auge, aus dem noch immer die Tränen rinnen.
Der Sockel, auf dem das steinerne Kreuz steht, trägt die Inschrift „zum heiligen kreutz 1412“. Tatsächlich ist das Monument jedoch jüngeren Datums. Es wurde 1806 unter Fürst Heinrich XLIII. aufgestellt, ist aber möglicherweise die Kopie eines älteren Steinkreuzes.

Walteich

Vom Waldbad Hohenleuben gelangt man auf einem beschilderten Wanderweg in 10 Min. zu einer der sagenreichsten Stätten des Vogtlandes, dem Walteich am Randes des Hegeholzes. Ein vom Hauptweg abzweigender Pfad führt zu einem Rastplatz am Teichufer. Hier entdeckt der aufmerksame Betrachter die Reste eines halbkreisförmigen Walls mit Graben, der von einer in dieser Region ungewöhnlichen Burganlage – vermutlich aus der Zeit des deutschen Landausbaus im 12./13. Jh. – stammt. Der ursprünglich mit einem Palisadenzaun bebaute Wall stellte die Vorburg zu einer kleinen Burganlage dar, die sich auf einer Insel im Teich befand. Für diese Burg gibt es keinerlei urkundliche Belege; nur mündliche Überlieferungen wie die von einem „versunkenen Schloß“ im Walteich haben die Erinnerung daran über die Jahrhunderte bewahrt.
Von den zahlreichen Sagen um den Wahlteich können hier nur einige wiedergegeben werden. So heißt es, das Schloß auf der Insel habe „Walhof“ geheißen und sei ganz aus Holz erbaut gewesen. Selbst die Glocke war aus Holz geschnitzt. Es ist mit all seinen Bewohnern im Teich versunken. An bestimmten Tagen steigt es nachts hell erleuchtet empor, um dann um Mitternacht wieder zu versinken.

Im Walteich soll ein alter Nix mit seinen zwei Töchtern gewohnt haben. Einmal gingen die Nixen nach Hohenleuben, wo sie bei fröhlichem Tanz die Zeit vergaßen. Besorgt eilten sie zurück und baten die Burschen, die sie begleiteten, am nächsten Tag noch einmal zum Teich zu kommen. Sei das Wasser trübe, hätten sie nur Schläge bekommen, sei es aber rot, so habe der alte Nix sie umgebracht. Als die Burschen tags darauf nachschauten, war der Walteich rot wie Blut.
Schätze soll es am Walteich ebenfalls geben. Ein Hohenleubener fand am Ufer eine prächtige Kette und nahm sie mit. Nachdem ihn nachts eine fremde Stimme aufgefordert hatte, den Fund zurückzugeben, bekam er Angst und brachte den Schmuck zurück. Nach einer beim Walteich vergrabenen schatzgefüllten Braupfanne suchten einst mehrere Jesuiten. Erst wurden sie mit Steinwürfen geneckt, dann erschienen Geister in Gestalt von Zimmerleuten, die einen Galgen aufrichteten. Schließlich verhinderte ein unheimlicher schwarzer Hund, daß sie den Schatz heben konnten.
Noch viele andere merkwürdige Erscheinungen sind von diesem Ort überliefert. Mitunter soll eine weiße Gans vom Walteich auffliegen und sich dann auf den „Heidengräbern“ niederlassen, einem nahegelegenen Felsen im Wald. Manchmal soll von Hohenleuben eine Kutsche mit vier Pferden gefahren kommen und im Teich verschwinden. Zur Tumelle, einer als heidnische Kultstätte geltenden Burgstätte zwischen den Orten Mehla und Brückla, sollen vom Walteich aus nachts geheimnisvolle Umzüge stattfinden. Schließlich treibt hier der Wilde Jäger mit seinem Wiedenheer (Wotans Heer) sein Unwesen und hat schon manchen Wanderer irregeführt.
→ Bad Salzungen, Burgsee; → Bodenstein; → Greiz, Teufelskanzel; → Weimar, Ilm

Holungen (Lkr. Eichsfeld)

„Wilde Kirche“
Die „Wilde Kirche“ ist ein Felsvorsprung im Ohmgebirge, der durch seine markante Form eine besondere Sehenswürdigkeit der Gemarkung von Holungen darstellt. Gut ausgeschilderte Wanderwege führen dort hin. Man erreicht den Aussichtspunkt Richtung Schützenstraße entlang am Fischteich.
Die Legende erzählt, daß der heilige Bonifatius diesen Felsen öfter aufgesucht hat, um hier zu beten. Als einmal die Pest in dieser Gegend wütete, soll ein Einsiedler die neugeborenen Kinder auf der „Wilden Kirche“

getauft haben. Sicher begünstigten diese Überlieferungen die Bildung der folgenden Sage, in der das bekannte Motiv des Geistergottesdienstes im Mittelpunkt steht:
Einmal arbeitete an der „Wilden Kirche“ ein Holzfäller. Als seine Frau ihm mittags das Essen brachte, hörte sie unterwegs ein Glöcklein läuten, folgte dem Klang durchs Dickicht und erblickte eine bisher nie gesehene gotische Kirche. Die Fensterscheiben leuchteten in den herrlichsten Farben. Aus dem Innern schallten Orgelton und Gesang. Die Holzfällersfrau wagte einen Blick durch das geöffnete Portal: beleuchtet von zahlreichen Kerzen, stand ein greiser Bischof vor dem Hochaltar. Vor ihm knieten viele altertümlich gekleidete Gestalten. Schnell wollte die Frau ihren Mann herbeiholen. Als beide jedoch zu der Stelle zurückkamen, war das Spukbild verschwunden.
→ Bad Salzungen, Husenkirche; → Erfurt, Severikirche; → Geismar; → Weida

Holzhausen (Ilm-Kreis)

Wachsenburg, Roter Berg
Die 6 km südwestlich von *Arnstadt* bei dem Dorf Holzhausen liegende Feste Wachsenburg gehört zur malerischen Burgengruppe der Drei Gleichen. Ihre Gründung erfolgte im Auftrag der Äbte des Klosters Hersfeld zwischen 930 und 1000. Unter den Drei Gleichen ist sie die besterhaltene Burg und wird heute als Hotel genutzt.
Ein besonders dramatisches Ereignis erlebte die Burg im Jahre 1441, als die „Wassenburg“ in den Wirren des Sächsischen Bruderkrieges in die Hände des berüchtigten Ritters Apel Vitzthum geriet. Von der Wachsenburg aus unternahm Vitzthum, der als „Brandmeister Thüringens“ in die Geschichte eingegangen ist, zahlreiche Raubzüge bis ins nahe Erfurter Gebiet. Daraufhin belagerten Truppen aus Erfurt, Mühlhausen und Nordhausen die Burg, und Mansfelder Bergleute trieben einen Stollen unter die Burgmauer und brachten sie so zum Einstürzen. Die Burg wurde eingenommen, Vitzthum gelang jedoch die Flucht.
Die Erinnerung an dieses Ereignis wird in der Sage mit einer Merkwürdigkeit im Landschaftbild der Drei Gleichen verknüpft. Am nordwestlich der Burg gelegenen Roten Berg und vielen anderen Stellen des Drei-Gleichen-Gebietes treten durch Erosion farbige, meist rötlich gefärbte Mergelschichten zutage, auf denen es keinerlei Pflanzenbewuchs gibt.

In der Sage heißt es: Böse trieb es auf der Wassenburg auch Apel von Vitzthum. Er beherbergte drei Raubgesellen, Zeisig, Fink und Storch geheißen. Einst fingen sie einen Mönch und sperrten ihn in einen Käfig. Darin mußte er bei Trinkgelagen allerlei Hohn und Spott über sich ergehen lassen. Darum bat er den Ritter demütig um Befreiung aus der Haft. Der ließ den Käfig auch öffnen, doch als der Mönch herausgekrochen kam, wurde er von den rohen Gesellen mit Schlägen empfangen. Da verließ ihn alle Geduld; im höchsten Zorn schlug er seinem Peiniger Vitzthum ins Gesicht. Der Ritter ließ ihn binden und noch am gleichen Tage auf der Anhöhe nördlich der Burg hinrichten. Auf dem Weg zum Richtplatz sprach der Mönch den Fluch aus, der Berg solle zum Zeichen seiner Unschuld die Farbe seines Blutes tragen.

→ Drei Gleichen; → Erfurt, Steinkreuz am Steiger; → Tannroda

HOPFGARTEN (Lkr. Weimarer Land)

Wartturm

Oberhalb von Hopfgarten steht ein Turm, der zu einem System von Warttürmen gehörte, die dem Schutz der Stadt Erfurt und ihres Umlandes dienten. Wenn Gefahr drohte, konnten von den Türmen aus rasch Signale nach Erfurt übermittelt werden. Ganz in der Nähe, bei Niederzimmern, hat ein ähnliches Bauwerk die Zeiten überdauert. Über die Erbauung des Hopfgartener Wartturms, der im 14. bzw. 16. Jh. entstanden ist, wird berichtet:

Im Krieg gegen die Sachsen floh Kaiser Heinrich IV. (1086–1106) vor einigen Sachsenkriegern. Er wäre beinahe gefangengenommen worden, doch auf dem Gebiet des heutigen Hopfgarten trat in einem Weinberg ein Bauer mit seinen Knechten den Reitern furchtlos entgegen. Mit ihren Mistgabeln trieben sie die Krieger in die Flucht. Zum Dank für seine Rettung erhob Heinrich den Bauern in den Adelsstand und gab ihm zum Wappenschmuck zwei gekreuzte Mistgabeln. Im unteren Teil des heutigen Ortes erbaute sich der frischgebackene Edelmann eine Wasserburg und wurde zum Begründer des Geschlechts derer von Hopfgarten. Doch bereits wenige Generationen später fiel die Burg in die Hände von Strauchdieben, die die in der Nähe vorbeiziehenden Erfurter Kaufmannszüge überfielen und plünderten. Das wehrhafte Erfurt sandte kurz entschlossen ein Heer aus, das die Burg nach kurzer Zeit nahm und dem Erdboden gleichmachte.

Aus den Steinen dieser Befestigung aber erbauten sie den Wartturm auf der Höhe hinter dem Ort.

HÖRSELBERG (Wartburgkreis)

Südöstlich von Eisenach erstreckt sich ein mächtiger Muschelkalkkamm, der am Großen Hörselberg mit 484 m (Gasthaus „Hörselberghaus“) seinen höchsten Punkt erreicht. Der bekannte Sagenberg mit der *Venushöhle*, der *Tannhäuserhöhle* und dem *Jesusbrünnlein* ist sowohl von Eisenach wie auch von den umliegenden Dörfern *Schönau, Sättelstädt* und *Hastrungsfeld* über gut beschilderte Wanderwege zu erreichen. Nach Süden, wo heute die Autobahn A 4 vorbeiführt, stürzt der Fels ungewöhnlich steil ab. Es ist begreiflich, daß dieser fast alpin anmutende, von Höhlen durchsetzte Berg, der in stürmischen Nächten seltsame Geräusche von sich gab, schon immer die Gemüter der Menschen beeindruckt haben muß. Nach germanischen Vorstellungen hatte im Berg der Schlachtengott Wotan seinen Sitz, ebenso dessen Gemahlin Freia, die als Bewahrerin von Familie und Ehe wie auch als Herrscherin über das Reich der Toten galt. Es ist anzunehmen, daß der Hörselberg in vorgeschichtlicher Zeit ein wichtiger Kultplatz war. Unter christlichem Einfluß wandelte sich der unheimliche Berg zum Ort des Fegefeuers und der Hölle (Hörselberg = „Hör die Seelen Berg“). In der Volkssage lebte Wotan als Wilder Jäger weiter, der vor allem in den „zwölf Nächten“ von Weihnachten bis Dreikönig mit seinem schrecklichen Gefolge aus dem Hörselbergloch kam und „Spuk und Höllengraus“ verbreitete. Die Göttermutter Freia, auch „Holde Mutter“ oder „Holde Frau“ genannt, wurde zur Sagengestalt der Frau Holle, die in manchen Sagen – mit fliegenden Haaren auf einem Rappen reitend – mit dem Wilden Jäger das gespenstische Heer anführt. Nach anderen Überlieferungen zieht sie zu Weihnachten vom Hörselberg durch das Land und richtet ihr Augenmerk vor allem auf das Flachsspinnen der Mägde. Auch von den Hütchen, zwergenähnlichen Wesen, und anderen Geistern und Spukerscheinungen berichten die Überlieferungen dieses Berges. Eine der zahlreichen Hörselbergsagen erzählt von einer englischen Königin namens Reinswig oder Reinsweig. Diese hatte erfahren, daß ihr verstorbener Gemahl in der Tiefe des Hörselberges im Fegefeuer leiden müsse. Um seine Qualen zu verkürzen, begab sie sich mit ihren Jungfrauen nach Thüringen und ließ am Fuße des Berges mehrere Kapellen erbauen, in de-

„Hexensabbat auf dem Blocksberg“, aus: J. Praetorius, Blockes-Berges-Verrichtung. 1668/1669

nen für das Seelenheil ihres Gemahls gebetet werden sollte. Weil in einem der Kirchlein oft der Satan und böse Geister erschienen, nannte sie es Satansstätte; es heißt, daraus sei der Name des Dorfes Sättelstädt entstanden. Den anderen Kapellen sollen die Orte *Mechterstädt, Burla* und *Kälberfeld* ihre Entstehung verdanken. Später trat Reinswig mit ihren Begleiterinnen in das gerade gegründete Nikolaikloster zu Eisenach ein.

1669 schildert Johannes Praetorius den Hörselberg als Ort, wo sich Hexen und Teufel vor ihrem Ritt zum Blocksberg sammeln: „Anno 1517 zu Walpurgis/ da schrieben Weiber des Ortes Sättelstedt unter den Hörselbergen/ mit Blut, Kreide oder Kohle/ an Türen/ Fenster und Schränke/ drei Creutz/ hingen auch Kränze/ über Tor und Tür/ aus Holunder/ Birke oder Widerthon/ um Satan und Hexen abzuwehren/ oben vom Berge/ wo Tannhäuser venerischer Lust frönte.“

→ Kyffhäuser; → Lengenfeld unterm Stein

Venushöhle und Tannhäuserhöhle
An einem Weg unterhalb des Felskammes, der vom Großen Hörselberg in wenigen Minuten zu erreichen ist, befindet sich im zerklüfteten Kalkgestein ein gewundener Gang, die Venushöhle. Sie ist schon seit alter Zeit bekannt und mit dem in den Überlieferungen meist als „Hörselbergloch" bezeichneten Eingang in die unheimliche Innenwelt des Berges identisch. Hier vermutet die Sage das Reich von Frau Venus, eine Vorstellung, die ihre Wurzeln in der schon erwähnten Gestalt der „Holden Frau" haben dürfte. Wenige hundert Meter weiter östlich öffnet sich die 1928 entdeckte Tannhäuserhöhle. Sie durchquerte ursprünglich den gesamten Berg, ist aber kurz vor ihrem Ausgang inzwischen eingestürzt.
Als Venusberg wurde die felsige Anhöhe über dem Tal der Hörsel vor allem durch Richard Wagners Oper „Tannhäuser" bekannt. Die Sage vom Ritter Tannhäuser, der im Hörselberg in den Bann der liebreizenden Frau Venus gerät, ist hier wirkungsvoll mit der Überlieferung vom Sängerkrieg verknüpft.
→ Eisenach, Wartburg

Die Sänger des Wartburgkrieges. Von links: Walther von der Vogelweide, Wolfram von Eschenbach, Reimar der Alte, der „Tugendhafte Schreiber", Heinrich von Ofterdingen und Klingsor aus Ungerland. Miniatur aus der Manessischen Handschrift, frühes 14. Jh.

Jesusbrünnlein
Wandert man von *Schönau* durch den Zapfengrund zum Großen Hörselberg, kann man sich kurz nach Unterquerung der Autobahn an einer Quelle, die der Sage nach einem Wunder zu verdanken ist, erfrischen. In

einem heißen Sommer weidete ein Hirte am Hörselberg seine Herde, und er wußte nicht, wie er sein Vieh tränken sollte. Die Sonne hatte alles Grün vertrocknet, und die Brunnen waren längst versiegt. Da betete er um Hilfe zum Heiland. Bald spürte er, wie der Boden, auf dem er kniete, feucht wurde und ein kühler Quell die Erde durchbrach. Nun hatten er und seine Tiere zu trinken. Überall erzählte der Hirte von dem wundersamen Born, dem das Volk bald den Namen „Jesusbrünnlein“ gab. Sein Wasser galt lange Zeit als heilkräftig. Noch heute wird hier gern Osterwasser geholt, auch werden regelmäßig Gottesdienste gehalten.

Hüttensteinach (Lkr. Sonneberg)

Porzellanfabrik

Im Jahr 1464 entstanden die Schmelz- und Saigerhütten in Hüttenbach aus dem wüst liegenden Eisenhammer „Unterm Jüdenbach“. In der dortigen Hütte wurden Rohkupfer und Blei gewonnen. Ab 1570 verlor die Saigerhütte an Bedeutung. Die Hüttensteinacher Hammerwerke gingen im 19. Jh. in der Bernhardshütte in Blechhammer auf. Im Herrenhaus der ehemaligen, 1817 gegründeten Porzellanfabrik soll sich um Mitternacht des öfteren eine Weiße Frau gezeigt haben, die die Bewohner in Angst und Schrecken versetzte. Sie soll daran schuld sein, daß die Fabrikbesitzer immer mehr verarmten. Das Gebäude steht heute leer.

→ Orlamünde, Kemenate

I

Ilfeld (Lkr. Nordhausen)

Nadelöhr

Direkt am nördlichen Ortsausgang von Ilfeld befindet sich eine merkwürdige Felsbildung, das Nadelöhr genannt. An dieses Naturdenkmal knüpft sich ein über viele Generationen in Fuhrmannskreisen ausgeübter Brauch: Der Felsen liegt an einer ehemals zur Versorgung der umliegenden Dörfer wichtigen Straße. Jeder neue Fuhrknecht erhielt hier seine „Taufe“, indem er durch den Felsspalt kriechen mußte. Seine Kameraden beschleunigten diesen beschwerlichen Weg und schlugen mit ihren Peitschenstielen auf sein Hinterteil. Allerdings konnte sich der Neuling auch auslösen, indem er einen Taler spendete.

Die Sage verbindet das Nadelöhr mit der Gründungslegende des Klosters Ilfeld. Nicht weit von hier hatte der Raubritter Graf Ilger eine Burg, von der aus er den

Reisenden auflauerte, sie beraubte und oft auch tötete. Als er eines Tages Graf Konrad von Beichlingen ermordete, war das Maß der Sünden voll. Ein schweres Unwetter entlud sich über der Burg, das Flüßchen Behre schwoll so gewaltig an, daß die Wassermassen das Raubnest wegspülten. Alle Fluchtwege schienen versperrt, nur der Weg durch das Nadelöhr war noch möglich. Als der Räuber sich durch den Spalt gequält hatte, sank er in die Knie und betete seit seiner Kindheit zum ersten Male wieder. Graf Ilger bat Gott um Verzeihung, versprach reumütig Besserung und gelobte, an der Stelle seiner letzten Mordtat ein Kapellchen mit einer ewigen Lampe zu errichten. Aus dieser Kapelle entstand später das Kloster Ilfeld. Es wurde 1190 eingeweiht und 1859 fast ganz abgerissen.

ILMENAU (Ilm-Kreis)

Wanderweg Stützerbach-Ilmenau, Sturmheide
Die Stadt Ilmenau, heute vor allem durch ihre Technische Universität bekannt, kann auch auf Bergbautraditionen aus nachmittelalterlicher Zeit zurückblicken. Hier wurden Kupfer und Silber gefördert. Daran erinnern Stollenmundlöcher und andere bergbauliche Relikte in der Landschaft oder der zum Wanderweg ausgebaute Berggraben von Ilmenau über das Jagdschloß *Gabelbach* zum *Freibachtal* bei *Stützerbach* – aber ebenso die Sage vom Bergmönch.
Diese Sagengestalt wird auch in einem Schreiben des fürstlich sächsischen Kammerrates und Amtmannes Joh. Christ. Blankenberg in Ilmenau an den Hofrat Schmidt zu Weimar vom 5. Dezember 1684 erwähnt: „Hiernächst berichte ich, daß der Bergmönch sich wieder sehen läßt, welches nicht geschehen seit das Sturmheider Bergwerk zu Sumpfe gelegen. Er ist vergangene Woche, des Nachts gegen 11 Uhr, in seinem Bergmännischen Habit, ein hellbrennend Grubenlicht in der Hand und einen hohen Hut auf dem Kopfe habend, um die neue Schmelzhütte und des Rats Schneidemühle etliche Male herumgewandert, die Bloche wohl beleuchtend und endlich in die Radstube gegangen, heftig gekirret und geschrien und dergestalt tumultiert, daß dem Schneidemüller die Haare zu Berge gestanden ...“
Ungefähr zur gleichen Zeit war bereits der Kern nachfolgender Sage in Ilmenau ausgeformt. Vermutet werden kann, daß dies unter dem Einfluß in Ilmenau tätiger Harzer Bergleute geschah, zu deren Sagenwelt der Bergmönch gehört. Deutlich wird auch eine warnende

Tendenz, die möglicherweise von Steigern und Berghauptleuten bewußt zur Disziplinierung unter den Bergleuten verbreitet wurde.
Ein Bergbursche im Bergwerk an der Ilmenauer „Sturmheide" hatte die Angewohnheit, während der Arbeit lästerliche Reden zu führen. Das war ihm schon oftmals verboten worden. Allein es half nichts. Eines Tages hörten der Steiger und der Berghauptmann wieder unflätige Worte aus dem Schacht. Kurz darauf unterbrach ein schwerer Fall, verbunden mit klatschenden Geräuschen, die Rede. Der Steiger fuhr ein und fand den Burschen halbtot im Grubensumpf liegen. Aus Mund und Nase floß ihm Blut. Seine Augen waren gräßlich verdreht. Einige Tage lag der Verletzte bewußtlos. Als er zu sich kam, berichtete er, der Fels habe sich vor ihm geöffnet, der Bergmönch sei auf ihn zugekommen und habe ihn nach einem Hagel von Maulschellen in den Schlamm am Boden des Schachtes gedrückt. Seitdem durfte der Bursche nie wieder einfahren. Kein Bergwerk kann es sich leisten, den Zorn des Bergmönches herauszufordern.

INSELSBERG (Lkr. Gotha und Lkr. Schmalkalden-Meinigen)

Von allen umliegenden Orten führen Wanderwege durch das Naturschutzgebiet „Großer Inselsberg" zum Gipfel. Mit dem PKW kann man die von *Tabarz* bzw. *Brotterode* führende Straße bis zum Parkplatz am Kleinen Inselberg benutzen. Der Große Inselsberg ist mit 906 m nicht der höchste, jedoch der markanteste Berg des Thüringer Waldes, da sein Gipfel die umliegenden Höhen um 100 bis 200 m überragt. Dieser inselartigen Lage verdankt er vermutlich seinen Namen. Die Sage hingegen erzählt, daß Thüringen einst ein großes, schiffbares Meer gewesen sei, aus dem der Berg als Insel ragte. Funde von Fisch- und Pflanzenabdrücken in Schieferplatten wurden als Beweise angesehen. Nach einer anderen Überlieferung ist der Berg ein Werk der Heunen, Riesen, die hier vor Zeiten lebten. Früher habe er den Namen „Heunselberg" getragen, aus dem später Inselsberg geworden sei. Das entspricht der bei unseren Vorfahren weit verbreiteten Vorstellung, daß Gebirgszüge und auffällige Felsbildungen Werke der Riesen seien.
Einige Höhlen und Klüfte am Inselsberg, die durch Menschenhand entstanden oder erweitert worden sind, weisen auf einstige bergbauliche Tätigkeit hin. Der *Venetianerstein* südlich des Gipfels erinnert an die

geheimnisvollen Schatz- und Mineraliensucher aus Venedig, die vor allem im 15. und 16. Jh. hier auf der Suche nach Erzen, Halbedelsteinen und Flußperlen für die Manufakturen der Lagunenstadt unterwegs waren.
Einmal führte ein Mann aus Steinbach in der Johannisnacht mehrere Venediger zu einer Schatzhöhle am Inselsberg. Der Höhleneingang wurde von einem scheußlichen Untier bewacht, doch den Fremden bereitete es keine Mühe, das Scheusal zu vertreiben. Im Inneren des Berges taten sich alsbald immer größere und schönere Räume auf. Ein reißendes Gewässer rauschte, am anderen Ufer glänzte Goldsand. An der einzigen Stelle, an der man das Wasser überspringen konnte, blies ein fürchterlicher Drache den Schatzsuchern Feuer und Rauch entgegen. Auch dieses Hindernis überwanden die Venediger und füllten ihre Säcke mit Gold. Der Steinbacher aber verging fast vor Angst und beeilte sich, mit heiler Haut aus der Höhle zu kommen.
→ Gera, Wipsebach; → Reinsfeld, Steinkreuz; → Schwarzatal

Jena

J

Rathausturmuhr mit dem Schnapphans

„Wer den Hans nicht schnappen sah, war nicht in Jena“, besagt ein alter Spruch. Gemeint ist der Schnapphans, ein hölzerner Narrenkopf an der historisch wertvollen astronomischen Uhr (spätes 15. Jh.) am Rathausturm. Zu jeder vollen Stunde kann man ihn vom Marktplatz aus beim „Schnappen“ beobachten. Ein Engel schlägt mit seinem Glöckchen zunächst die Stunde, dann hält ein Pilger dem Narrenkopf eine goldene Kugel vor den Mund. Gierig schnappt Hans nach der Kugel, kann sie aber nicht erlangen. Wenn ihm dies einmal gelänge, würde die Stadt Jena untergehen, wie eine Sage behauptet.
Der Schnapphans zählt als „caput“ zu den „sieben Wundern“ Jenas, die in folgendem lateinischen Merkvers überliefert sind: „Ara, caput, draco, mons, pons, vulpecula turris, Weigeliana domus – septem miracula Jenae“. Dabei handelt es sich um technische, bauliche und landschaftliche Besonderheiten, die zum Teil auch Gegenstand von Sagenüberlieferungen sind. Der Drache („draco“) ist eine skurrile Figur aus Knochen, Draht und Gips, die wahrscheinlich als Theaterrequisit bei studentischen Aufführungen diente und mit dem Drachen aus den Teufelslöchern in Beziehung ge-

Turmuhr am Rathaus

bracht wird. Mit „ara“ ist eine ungewöhnliche Durchfahrt unter dem Altar der Stadtkirche gemeint, mit „mons“ der Jenzigberg, mit „pons“ die alte Camsdorfer Brücke und mit „vulpecula turris“ der Fuchsturm. Das 1670 erbaute Haus des Physikers Erhard Weigel („Weigeliana domus“) verfügte über eine Vielzahl technischer Einrichtungen, die für jene Zeit äußerst ungewöhnlich waren (1898 abgerissen). Im Stadtmuseum Jena kann sich der Besucher ausführlich über die „sieben Wunder“ informieren; hier ist auch das Original des Schnapphans zu sehen.

Camsdorfer Brücke und Stadtkirche St. Michael
Die Kirche St. Michael und die steinerne Saalebrücke gehören zu den imposantesten Bauleistungen des mittelalterlichen Jena. Der Turm der Stadtkirche überragte mit seiner Höhe von 50 m alle übrigen Türme der Stadt. Wie aus einer Inschrift unter der Michaelisnische an der Südseite des Turms hervorgeht, begann sein Bau 1486; sieben Jahrzehnte vergingen bis zu seiner Fertigstellung. Ebenfalls in der zweiten Hälfte des 15. Jh. wagte sich die Stadt an ein weiteres großes Bauvorhaben. Eine Steinbrücke über den Hauptarm der Saale sollte den Verkehr auf der durch Jena führenden West-Ost-Handelsstraße erleichtern. Jahrhundertelang erfüllte die alte Camsdorfer Brücke – eines der „sieben Wunder“ Jenas – diese Aufgabe, bis sie im Jahre 1912 durch einen Neubau ersetzt wurde.

Eine Sage vom Streit zweier Baumeister knüpft an den nahezu gleichzeitigen Beginn der beiden Bauvorhaben an. Für den Bau des Kirchturms und der Brücke waren zwei Baumeister verpflichtet worden, von denen jeder sein Werk für das bedeutendere hielt. Der Kirchenbaumeister veranschlagte große Geldsummen für den Turm und redete sehr geringschätzig über die Brücke. Da erklärte der Brückenbaumeister, daß er für die Kosten der Brücke auch einen prächtigen Kirchturm errichten könne. Im Zorn rief der Kirchenbaumeister aus, daß er seine Seele dem Teufel verschreiben wolle, wenn der Turm billiger als die Brücke werde. Bereits einen Tag später ereilte ihn sein Schicksal; er stürzte vom Gerüst und lag tot auf dem Boden. Einige Jahre später war die Brücke fertiggestellt; Jahrzehnte dauerte es hingegen, bis der Kirchturm vollendet war. Als man die Kosten der beiden Bauwerke nun verglich, stellte sich heraus, daß der Kirchturm genau einen Dreier billiger als die Brücke gekommen war.
→ Saalfeld, St. Johanniskirche

Hotel „Schwarzer Bär"
Das traditionsreiche Hotel am Lutherplatz verdankt seine Berühmtheit u. a. den Besuchen Martin Luthers. Am 22. August 1524 traf Luther hier zu einer Disputation mit dem radikalen Reformer Karlstadt aus Orlamünde zusammen, die großes Aufsehen erregte. Bereits zwei Jahre zuvor hatte sich Luther im „Schwarzen Bären" aufgehalten – allerdings verkleidet und unter falschem Namen, wie eine anekdotische Überlieferung berichtet.
Während der Zeit, die Luther als Junker Jörg auf der Wartburg verbrachte, reiste er heimlich nach Witten-

Martin Luther als Junker Jörg. Holzschnitt von Lucas Cranach

berg, um dort nach dem rechten zu sehen. Unterwegs kehrte er am Fastnachtsabend im „Schwarzen Bären" zu Jena ein, wo sich zwei Schweizer Studenten, die nach Wittenberg unterwegs waren, an seinen Tisch setzten. Der bärtige, als Ritter gekleidete Luther stellte sich als Dr. Schurpfen vor, erzählte ihnen viel über die Verhältnisse an der Universität und trug ihnen beim Abschied auf, Grüße an Luther und einige Wittenberger Gelehrte zu überbringen. Da die Gelehrtheit dieses Mannes und seine ritterliche Kleidung in den Augen der beiden Studenten nicht zusammenpaßten, erkundigten sie sich beim Wirt über ihren Tischgenossen. Der Wirt gab ihnen Bescheid, es sei Luther gewesen, was die Schweizer aber für einen Scherz hielten. Erst als sie in Luthers Haus in Wittenberg die Grüße des Dr. Schurpfen überbringen wollten, stellten sie verwundert fest, daß ihr Tischnachbar im „Schwarzen Bär" tatsächlich Martin Luther gewesen war.

Paradies

Durch die Bahnunterführungen am Paradiesbahnhof und an der Paradiesbrücke gelangt man vom Stadtzentrum ins „Paradies", einen seit Jahrhunderten beliebten Fest- und Ausflugsort am Saaleufer, der heute zusammen mit Rasenmühleninsel und Oberaue Teil einer ausgedehnten Parkanlage ist. Der ursprüngliche Charakter einer sumpfigen und häufig von der Saale überfluteten Auenlandschaft ist fast verschwunden. Doch ein Blick in die Stadtchronik zeigt, wie oft hier Überschwemmungen auftraten und wie vielen Menschen das Wasser zum Verhängnis wurde. In den Sagen werden solche tragischen Ereignisse oft mit Nixen und anderen Wassergeistern in Verbindung gebracht.
Ein Fleischer badete an verbotener Stelle. Als er vom Paradies zur Schneidemühle geschwommen war, wurde er an den Füßen gepackt und in die Tiefe gezogen. Zum Glück konnte er noch um Hilfe schreien. Mit großer Anstrengung gelang es einigen Leuten, den Fleischer zu befreien. Ein blutunterlaufener Abdruck zweier großer Krallen war an seinen Beinen zu sehen – ein Zeichen, daß die Nixe versucht hatte, ihn in die Tiefe zu ziehen.
Ein Maler wollte die Nixe gern mit eigenen Augen sehen. Er ging abends im Paradies spazieren und spielte auf seiner Gitarre Melodien, die als Nixenlieder bekannt waren. Plötzlich spürte er eine unbegreifliche Furcht; als er sich umdrehte, sah er die Nixe in ihrer ganzen Schönheit stehen. Verwirrt floh er, geradewegs in den Fluß, wo er in den Wellen versank. Am näch-

sten Tag entdeckte ein Fischer im Wasser einen Gegenstand, den er zuerst für einen Hühnerkorb hielt. Er ruderte heran und sah einen toten Menschen auf dem Grund des Flusses stehen, dessen ausgebreiteten Haare auf dem Wasser schwammen.
Das Paradies lockte nicht nur Spaziergänger an; auch Leute, die ihrem Leben selbst ein Ende setzten wollten, zog es offenbar an diesen Ort. Jedesmal, wenn sich jemand in der Paradiessaale ertränkte, hörte der in der Nähe wohnende Fischer seinen Namen rufen. Es heißt, daß es die Saale-Nixe war, die nach ihm rief.
→ Bad Salzungen, Burgsee; → Weimar, Ilm

Teufelslöcher
An der Wöllnitzer Straße, unterhalb der Sophienhöhe, ist im Schatten alter Bäume eine Felswand aus gefalteten Gipsen mit zwei Höhleneingängen zu entdecken. Daneben tritt ein Rinnsal aus dem Berg. Die Höhlen dürfen nicht betreten werden, um Störungen der darin lebenden Fledermäuse zu vermeiden. Doch auch der äußere Anblick der düster-bizarren Felsgebilde läßt ahnen, warum man diesen – weit außerhalb der Stadtmauer gelegenen – Ort früher möglichst mied. Bereits in einer Urkunde von 1319 werden die Höhlen genannt und finden im Mittelalter als „Fenestram diaboli“, „Teufilsloch“ oder „Tüffelsloch“ mehrfach Erwähnung.
In der Sage gelten die Teufelslöcher als Eingang zur Unterwelt und Aufenthaltsort finsterer Mächte. Wer an dem verrufenen Ort vorübergehen mußte, schlug ein Kreuz und rief laut „Hah, Hah!“, um dem Teufel nicht begegnen zu müssen. Einst zeigte sich hier einem Hirtenjungen aus Wöllnitz der Teufel im Gewand eines Jägers. Er wollte ihm drei Wünsche erfüllen; dafür sollte ihm der Junge in seine Höhle folgen. Der gewitzte Hirte ließ den Gehörnten erst für sich arbeiten und wünschte sich schließlich, der Teufel solle ihm aus Wöllnitz eine Bibel holen. Das konnte der Teufel freilich nicht – und stand am Ende als Geprellter da.
Am bekanntesten ist die Sage vom unheimlichen Vogelsteller aus den Teufelslöchern, die Ch. A. Vulpius 1817 in literarisch ausgeschmückter Form veröffentlichte. Neben bekannten Merkmalen des Teufels haften dieser Sagengestalt auch Züge an, die es nicht abwegig erscheinen lassen, im verwünschten Vogelsteller das Relikt einer heidnischen Gottheit, die unter christlichem Einfluß in die Sagenwelt verdrängt wurde, zu sehen.

Der verwunschene Vogelsteller. Chr. A. Vulpius, 1817

Es heißt, daß sich im Inneren der Höhlen ein tiefer See befinde. An seinem Ufer saßen schöne Mädchen, die der Vogelsteller hierher verschleppt hatte, um an goldenen Spinnrädern die Fäden für seine Vogelnetze zu spinnen. Die Schönen konnten jedermann die wundervollsten Lustbarkeiten bereiten. Ein Knappe von der Lobdeburg sehnte sich danach, die Freuden dieses Ortes kennenzulernen. Von einem Ziegenhainer Kräutermann beschaffte er sich einen Krötenstein, der ihm den Zugang in die Höhle ermöglichte. So kam er zu dem unterirdischen Gewässer, wo alles hell erleuchtet war und die Schönen reglos an ihren goldenen Spinnrädern saßen. Plötzlich wurde der Knappe unter lautem „Hah, Hah" von einer unsichtbaren Kraft aus der Höhle geschleudert und vor ihm stand eine unheimliche Gestalt in einem Mantel aus Vogelfedern. Auf ihrem bärtigen, gehörnten Kopf hockte ein Kauz. Aus ihrer Brust wuchsen Leimruten und statt Händen hatte sie furchtbare Krallen. Zum Glück kam gerade ein Vetter des Knappen, der ein heiliger Mann war, des Weges. Der unheimliche Vogelsteller schrie auf und verschwand. Bei der Beichte bekam der Knappe den Rat, seinen Krötenstein unter Gebeten in die Höhle zu schleudern. Das tat er auch, worauf das Teufelsloch unter lautem Getöse einstürzte und nur eine kleine Höhle übrig blieb. Seit dieser Zeit soll der Vogelsteller kein Mädchen mehr entführt haben, doch in Gestalt eines Jägers, Fischers oder Kräutermannes wollen ihn die Leute wiederholt gesehen haben. Es heißt, daß sich die Höhle alljährlich in der Walpurgisnacht öffnet und man den verzauberten Schönen an dem unterirdischen See begegnen kann.

Eine andere Sage erzählt vom Drachen aus den Teufelslöchern. Dieser ähnelt nicht dem in Ostthüringen verbreiteten feurigen Hausdrachen, der Butter und Eier bringt, sondern dem allgemein bekannten Lindwurm, der eine Stadt bedroht und dem zur Besänftigung jedes Jahr eine Jungfrau geopfert werden muß. Mehr im Scherz wurde erzählt, daß die Jenaer Studenten dieses Ungetüm erlegt und dem Stadtmuseum zum Geschenk gemacht hätten. Als „Beweisstück“ gilt die im Museum als eines der „sieben Wunder“ gezeigte Drachenfigur.

Doch auch freundliche Mächte sind an dem verrufenen Platz zu finden. Ein armes Mädchen brauchte Geschirr für sein Hochzeitsfest und folgte dem Rat, sein Glück bei den Zwergen der Teufelslöchern zu versuchen. Die halfen ihm bereitwillig aus, und beschenkten es – da sie das geliehene Geschirr pünktlich zurückbekamen – obendrein mit einem Beutelchen Gold als Aussteuer.

Kirche Ziegenhain

Im malerisch gelegenen Ortsteil Ziegenhain, über dem sich der Bergfried der einstigen Burg Kirchberg erhebt, steht ein unvollendet gebliebener Kirchenbau. An seinem wehrkirchenartigen Turm schließt sich ein dreischiffiger Trakt an, der kein Dach besitzt; Langhaus und Chor sind durch eine später eingefügte Trennwand geschieden. Burggraf Albrecht III. stiftete 1424 diese Kirche, um einem – ursprünglich in einem Vorgängerbau aufgestellten – wundertätigen Marienbild eine neue Heimstatt zu geben. Um 1500 kamen die Bauarbeiten zum Erliegen; der als Wallfahrtskirche angelegte Bau wurde nie vollendet. Ein Teil der Kirche ist seither Ruine, der andere wird bis heute von der kleinen Ziegenhainer Gemeinde genutzt.

Auf die Geschichte und Vorgeschichte der einstigen Wallfahrtsstätte beziehen sich mehrere Sagen. So soll von einem Hain am Hausberg, in dem die heidnischen

Bewohner einen Götzen in Gestalt einer Ziege verehrten, der Name des Ortes herrühren.
Nach einer anderen Überlieferung kam Bonifatius auf seiner Mission in Thüringen auch in die Gegend von Jena und fand jenseits der Saale einen heidnischen Opferplatz, wo zahlreiche Frauen dem Kult der Göttin Berchta dienten. An diesem Ort predigte der Missionar das Christentum, ließ ein Gnadenbild der Mutter Gottes errichten und zu ihrem Schutz auf dem Berg darüber eine Burg bauen, die spätere Burg Kirchberg.
Als Erinnerung daran wurde in der Ziegenhainer Kirche lange Zeit eine Fahne mit dem Bilde Christi und dem des heiligen Bonifatius gezeigt; in manchen Notlagen habe das Anbeten dieses Heiligtums wahre Wunder bewirkt. Die Fahne, auf die sich diese Sage bezieht, stammt vermutlich aus dem 15. Jh. und wird seit 1914 im Jenaer Stadtmuseum aufbewahrt. Ein Aufenthalt des Missionars Bonifatius bei Jena ist nicht belegt.

Fuchsturm
Von dem zu Jena eingemeindeten Ort Ziegenhain gelangt man in 15 Min. zum Fuchsturm, einer beliebten Ausflugsstätte der Saalestadt. Der heute als Aussichtsturm genutzte über 800jährige Bau ist der ehemalige Bergfried der Reichsburg Kirchberg. Insgesamt befanden sich vier mittelalterliche Wehranlagen auf dem Hausberg. Die älteste wird als „Kirchberg" bereits 937 erwähnt. Der befestigte Königshof war mehrfach Aufenthaltsort der sächsischen Kaiser. Mitte des 12. Jh. gehörten die Burggrafen von Kirchberg zu den führenden Adelsgeschlechtern in Thüringen. Nachdem die Kirchberger zu Anfang des 14. Jh. den Landfrieden gebrochen hatten, wurde der Hausberg vom Heer des Thüringer Städte-Bundes erobert und die Burgen teilweise zerstört. Im 15. Jh. verfielen sie vollends. Nur der Fuchsturm, seit dem 18. Jh. für astronomische Beobachtungen genutzt, blieb erhalten. Eine alte Wandmalerei, welche drei Hausbergburgen zeigt, befindet sich in der Kirche von Ziegenhain.
Der Sage nach geht der Turm auf die in dieser Gegend einst sehr zahlreichen Riesen zurück und wird deshalb auch „Riesenfinger" genannt. Ein junger Riese, der besonders bösartig und gewalttätig war, schlug seine Mutter im Streit mit den Fäusten nieder. Darüber erzürnten die anderen Riesen; ein schreckliches Unwetter kam auf, die Berge erbebten, und der junge Riese versank in den Felsen. Nur sein kleiner Finger blieb übrig und ragt bis heute als steinernes Mal mahnend auf der Bergkuppe empor.

Über die Zerstörung der Hausbergburgen wird berichtet, daß das Aufgebot der Thüringer Städte, vor allem die Erfurter, nach ihrem Sieg auf dem Berg Samen des Färberwaids als Zeichen ihrer städtischen Stärke ausstreuten. Diese Pflanze kommt noch heute in der Umgebung vor.
Nach einer Sage bekam der Fuchsturm seinem Namen folgendermaßen: In einem Erbstreit zwischen den Markgrafen Conrad und Friedrich von Meißen hatte Conrad mit List versucht, ihm nicht zustehendes Land in seinen Besitz zu bringen. Im Zweikampf siegte jedoch Friedrich und ließ den „Fuchs" zur Strafe in einen eisernen Käfig stecken und an den Bergfried der Burg Kirchberg hängen.
Nach einer anderen Überlieferung war der Turm einst ein Treffpunkt der Jenaer Studenten, wo die ersten Semester, Füchse genannt, ihre akademischen Weihen erhielten.
→ Schwarzatal, Hünenkuppe

Jenzig
Unter Jenas Bergen ist der Jenzig der auffallendste und bekannteste und wird wohl deshalb den „sieben Wundern" der Stadt zugerechnet. Vom Gembdental in Jena-Ost, wo seine ausgedehnten Muschelkalkhänge und die ins Saaletal ragende steinige Nase nicht zu übersehen sind, führen mehrere Wanderwege zu dem langgestreckten Höhenzug hinauf. Angesichts seiner markanten Lage verwundert es nicht, daß der Berg schon früh besiedelt war: Bodenfunde verweisen auf die Jungsteinzeit, die Spätbronzezeit und den Übergang von der Hallstatt- zur La-Tène-Zeit. 1856 entdeckte der Archäologe Friedrich Klopffleisch eine Wallburg auf dem Jenzig. Etwa 600 m östlich der Nase sind auf einer Schmalstelle des Bergrückens noch Reste der Wälle sichtbar.
Die Sagenüberlieferung berichtet von einer – historisch wenig wahrscheinlichen – Hunnenschlacht auf dem Jenzig, einem furchtbaren Kampf zwischen Thüringern und den ins Land eingefallen Hunnen. Die Hunnen siegten nach langem Kampf, doch hatten auch sie viele Tote zu beklagen, darunter ihren König. Der Hunnenkönig wurde am Ort der Schlacht begraben, weshalb der Berg auch Hunnen- oder Hundskoppe genannt wird.

Kunitzburg
Ihr eigentlicher Name lautet Burg Gleisberg, doch hat sich die volkstümliche Bezeichnung Kunitzburg –

nach dem am Fuße des Burgberges liegenden Dorfes *Kunitz* – seit langem fest eingebürgert. Von Kunitz, im nördlichen Stadtgebiet Jenas gelegen, kann man auf einem steilen Felsenpfad (15 Min.) oder über den bequemeren Wanderweg durch Wiesen und Wald (30 Min.) zur Burgruine auf dem Gleisberg gelangen. Neben tiefen Gräben und den Resten eines runden Turmes beeindruckt vor allem die mächtige Mauer des einstigen Palas auf den Muschelkalkfelsen der Südseite; auch der vorzüglicher Ausblick ins Saaletal ist erwähnenswert.
Angelegt wurde Burg Gleisberg vermutlich von einem der Hohenstaufenkaiser; ihre Verwaltung lag in den Händen kaiserlicher Ministerialen, von denen ein Walter von Glizberg in der 2. Hälfte des 12. Jh. urkundlich erwähnt wird. Nach dem Aussterben der Gleisberger 1370/80 kam die Burg nach mehrfachem Besitzerwechsel 1450 in die Hände der als „Lermenbläser und Räedelsführer“ verrufenen Brüder Apel und Burkhard Vitzthum. Wenig später wurde sie zerstört und verfiel zur Ruine.
Wie die Sage zu berichten weiß, wurde eine Magd während einer Hochzeitsfeier zur Burgruine geschickt, um dort Wein zu holen. Obwohl dies nur ein Scherz war, ging sie hinauf – und bekam dort von einer weißen Gestalt ihren Krug tatsächlich mit Wein gefüllt. Weil die Sache den Kunitzern aber nicht geheuer schien, wurde sie beim Gericht in Jena angezeigt und mußte ihre Aussage beschwören. Daraufhin wurden in der Burgruine amtliche Untersuchungen angestellt, die jedoch nichts ergaben.
Eine andere Überlieferung erzählt von Glizza, der schönen Tochter des Ritters Hugo von Gleisberg. Glizza verliebte sich in einen Vasallen ihres Vaters. Als er sich den Scharen der Kreuzfahrer anschließen mußte, versprach er Glizza, sie am Tage seiner Rückkehr zu heiraten. Wochen, Monate und Jahre wartete Glizza auf ihren Bräutigam. Trost fand sie nur bei den Nixen am Saalefluß. Bald konnte die Verzweifelte den Verlockungen der Wasserfrauen nicht mehr widerstehen und ließ sich in die Fluten der Saale ziehen. Glizzas Geist soll noch immer in der Ruine umgehen.
Der Name der schönen Glizza wird – wie auch die Bezeichnungen Gleisberg und Gleisburg – von „glitzen“ und „gleißen“ hergeleitet. Zu beachten ist dabei das unterhalb der Burg in die Saale mündende Flüßchen Gleise, das in einer Chronik von 1673 „Glitza“ genannt wird. Unter diesem Namen ist ein schimmerndes, glänzendes Gewässer zu verstehen. Die Vermu-

tung liegt nahe, daß die Sagengestalt der schönen Glizza auf einen Flußgeist dieses Flüßchens zurückgehen könnte.

Lobdeburg
Der Name der Lobdeburg ist vom Ort *Lobeda* abgeleitet und geht auf das slawische „loube" zurück, was Waldgebirge bedeutet. Die alte, einst selbständige Stadt Lobeda liegt heute, von ausgedehnten Wohnblocksiedlungen umgeben, im Südosten des Jenaer Stadtgebietes. Von Alt-Lobeda führt ein gut beschilderter Weg in 25 Min. hinauf zur im Hochwald versteckten Ruine.

„Da droben auf jenem Berge,
Da steht ein altes Schloß,
Wo hinter Toren und Türen
Sonst lauerten Ritter und Roß.
Verbrannt sind Türen und Tore,
Und überall ist es so still. . ."

Als Johann Wolfgang von Goethe nach einem Besuch der Lobdeburg 1801 sein Gedicht „Bergschloß" schrieb, lag diese schon seit mehr als drei Jahrhunderten in Trümmern. Erbaut wurde die Burg in der ersten Hälfte des 12. Jh. durch ein Geschlecht, das aus dem Fränkischen ins Saaletal gekommen war. Rasch dehnten die Lobdeburger ihre Macht in Thüringen aus. Sie waren es auch, die Jena das Stadtrecht verliehen. Doch ebenso schnell ging der Stern der Lobdeburger unter: 1340 kam die Burg an die Wettiner und wechselte dann mehrfach den Besitzer. Schließlich wurde die Burg als Steinbruch benutzt. Was übrig blieb, ist dennoch sehenswert und findet unter den zahlreichen Burgruinen des Saaletals kaum seinesgleichen. Insbesondere die fast 30 m hohe Ruine des romanischen Palas mit den Resten der Burgkapelle und den großartigen Fensterarkaden des Rittersaales lassen ahnen, daß hier ein Baumeister von Rang gewirkt haben muß.
Die Lobdeburg wurde auf einem Ausläufer der Wölmisse errichtet, einem ausgedehnten Waldgebiet östlich von Jena. Die Sage berichtet, daß sich auf der Wölmisse vorzeiten Truthine aufhielt, ein schönes, geheimnisvolles Wesen, das in der Felsenburg Buchfart im Ilmtal zu Hause war. In ihr vereinigen sich Eigenschaften von Sagengestalten wie der „Frau Venus aus dem Hörselberg" mit Zügen einer Märchenfee. Truthine ritt auf einem weißen Hirsch und trug einen goldenen Stab in der Hand. So begegnete Junker Hartmann

von der Lobdeburg der bezaubernden Truthine. Alle Warnungen in den Wind schlagend, folgte er ihr in das Felsenschloß Buchfart an der Ilm, aus dem er nie zurückkehrte. Hartmanns trauernde Mutter, die Burgherrin Bertradeis, gelobte eine Kapelle zu erbauen, wenn sie noch einmal das Gesicht ihres Sohnes sehen könne. In der nächsten Vollmondnacht näherte sich der Lobdeburg ein gespenstischer Trauerzug, geführt vom getreuen Eckart und von einer Eule begleitet. Ein offener Sarg, in dem der tote Junker lag, wurde am Burgtor abgestellt. So konnte der junge Lobdeburger in der Gruft seiner Väter beigesetzt werden, und die Burgherrin ließ gemäß ihrem Schwur eine Kapelle bauen, in der für das Seelenheil ihres Sohnes gebetet wurde.
→ Buchfart

Gasthaus „Carl August“ im Mühltal
Durch das Mühltal verläuft die vom Stadtzentrum in Richtung Weimar führende B 7, ein Abschnitt der „Klassikerstraße“. Ein schattiger Wanderweg entlang dem Leutrabach begleitet die Chaussee durch das sanft ansteigende Tal. 2 km nach der Busendhaltestelle Papiermühle gelangt man zum Gasthaus „Carl August“. Am Parkplatz steht ein alter Obelisk mit der Aufschrift „C. A. 1823“, der an den Weimarer Großherzog Carl August (1775–1828) erinnert. Unter seiner Regierung wurde die Straße nach Weimar gebaut; verantwortlich für den Straßenbau war kein geringerer als Johann Wolfgang von Goethe. Zuvor müssen die Verkehrsverhältnisse im Mühltal bedenklich gewesen sein; vom Raub- und Mordgesindel, das hier in verrufenen Schenken sein Unwesen getrieben hat, wurde in den umliegenden Dörfern viel erzählt.
Wo sich heute das Gasthaus „Carl August“ befindet, soll einst die „Filzlaus“ gestanden haben, eine Spelunke, in der es nicht mit rechten Dingen zuging. Gäste dieser Schenke verschwanden spurlos. Reisende, die spätabends hier vorüberkamen, wurden nie mehr gesehen. Jene Räuber, welche die Gäste ermordet und ausplündert hatten, sollen später gefangen und die „Filzlaus“ dem Erdboden gleich gemacht worden sein. Eine andere Räuberschenke, ein Stück talaufwärts gelegen, hieß „Zum bösen Grind“. Sie war ein Treffpunkt von Dieben, aber auch von Studenten und „liederlichen Frauenspersonen“. Auf Anweisung des Amtes in Jena mußte die Schenke durch die Gemeinde Isserstedt schließlich abgerissen werden.

JUDENBACH (Lkr. Sonneberg)

Schloßhügel, Schloßrangen

Das Straßendorf Judenbach wird 1317 erstmals genannt. Der Ort lag an der auch Judenstraße genannten „Nürnberg-Sächsischen Geleitstraße", die nach dem wirtschaftlichen Rückgang Erfurts und dem Aufschwung Leipzigs an Bedeutung gewann. Noch zu Beginn des 19. Jh. hatte der Ort den Charakter eines Fuhrmannsdorfes. Im Jahr 1811 gab es in Judenbach 45 Geschirrhalter, die Vorspanndienste über das Gebirge leisteten.
Am sogenannten Schloßhügel im unteren Dorf, im Volksmund „Schloßrangen" genannt, soll einst ein Junggeselle namens Hans mit seiner Magd gehaust haben. Eines Tages war die Magd verschwunden und ihr Herr gab an, sie sei weggezogen. Einige Zeit später ging ein Jägerbursche mit seinem Hund durch das Böllein, ein Waldstück am Glasbach. Dort grub der Hund unter einem Reisighaufen eine weiße Beinröhre aus und brachte sie seinem Herrn. Der nahm sie mit nach Hause und ließ sich Griffe für Messer und Gabeln daraus machen. Mit diesen frühstückte er einmal in Gegenwart des Hans im Wirtshaus. Hans wollte wissen, wie der Jägerbursche zu dem schönen Besteck gekommen sei und dieser erzählte es ihm. Da war Hans plötzlich ganz entsetzt und aus seiner Nase fielen drei Blutstropfen auf die Griffe, die sich nicht mehr abwischen ließen. Nun mußte Hans gestehen, daß er vor Jahren seine Magd verführt, ermordet und ihren Leichnam vergraben hatte. Er wurde vor Gericht gestellt und empfing seine Strafe. Seitdem soll er am Schloßrangen zur Geisterstunde Tumult vollführen. Deswegen wird er auch Tummelhans genannt.
Der Ursprung des Namens Schloßhügel bzw. Schloßrangen ist unbekannt; es gibt keine Anhaltspunkte für ein Schloß oder eine Burg an diesem Ort. Die am Schloßrangen befindlichen Kellerstollen gehörten vermutlich zu dem angrenzenden Gasthaus, das bereits 1499 mit dem Wirt Hans Roßfelder erwähnt wurde und bis vor einigen Jahren betrieben wurde.

→ Arnstadt, Walpurgiskloster

KAHLA (Saale-Holzland-Kreis)

Dohlenstein

Wer das Saaletal bei Kahla durchfährt, kann den am rechten Saaleufer schroff aufragenden Kalkfelsen kaum übersehen. Die am Fuß des 352 m hohen Berges lagernden Schutterassen zeugen davon, daß am Dohlenstein im Laufe der Jahrhunderte mehrfach schwere Bergstürze niedergegangen sind. Bei einem Absturz im Jahre 1780 wurden die an den Westhängen des Dohlensteins gelegenen Weinberge völlig zerstört; durch in den Fluß gestürzte Gesteinsmassen änderte die Saale ihren Lauf. Daß solche beeindruckenden Naturereignisse ihren Niederschlag auch in der Sage gefunden haben, ist nicht verwunderlich.

Vor langer Zeit soll auf dem Dohlenstein das Schloß eines mächtigen Raubritters gestanden haben. Ohne Rücksicht auf Recht und Gesetz raubten die Dohlensteiner die umliegenden Dörfer aus, überfielen die Kaufleute auf der im Saaletal verlaufenden Handelsstraße, verschleppten zahllose Unschuldige in die Verliese der Burg. Niemand war imstande, den Raubrittern Einhalt zu gebieten. Uneinnehmbar stand ihr Schloß auf dem steilen Felsenberg. Ihrem Schicksal entgingen die Räuber dennoch nicht. Eines Nachts zog ein schweres Unwetter heran und entlud sich mit solcher Gewalt über dem Dohlenstein, daß die Erde zu beben begann. Als am anderen Morgen die Sonne aufging, war von dem Raubschloß keine Spur mehr zu finden. Samt seinen Bewohnern war es in den Berg versunken – und soll nicht eher wieder sichtbar werden, bis auch der letzte Rest des Dohlensteins zu Tale gestürzt ist.

Historische Belege für eine mittelalterliche Burg auf dem Dohlenstein existieren nicht. Ausgrabungen haben jedoch ergeben, daß von der späten Bronzezeit bis zur La-Tène-Zeit auf der talbeherrschenden Anhöhe eine Wallburg gestanden hat.

KALTENNORDHEIM (Wartburgkreis)

Merlinsburg

Das Rhönstädtchen ist aus dem Hauptort einer nach den Himmelsrichtungen benannten altfränkischen „Windrosensiedlung“ hervorgegangen, zu der auch das südlich gelegene *Kaltensundheim* und das westlich liegende *Kaltenwestheim* gehörten. Von 1315 an befand sich hier ein hennebergisches Amt, das seinen Sitz in der Merlinsburg hatte. Reste dieser Wasserburg sind im 1754 erbauten Schloß (Amtshaus) erkennbar, das mit dem Torhaus, der 500jährigen Linde sowie dem Heimatmuseum heute eine der Sehenswürdigkeiten des Ortes darstellt.

Eine Sage erzählt aus der Zeit, als Graf Heinrich XII. von Henneberg (1422–1475) auf der Merlinsburg saß.

Heinrich, der „unruhige Graf“ genannt, geriet in Streit mit dem Adel, welcher darauf das Amt Kaltennordheim verwüstete und die Merlinsburg belagerte. Die Bauern aus Kaltenwestheim, die sich in die Burg geflüchtet hatten, leisteten tapferen Widerstand. Als sie ermattet waren, traten die Frauen an ihre Stelle und verbrühten den anstürmenden Adel derart mit siedendem Wasser, daß er abziehen mußte. Zum Dank für die Rettung bot Graf Heinrich den tapferen Frauen an, ihrem Ort entweder das Marktrecht zu gewähren oder ihnen eine Ehren- und Gedenksäule setzen zu lassen. Die Frauen entschieden sich für einen Gedenkstein, der in Kaltenwestheim an der nach Kaltennordheim führenden Straße aufgestellt wurde. Das vom Volk als „Westheimer Wetzstein“ bezeichnete Denkmal führte jedoch dazu, daß die Kaltenwestheimer Männer als feige verspottet wurden. Es kam zu endlosen Witzeleien, Streitigkeiten und sogar zu blutigen Händeln, bis der Stein schließlich beseitigt wurde.

Goldbach
Die Brücken und Stege über den in Kaltennordheim in die Felda mündenden Bach galten als Aufenthaltsorte des Trollbärs, eines der in der Sagenwelt sehr zahlreichen Aufhockerdämonen, der hier aber auch Züge eines Wassergeistes trägt. Er wurde als zottiges Nachtgespenst geschildert, das Vorübergehenden auf den Rücken springt. Einem Kaltennordheimer Schulmeister, der oft einen über den Durst trank, sprang der Trollbär auf den Buckel, und er mußte das immer schwerer werdende Gespenst bis vor seine Tür tragen. Der Förster von Zillbach, der früher in Kaltennordheim stationiert war, bekam es ebenfalls mit ihm zu tun. Die schwarze zottige Gestalt tauchte aus dem Bach auf und versuchte, ihn ins Wasser zu ziehen. Das wiederholte sich mehrfach. Der Förster hieb mit seinem Gewehrkolben auf den Trollbär los, konnte ihm jedoch nichts anhaben. Der Förster, der sich sonst nicht einmal vor dem Teufel fürchtete, mußte schließlich einen in der Nähe wohnenden Freund zu Hilfe rufen.
→ Greiz, Oberes Schloß

KAMMERFORST (Unstrut-Hainich-Kreis)

Magdkreuz
Zwischen *Eisenach* und *Mühlhausen* dehnt sich in einer Länge von etwa 20 km der Hainich aus. Dieses Gebiet stellt den größten zusammenhängenden Rotbuchenmischwald Deutschlands. Zur Zeit der DDR war

es wegen zweier großer Truppenübungsplätze dem Wanderer teilweise nicht zugänglich, heute führen zahlreiche beschilderte Wege durch den Hainich. Um zum Magdkreuz zu gelangen, benutzt man den am Nordwestausgang von Kammerforst beginnenden Schotterweg. Er führt in westlicher Richtung durch den Kammerforster Grund; nach etwa 2 km ist linker Hand, etwa 50 m im Wald, das alte Steinkreuz zu finden. Es ist aus Kalkstein gehauen und trägt die kaum noch zu erkennende, sicher nachträglich eingeritzte Inschrift „Magd-Kreuz".

Die Sage verbindet dieses Kreuz mit dem durch seine Schandtaten unrühmlich bekannten Förster Kurt Pfeffer und dessen Mutter Magdalene, die zur Zeit des 30jährigen Krieges in diesem Wald gelebt haben sollen. Sie überfielen Reisende, raubten sie aus oder ermordeten sie gar. Als man ihre Verbrechen entdeckte, floh der Förster Pfeffer; die Mutter wurde hingerichtet. Damit sie nach ihrem Tod Ruhe fände, setzte man das Steinkreuz auf ihr Grab.

Das Kreuz wird mitunter auch als Grabmal des Försters angesehen. Nach einer anderen Überlieferung besteht dessen Schandtat darin, im 30jährigen Krieg das – heute wüst liegende – Dorf *Bechstedt* verraten zu haben. Davon erzählt die Novelle „Das Magdkreuz im Hainich" von Carl Rümpler (1796–1860).

→ Altenburg, Wetterkreuz Zschernitzsch

KAPELLENDORF (Kreis Weimarer Land)

Denkmal auf dem Sperlingsberg

Der Ort Kapellendorf ist bekannt durch seine gut erhaltene Wasserburg und ging in die Geschichte dadurch ein, daß in seiner Nähe 1806 die Schlacht von Jena und Auerstädt zwischen den Armeen Napoleons und dem Heer der verbündeten Preußen und Sachsen tobte. Zum Gedenken an diese Kämpfe wurde auf dem Sperlingsberg oberhalb Kapellendorfs ein Denkmal errichtet, das zugleich als Aussichtsturm dient, von dem aus man das Gelände der Schlacht überblicken kann. Unweit davon steht eine zweites Denkmal. Die Sage erzählt:

Zur Zeit des Franzosenkrieges stand in der Mühle zu Auerstedt das „Müllerröschen", Rosa Brandt, in Dienst. Eines Tages trat ein schmucker französischer Offizier in die Mühle und stellte sich als ihr Bruder vor. Im Kindesalter hatten ihn fahrende Leute entführt. Seitdem war er verschollen gewesen. Auf dem Kriegszug durch Thüringen hatte er vom Aufenthalt seiner Schwester erfahren. Sie konnte ihn an einem Stirnmal erkennen. Der junge Mann ahnte, daß er aus der bevorstehenden Schlacht nicht lebend herauskommen werde, und bat Rosa Brandt, sein Vermögen aufzubewahren. Nachdem er in der Schlacht gefallen war, ließ ihm das Mädchen ein Denkmal in Form eines schlichten Steines setzen. Es wird auch erzählt, daß im Sperlingsberg bei Kapellendorf eine Kriegskasse aus der Napoleonzeit vergraben sei. Gefunden hat sie jedoch bisher keiner.

KELLA, GROSSTÖPFER (Lkr. Eichsfeld)

Burgruine Greifenstein
Von der vermutlich gotischen Burganlage sind der Stumpf eines aus mächtigen Sandsteinquadern gefügten Bergfrieds und mehrere Kellergewölbe erhalten. Man erreicht die Burgruine, wenn man an der Baumschule am Hang des Schloßberges die Straße Kella-Großtöpfer verläßt und bergauf steigt. Die Ruine liegt im Laubwald verborgen auf dem Gipfel des Berges.
Der Sage nach war Burg Greifenstein lange Zeit der Sitz rücksichtsloser und gefährlicher Raubritter. Schließlich nahmen die Klagen über das Morden, Sengen und Brennen so überhand, daß sich der Landesherr, der Kurfürst von Mainz, genötigt sah, für Ordnung zu sorgen. Er zog mit einem Heer vor die Burg. Lange dauerte die Belagerung, bis die Burg erobert werden konnte. Allein das Nest erwies sich als leer. Die gesamte Besatzung war durch einen geheimen unterirdischen Gang geflohen, um sich der Strafe zu entziehen. Eine Gruppe Bewaffneter nahm die Verfolgung auf. Es ging durch Stollen, Gänge und Höhlen. Gefährliche Spalten öffneten sich, in deren Tiefe Wasser rauschte. Schließlich hatten sie trotz aller Hindernisse die Fliehenden fast eingeholt, als eine mächtige Stimme rief: „Haltet ein, denn Gottes Gericht ereilt die Mörder soeben. Der gerechten Strafe entkommen sie nicht!“ Erschrocken blieben die Verfolger stehen, und das war ihr Glück. Krachend brach vor ihnen die Höhle zusammen und erschlug das Raubrittergesindel. Die Verfolger kamen wohlbehalten wieder zurück zur Burg, die noch am gleichen Tage geschleift wurde.

KÖNIGSEE (Lkr. Saalfeld-Rudolstadt)

Großes Querlichsloch, Bärenkeller
Ein beschilderter Rundweg (2 km) führt vom Ortsteil *Garsitz* über das Gebörne, ein bewaldetes Zechsteinriff mit vielen geologischen, botanischen und kultur-

geschichtlichen Sehenswürdigkeiten. Dazu zählt auch das Große Querlichsloch, das wegen der zahlreichen bei Grabungen gefundenen Bärenknochen seit 1952 Bärenkeller genannt wird. Wissenschaftliche Ausgrabungen erbrachten wertvolle Funde, die bis zum Ende der Altsteinzeit (14 000–8000 v. Chr.) zurückreichen. Offensichtlich wurde der Bärenkeller in prähistorischer Zeit als Zufluchtsstätte und Rastplatz bei der Jagd genutzt. Die tiefergelegenen Teile der Höhle dienten kultischen Handlungen wie dem Jagd- und Fruchtbarkeitszauber. Zum Schutz der Fundstätten ist der Bärenkeller mit einem Gitter verschlossen, das jedoch Einblick ins Höhleninnere ermöglicht.

Im Volksmund gelten unterirdische Räume oft als Aufenthaltsorte von Zwergen oder Riesen, die Eindringlingen den Zutritt in ihr Reich verwehren. Möglicherweise ist dies ein Grund dafür, daß die seit alters her „Querlichslöcher“ genannten Höhlen erst 1760 allgemein bekannt wurden. Wie es heißt, sammelten die Querliche (Zwerge) barfuß und barhäuptig am Gebörne Erze, die sie in den Querlichslöchern verwahrten. Den Menschen gegenüber waren sie meist hilfsbereit und gutmütig, nahmen jedoch schnell etwas übel. Einer alten Frau aus Garsitz, die einen verwundeten Querlich nach Hause getragen und sein verletztes Bein gepflegt hatte, halfen sie tüchtig in Haus und Hof. Zum Dank strickte ihnen die Frau Mützchen und Strümpfe. Dieses Geschenk beleidigte die Querliche jedoch, und sie verschwanden auf Nimmerwiedersehen. In dunklen Nächten soll man am Gebörne manchmal noch ein Licht hin- und herschweben sehen. Wie es heißt, kommt es aus einer dreieckigen Laterne, die der letzte Querlich trägt.

Zwergensagen knüpfen häufig an frühgeschichtlichen Siedlungsstätten und Grabhügeln an; die Wurzeln der Zwergenvorstellungen liegen im Totenglauben unserer Vorfahren. Daß Motiv der „Auslohnung“, der ungewollten Vertreibung der Zwerge durch ein Kleidergeschenk, begegnet uns auch in anderen Zwergensagen und hängt mit dem bäuerlichen Brauch, Dienstboten teilweise in Naturalien zu entlohnen, zusammen. Das jährliche Kleidergeschenk bedeutet zugleich die Auflösung des Dienstverhältnisses.

KRANICHFELD (Lkr. Weimarer Land)

„Leckarsch“ am Oberschloß Kranichfeld

Bis zum Jahre 1912 war das Städtchen Kranichfeld geteilt. Ein Teil gehörte zum Großherzogtum Sachsen-

Weimar-Eisenach, der andere zum Herzogtum Sachsen-Meiningen. Beide Teile überragte jeweils eine Burg, das Oberschloß und die Niederburg. Das Oberschloß liegt am Ortsausgang in Richtung Stadtilm; kurz vor der Ilmbrücke führt ein Fußweg hinauf. Der jetzige Bau stammt aus der Zeit um 1530. An der Südwestecke des Oberschlosses findet der Besucher einen Erker, der von einem Stein getragen wird, auf dem sich das Bild des „Leckarsch" von Kranichfeld befindet. Es handelt sich um die Plastik eines Mannes, der in unnatürlich verkrümmter Haltung dem Beschauer seinen Allerwertesten zuwendet und zwischen den Beinen hindurchsieht. Derartige architektonische Zierden, sogenannte Drôlerien, waren in früheren Jahrhunderten nicht unüblich. Da die Darstellung jedoch aus dem Rahmen fällt, beschäftigt sich die Sage damit:

Als einer der Burgherren starb, erbten seine beiden Söhne Wolfer und Ludger Burg und Herrschaft. Beide waren von unterschiedlicher Natur. Wolfer, der Älteste, war ein rücksichtsloser und habgieriger Bursche, Ludger hingegen still und freundlich. Der Hader um das gemeinsame Erbe blieb nicht aus, und schließlich einigten sie sich, die Herrschaft zu teilen. Wolfer verstand es, durch Betrug in den Besitz des brüderlichen Anteils zu kommen. Mit höhnischen Worten wies er seinen Bruder aus der Burg. In der letzten Nacht in den Mauern seiner Väter erschien Ludger der Geist der Ahnfrau der Käfernburger. Sie schenkte ihm einen kostbaren Ring, der von Generation zu Generation immer demjenigen übergeben wurde, der das Geschlecht fortführte. Dann wies sie auf einen Felsen am gegenüberliegenden Ufer der Ilm. Dort leuchtete geisterhaft ein aus Nebel geformtes Schloß. Ehe sich der junge Mann versah, war die Erscheinung verschwunden. Anderntags ritt er in die Welt hinaus. Von der Turmzinne rief ihm sein Bruder spottende Worte nach. Ludger antwortete: „So wahr ich den Ring unserer Ahnen am Finger trage, so wahr werde ich dereinst deiner Burg gegenüber ein neues Schloß für mich bauen!" Spöttisch entgegnete Wolfer: „Ich will verflucht sein und mich im eigenen Arsche lecken, wenn du das jemals schaffst!" Die Zeit verging. Wolfer war in viele Händel verwickelt und geriet schließlich für etliche Jahre in Gefangenschaft. Ludger tat ritterlichen Dienst und wurde mit Ehren und Schätzen bedacht. Gemeinsam mit einer schönen Frau kam er eines Tages nach Kranichfeld zurück. Bald machte er sich an die Arbeit und ließ dort, wo es ihm seine Ahnfrau geraten hatte, eine Burg erbauen. Als diese fast fertig war, kam Wolfer aus der Gefangenschaft. Er bestieg den Turm der Oberburg, um die lange vermißte Landschaft anzusehen. Da fiel ihm am jenseitigen Ufer der Ilm die Burg seines Bruders in die Augen. Er gedachte seines Fluches und stürzte sich verzweifelt von der Zinne in die Tiefe. Ludger war nun alleiniger Besitzer der Herrschaft und ließ zum Andenken an das Geschehene die Figur anfertigen und unterhalb des Erkers anbringen.

Niederburg

Die Niederburg wurde in ihrer heutigen Form im Jahre 1906 auf den Mauern eines mittelalterlichen Baues errichtet. Diese 1233 urkundlich erwähnte Veste hatte in der Schleußenburg einen Vorgänger. Man erreicht die Niederburg vom Weg an der St.-Michaelis-Kirche aus. Sehenswert ist der sogenannte Planhof, eine frühmittelalterliche Befestigungsanlage mit einer 700 m langen Mauer, die sich der Burg südöstlich anschließt. Am östlichen Teil dieser Mauer fällt auf, daß die Steinschichten nicht waagerecht verlaufen, sondern stark abfallen, als wäre die Mauer von oben eingedrückt worden. Darum rankt sich eine sagenartige Erzählung, eine typische Teufelswette:
Als einer der Schloßherren der Niederburg eine Schloßkapelle errichten lassen wollte, versuchte der Teufel, ihm das auszureden. „Ehe du mit dem Häuschen fertig bist, habe ich dir eine wehrhafte Mauer gebaut“, meinte er. Die Rede ging hin und her, schließlich einigten sich die beiden, daß der Schloßherr augenblicklich den Bau der Kapelle einstellen werde, wenn der Teufel den Mauerring geschlossen habe. Schon nach kurzer Zeit konnte jeder sehen, daß der Teufel unheimlich schnell vorankam. In seiner Hast verdarb er es aber mit den Erdmännlein, die den riesigen germanischen Opferstein auf dem Ruhmberg bewachen mußten. Der Teufel scherte sich nicht darum und riß den Riesenbrocken an sich, um ihn in das Fundament der Mauerecke an der Ilm einzusetzen. Zornig beschlossen die Erdmännlein, sich dafür zu rächen, indem sie sein Werk störten und das des Burgherrn nach Kräften förderten. Der Bau der Kapelle ging nun wesentlich schneller vonstatten. Dennoch hätte der Böse triumphiert, wenn die kleinen Geister nicht das Fundament mit dem Opferstein so untergraben hätten, daß der Stein in die Erde versank und die Mauern einstürzte. Bis der Teufel alles in wieder Ordnung gebracht hatte, war die Kapelle fertiggestellt. Als der Höllenfürst die Baustelle verließ, schlug er mit der Faust zor-

nig auf die Mauer des Planhofes. An der Ostseite kann man diese Stelle an den merkwürdig verlaufenden Steinschichten noch heute erkennen.

Der Planhof trägt auch den Namen „Judendorf" oder „Judenstadt", und es wird darüber folgende Sage erzählt. Auf dem Planhof hat man früher häufig die Spuren ehemaliger Häuser gefunden, und an der Mauer befanden sich rötlich gefärbte Steine, die auf einen Brand hindeuteten. Es heißt, daß hier in alter Zeit im Schutz der Burg viele Häuser gestanden haben, die von Juden bewohnt wurden. Während der Judenprogrome im Mittelalter hätten sie jedoch das traurige Los ihrer Glaubensbrüder teilen müssen. Anschließend habe man das Stadtviertel der Israeliten abgerissen, weil es damals als unschicklich galt, in deren Häusern zu wohnen.

→ Neustadt am Harz; → Nordhausen, Judenturm

KYFFHÄUSER (Kyffhäuserkreis)

Obwohl das Kyffhäusergebirge das kleinste unter den Thüringer Gebirgen ist, übertrifft sein Reichtum an Sagen und anderen Überlieferungen alle übrigen Bergzüge. Einige der sagenumwobenen Orte des Kyffhäusers kann man mit dem Auto entlang der B 85 zwischen *Bad Frankenhausen* und *Kelbra* erreichen. Über *Rathsfeld* führt die Strecke zur *Burgruine Kyffhausen,* zum *Kyffhäuserdenkmal* und schließlich zur *Rothenburg*. Weit eindrucksvoller ist es jedoch, das kleine Gebirge in Nord-Süd-Richtung zu Fuß zu überqueren. Man gelangt von der einstigen Kaiserpfalz in *Tilleda* in 50 Min. zur Burgruine Kyffhausen und dem Denkmal. Von hier kann man in etwa 2 Std. über Rathsfeld zu den Karsthängen an der Südflanke wandern, wo sich die 1865 von Bergleuten entdeckte *Barbarossahöhle* befindet. Das gesamte Kyffhäusergebiet mit seinen vielen Naturschönheiten und historischen Sehenswürdigkeiten ist durch ein Netz gut beschilderter Wanderwege erschlossen.

Weithin sichtbar ragt das Kyffhäusergebirge über dem sonst recht flachen Harzvorland empor. Auf Grund dieser Lage gab es hier in vorchristlicher Zeit zahlreiche Kult- und Opferplätze. So fanden Archäologen im Eschentälchen bei Bad Frankenhausen eine Kultstätte, in der von der frühen Bronzezeit bis in die La-Tène-Zeit den vorchristlichen Göttern Tier- und Menschenopfer gebracht wurden. Bestimmte Erinnerungen an die alten Götter lebten vielfach in der Volksüberlieferung weiter. So hielt sich in einer Wetterregel, die sich auf die Wolkenbildung über dem Kyffhäuser bezieht, lange der Name des germanischen Gottes Wotan:

„Steht der Wode ohne Hut,
bleibt das Wetter schön und gut;
ist er mit dem Hut zu sehn,
wird das Wetter nicht bestehn."

Nachdem Wotan, der auch als Herr über das Totenreich galt, im Zuge der Christianisierung zusammen mit der Göttin Freia in die Tiefe der Berge verbannt worden war, nahm seine Rolle der im Kyffhäuser schlafende Kaiser Friedrich Barbarossa ein. Auch die dem Wotan heiligen Raben gingen auf Barbarossa über. Aus der alten Wetterregel wurde dann: „Steht Kaiser Friedrich ohne Hut ..." An die Sagengestalt des schlafenden Kaisers knüpfte das von vielem Unrecht geknechtete Volk des Mittelalter beinahe endzeitliche Hoffnungen. In ihr vereinigen sich die Erinnerungen an den Staufenkaiser Barbarossa (Friedrich I. 1121–1190), den letzten Staufenkaiser Friedrich II. (1194–1250), König Otto I. (912–973) und Kaiser Otto II. (955–983).

Der schlafende Kaiser im Kyffhäuser, von zwei Raben umflogen. Holzstich, um 1880

Die Barbarossasage, die seit dem ausgehenden Mittelalter in ungezählten Versionen auch schriftlich überliefert ist, berichtet: Auf einem Kreuzzug in das Heilige Land war Kaiser Friedrich im Flusse Saleph in Kleinasien ertrunken. Doch das Volk wollte diese Kunde über seinen geliebten Kaiser nicht glauben und vermutete, daß er noch lebe und sich im Kyffhäuser verborgen halte. Mit seinem Hofgesinde harrt er nun im Felsenschloß des Tages, an dem ihn das Volk als Retter aus schlimmer Gefahr benötigt. Bis dahin sitzt er, vor sich hindämmernd, an einem steinernen Tisch. Sein Bart ist schon durch die Tischplatte gewachsen und reicht bereits zweimal um diese herum. Zu gewissen Zeiten gestattet er einem Sterblichen, ihn zu besuchen. Er fragt ihn zum Geschehen auf der Erde und ob die Raben immer noch den Kyffhäuser umfliegen. Wenn sein Bart zum dritten Male um den Tisch herum reicht, ist seine Zeit gekommen, und er wird wieder erscheinen. Dann hängt er seinen Schild an einen dürren Birnbaum am Rathsfeld, der darauf als Zeichen der Hoffnung wieder ergrünen wird. Die Überlieferung nennt auch andere Aufenthaltsorte Barbarossas, so den Untersberg bei Salzburg oder den Trifels bei Annweiler in der Pfalz. An der B 85 im Ort *Rathsfeld* erinnert ein später gepflanzter Birnbaum an diese Sagenepisode.
Viele wollen auch wissen, wie der Kaiser in den Kyffhäuser gekommen ist: Nachdem der Papst den Bannfluch über ihm ausgesprochen hatte, durfte er keine Kirche und keine Kapelle mehr betreten. Kein Priester las ihm die Messe, und allen, die mit ihm waren, erging es ebenso. Der edle Herrscher wollte seine getreuen Anhänger jedoch nicht einer solchen Gefahr für Leib und Seele aussetzen. Darum legte er kurz vor Beginn der Osterzeit ein kostbares Gewand an, nahm ein Fläschchen mit duftendem Wasser zu sich und ritt mit einem nur geringen Gefolge in den Wald. Dort steckte er einen zauberkräftigen Ring an, drehte ihn und verschwand vor den Augen seiner Freunde auf immer.

Burg Kyffhausen und Kyffhäuserdenkmal
Daß der Kyffhäuser in besonderer Weise mit den Kaisergestalten des Mittelalters in Zusammenhang gebracht wird, dürfte auch daher rühren, daß hier um 1100 eine bedeutende Reichsburg entstand. Burg Kyffhausen auf dem strategisch günstige Bergsporn, der schon seit der jüngeren Steinzeit befestigte Anlagen trug, war während der Regierungszeit Kaiser Heinrich V. (1106–1125) zu einem wichtigen Macht-

zentrum geworden. Nach ihrer Zerstörung 1118 begann ihr Wiederaufbau, der vor allem in der Regierungszeit Friedrich I. Barbarossas (1152–1190) erfolgte. Kyffhausen war die größte deutschen Burg des Hochmittelalters. Mit dem Erstarken der Territorialgewalten und der Schwächung des Königtums verlor Burg Kyffhausen in der Folgezeit ihre einstige Bedeutung. Schon zu Beginn des 15. Jh. als „wüstes sloß" bezeichnet, beherrschte die gewaltige Ruine dann für Jahrhunderte die Anhöhe; im Volksglauben versank sie allmählich in den Berg. Noch heute vermitteln der mächtige Turmstumpf („Barbarossaturm") der Oberburg sowie die freigelegten Ruinen der Unterburg einen imposanten Eindruck von dieser mittelalterlichen Burganlage. Nähere Informationen bietet das kleine Burgmuseum.

Seit 1896 steht im Gelände der Oberburg das riesige Kyffhäuserdenkmal aus rotem Sandstein (81 m) mit dem Reiterstandbild Kaiser Wilhelms I. (1797–1888), für dessen Errichtung große Teile der mittelalterlichen Burg geopfert wurden. Der „alte Barbarossa" sitzt in einem als Felsen erkenntlichen Rundbogen; darüber ragt das monumentale Standbild Wilhelm I. empor. Der sagenumwobene „Rotbart" mußte hier als Ahnherr des „Weißbart" (Wilhelm I.) herhalten.

Nachfolgende Sagen, die nur einen Bruchteil der Überlieferungen um den Kyffhäuser und Kaiser Friedrich Barbarossa darstellen, sollen einen Eindruck von deren mythologischer Vielfalt geben. Wenn vom „Kyffhäuser" die Rede ist, kann dabei sowohl die Burgruine Kyffhausen wie auch das Kyffhäusergebirge gemeint sein. Im Sprachgebrauch ist beides eng verwoben.

Ein Schäfer, der seine Herde auf dem Kyffhäuser weidete, blies einst ein fröhliches Stücklein auf seiner Sackpfeife. Dann rief er beherzt: „Kaiser Friedrich, das sei dir geschenkt!" Da öffnete sich der Berg, der Rotbart trat hervor und lud den Mann ein, ihm zu folgen. Tief ging er in den Berg hinein bis zu einer eisernen Tür. Die sprang von allein auf und gab den Weg in einen großen Saal frei. Viele Ritter und Dienstleute grüßten ehrerbietig ihren Herrscher. Barbarossa fragte den Schäfer, was er zum Lohn für sein Spiel begehre, doch der Mann winkte bescheiden ab. Der Kaiser gab ihm einen Fuß von seinem goldenen Handfaß und entließ ihn freundlich in die Oberwelt. Anderntags hat der Hirte das Geschenk zu einem Juwelier nach Frankenhausen gebracht und viel Geld dafür erhalten.

Nicht ganz so glücklich war ein Schweinehirt, der seine Herde öfter am Kyffhäuserberg weidete. Jeden Mittag verschwand eine Sau und fand sich erst wieder ein, wenn die Herde zurückgetrieben wurde. Der Bursche band ihr eines Tages den Anfang eines Garnknäuels an das Hinterbein und ließ dieses abrollen. Dann ging er dem Faden nach und kam an die Öffnung einer Höhle, kroch hinein und fand das Tier schließlich in einem Stall voller schwarzer Pferde wieder. Als er sich noch darüber wunderte, erschien ein Burgfräulein, führte ihn zu einem Tisch und bewirtete ihn. Nach einiger Zeit bedankte er sich und wandte sich zum Gehen. Als er wieder den freien Himmel über sich hatte, war seine Herde verschwunden und alles schien ihm merkwürdig verändert. In Tilleda mußte er sich zurechtfragen, und die Leute betrachteten ihn verwundert. Erst jetzt bemerkte er, daß ihm ein langer, weißer Bart über den Gürtel wallte. Er ging zum Pfarrer, um sich Rat zu holen. Der schlug in den Kirchenbüchern nach und fand die Eintragung, daß vor genau hundert Jahren der Hütebube eines Sauhirten am Kyffhäuser verschwunden sei und keiner ihn je wieder gesehen habe.

Auf den ehemaligen Bergbau im Kyffhäusergebiet bezieht sich die folgende Sage: Ein frommer Bergmann ging am dritten Ostertag auf die Höhe des Kyffhäusers. In der Nähe des alten Turmes sah er einen Mönch mit langem Bart sitzen, der in einem alten Buch las. Als der Bergmann nahte, schloß er das Buch und lud ihn ein, mit zum Kaiser Friedrich zu kommen. Er führte den Bergmann zu einem von Mauern umschlossenen Platz, wo er mit einem Stab um beide einen Kreis zog und aus dem Buch einen unverständlichen Text las. Daraufhin senkte sich die Erde und sie gelangten in ein unterirdisches Gewölbe. Durch einen langen Gang kamen sie zu einem hohen Tor aus Erz. Der Mönch berührte es mit einer Springwurzel, und die Pforte gab den Weg frei zu einer kostbar ausgestatteten Kapelle. Der Führer öffnete eine silbernen Tür, und der Bergmann sah in einer festlich geschmückten Halle den Kaiser sitzen. Dann schloß sich die Tür wieder, der Mönch führte seinen Gast zurück. Zum Abschied schenkte er dem Bergmann zwei Stangen eines ihm unbekannten Metalls und verschwand. Der Bergmann hielt das Geschenk in Ehren, und viele Generationen lang blieb es im Besitz der Familie.

Musikanten, die zu einer Hochzeit aufgespielt hatten, führte ihr nächtlicher Heimweg über den Kyffhäuser. Auf der Höhe schlug der eine vor, dem Kaiser ein Ständchen zu bringen. Als die Musik verklungen war, kam eine junge Dienerin, bedankte sich im Namen ihres Herrn und schenkte jedem einen Pferdeschädel.

Zwei der Burschen warfen das merkwürdige Geschenk in die Büsche. Der dritte nahm es mit nach Hause und legte es unter das Kopfkissen seiner Frau; am Morgen fand diese statt dessen einen großen Goldklumpen.
Zu den Sagengestalten am Kyffhäuser zählt auch Frau Holle, die sich vermutlich von der Göttin Freia herleitet: Ein Schäfer, der am Kyffhäuser seine Herde austrieb, erlebte des öfteren, daß er seinen Weg bei Regen antrat, auf der Höhe des Berges aber strahlenden Sonnenschein vorfand. An einem Tage sah er dort oben sogar eine altmodisch gekleidete Frau, die Flachsknotten zum Trocknen ausgebreitet hatte, und erbat sich einige davon zum Beweis des Treffens. Er möge nur zugreifen, meinte sie freundlich. Auf dem Heimwege wurden seine Taschen immer schwerer, und als er sie zu Hause leerte, hatten sich die Knotten in Gold verwandelt.
Daß der schlafende Kaiser im Kyffhäuser schon früh als nationales Symbol galt, belegen die folgenden Sagen: Zur Zeit Napoleons I. ließ ein wagemutiger französischer Marschall, der vom Spuk in dem verwunschenen Schloß gehört hatte, auf dem Kyffhäuser sein Feldbett aufschlagen, um hier zu übernachten. Um Mitternacht sandte Kaiser Friedrich Frau Holle hinauf, die dem Marschall sagte, er möge Napoleon warnen, nicht nach Rußland zu ziehen, denn von da werde er nur in Schmach wiederkehren. Auch solle Napoleon Deutschland räumen, denn Kaiser Friedrich dulde nicht, daß sein Volk den Franzosen untertänig sei. Der Marschall eilte am folgenden Morgen nach Halle, wo sich Napoleon aufhielt, und meldete ihm alles. Sämtliche Generale und Soldaten baten Napoleon daraufhin, nicht nach Rußland zu ziehen. Doch der lachte sie nur aus, was er hat büßen müssen.
An Napoleons Todestag waren zwei Männer in den Ruinen des Kyffhäusers beschäftigt. Plötzlich erblickten sie eine untersetzte Gestalt, in einen grauen Mantel gehüllt und mit einem Dreispitz auf dem Kopf, durch ein bis dahin nicht sichtbares Tor in der Tiefe des Berges verschwinden. Einen kurzen Augenblick sahen die Männer ein bleiches Gesicht – es war der Geist Napoleons. Kurze Zeit darauf erscholl aus der Tiefe gewaltiges Getöse, der Berg erzitterte, und ein Teil der Burgkapelle stürzte zusammen. Seit dieser Zeit meinten die Leute, Rotbart sei erlöst und statt seiner sei Napoleons Geist in den Kyffhäuser verbannt.

Barbarossahöhle
Zur höhlenreichen Karstlandschaft an der Südflanke des Kyffhäusergebirges gehört auch die sogenannte

Barbarossahöhle. Sie befindet sich 6 km von *Bad Frankenhausen* entfernt, unterhalb der Ruine der Falkenburg. Nachdem die ausgedehnte Gipshöhle 1865 von Bergleuten entdeckt und für Besucher zugänglich gemacht worden war, bürgerte sich in Anlehnung an die Sage vom „Schlafenden Kaiser im Berg" rasch der Name „Barbarossahöhle" ein, obwohl es weder zur Sage noch zum historischen Barbarossa direkte Bezüge gibt. Nicht anders ist es mit „Tisch und Stuhl des Barbarossa", die damals, als das Kyffhäuserdenkmal entstand, in der Höhle als Touristenattraktionen gebaut wurden und noch heute von vielen Besuchern bestaunt werden.
Die Sagen, die von den Karsthöhlen überliefert sind, erzählen nicht vom „schlafenden Kaiser", sondern von lichtscheuem Gesindel, das in den Höhlen oft Unterschlupf gesucht haben soll. In einer der Höhlen am Kyffhäuser hatte sich lange Zeit Räuber Loth mit vierundzwanzig Spießgesellen festgesetzt. Schließlich gelang es, der Bande und ihres Hauptmanns habhaft zu werden. In *Sondershausen* kam er in einen eisernen Käfig. Dort betreute ihn ein alter, gutmütiger Wärter, der alles tat, um dem Räuber die Haft zu erleichtern. Vor seiner Hinrichtung sagte Loth zu ihm: „Geh auf die Rothenburg und stell dich unter den mittelsten Lindenbaum. Da wird dir ein Maßholder (Feldahorn) in die Augen fallen. Darunter grabe nach, und du wirst ein Loch finden, in dem ich meine Schätze verborgen habe." Nach des Räubers Tod erinnerte sich der Wärter an den Schatz. Statt aber still der Sache nachzugehen, vertraute er sich einem Freund an, dem es unter Hinweis auf die Gefahren einer Schatzsuche gelang, den Wärter von seinem Vorhaben abzuhalten und den Schatz selbst zu heben. Dieser soll aus neunundneunzigtausend Talern sowie ungemünztem Gold und viel Schmuck bestanden haben.

Püsterich von der Rothenburg

Am nördlichsten Zipfel des Kyffhäusergebirges, oberhalb von *Kelbra*, ragt die Ruine der Rothenburg empor. Sie ist vom Kyffhäuserdenkmal aus in einer guten Stunde Fußwanderung zu erreichen. Die Burganlage wurde um 1100 durch den Grafen Christian von Rodenburg erbaut und war eine der Wirkungsstätten des Minnesängers Christian von Luppin. Bis 1576 war die Burg bewohnt, dann begann sie zu verfallen. Der im 16. Jh. auf der Rothenburg gefundene sogenannte „Püsterich", der heute im Schloßmuseum Sondershausen zu sehen ist, stellt Kunst- und Kulturhistoriker noch

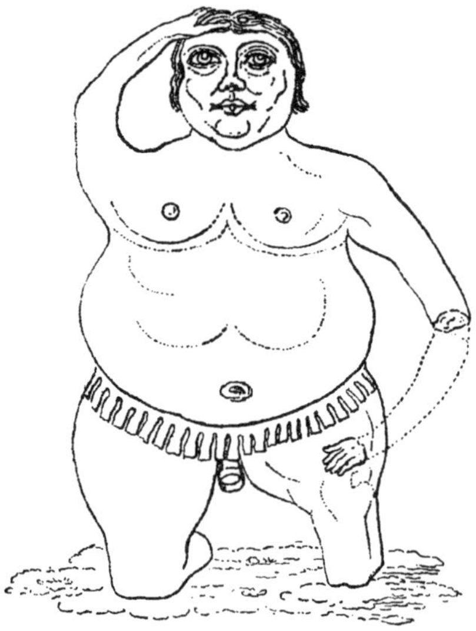

Der Püsterich

immer vor Rätsel. Es handelt sich um eine Figur aus Bronze, die etwa 1 m hoch ist. Sie erinnert an einen dicklichen Knaben mit aufgeblasenen Backen und gespitzten Lippen. Man hielt die Figur lange Zeit für einen „heidnischen Götzen“; inzwischen wird in Erwägung gezogen, daß es sich um eine von mehreren Tragefiguren eines romanischen Taufbeckens handeln könnte.
Mehrere Sagen handeln von merkwürdigen Experimenten mit dem Püsterich: Vor langer Zeit gingen Schatzgräber im Auftrag des Junkers von Tütgerode in den Ruinen der Rothenburg auf die Suche nach Kostbarkeiten. In einem Gewölbe stießen sie auf ein merkwürdiges Gebilde, das einem Menschen mit dikkem Bauch und zum Blasen gespitzten Lippen glich. Die Männer brachten ihrem Auftraggeber diesen Fund. Man hielt die metallene Figur für ein heidnisches Götzenbild und es wurden allerlei Experimente vollführt, um herauszufinden, was es damit für eine Bewandtnis haben könnte. Einmal füllte man den hohlen Leib der Figur mit Wasser, verschloß ihren Mund mit einem Pfropfen und setzten sie auf glühende Kohlen. Da trieb der sich entwickelnde Dampf den Pflock mit einem gewaltigen Knall heraus und versetzte alle in Angst und Schrecken. Als der Püsterich später im Schloß zu Sondershausen aufbewahrt wurde, nahmen zwei Bedienstete ihn einmal heimlich in Betrieb. Wie es heißt, wäre dabei um ein Haar das ganze Schloß abgebrannt.

Langenorla (Saale-Orla-Kreis)

Weißer Born

An der Straße von Langenorla nach *Freienorla*, etwa einen halben Kilometer nach der Schimmersburg, entspringt in einem Graben am rechten Straßenrand eine Quelle. Sie wird im Volksmund „Wisser Born" genannt und gilt als unheimlicher Ort; dabei spielt der alte Volksglauben, daß die Geister nicht oder nicht richtig begrabener Toter „umgehen" müssen, eine Rolle. Wie die Sage berichtet, waren einst durch anhaltende Trockenheit sämtliche Bäche und Flüsse der Umgebung ausgetrocknet, nur der Weiße Born sprudelte noch. Aber die kleine Quelle reichte nicht aus, um aller Durst zu stillen. So kam es zu erbitterten Kämpfen um das Wasser. Bald lagen viele Erschlagene und Verdurstete an der Quelle und niemand fand sich, die Toten zu begraben.
Seit dieser Zeit ist es am Weißen Born nicht geheuer, denn die Geister der Toten rächen sich. Nächtliche Wanderer haben hier oft hinter sich Hufgetrappel gehört, konnten jedoch kein Pferd entdecken. In bestimmten Nächten kommen Zwerge, die den Vorübergehenden auf die Schultern springen und blaue Flecke hinterlassen, die nie wieder verschwinden. Mitunter soll es auch so sein, als wenn einem jemand an den Fersen hinge.
Einmal kamen Musikanten in der Nacht vom Tanz aus Langenorla und wollten am Weißen Born trinken. Da griff eine unbekannte Hand nach der Baßgeige und spielte auf ihr. Kutschern ist es nachts an diesem Ort mehrfach passiert, daß sich ihre Pferde trotz Peitschenhieben nicht mehr von der Stelle bewegen wollten. Statt dessen bäumten sie sich auf und schnaubten wild. Erst als es von der Kirche in Langenorla läutete und der zwölfte Glockenschlag verklungen war, jagten die Pferde auf und davon.

Lauchröden (Wartburgkreis)

Burgruine Brandenburg

Vom Ort gelangt man in 15 Min. zu dem auf einem langgestreckten Bergrücken gelegenen Ruinenfeld. Es handelt sich um eine im 12./13. Jh. entstandene Doppelburg, die aus zwei eng beieinanderliegenden, doch selbständigen Burgen besteht. Als erster Besitzer wird ein Graf Wicger genannt, der das Amt eines Burgvogtes der Wartburg ausübte. Seit dem 30jährigen Krieg verfiel die Burg, und die Volksphantasie hat die Ruine

zur Wohnstatt eines weißen Fräuleins werden lassen. Die Tochter eines Brandenburger Ritters, die ebenso schön wie stolz war und alle Freier schroff abgewiesen hatte, wurde dazu verdammt, nach ihrem Tode ruhelos umzugehen. Sie läßt sich seither im Mondschein wie auch am hellen Tage in dem Gemäuer sehen und wartet auf einen Freier. Immer ist sie beschäftigt, trocknet Flachsknotten oder spinnt. Manchem, der ihr begegnete, hat sie eine Handvoll Knotten geschenkt, die sich in reines Gold verwandelt haben. Mehrfach wurden Liebespaare, denen es an Aussteuer fehlte, reich von ihr beschenkt.
Ein Tischler, der nach Eisenach unterwegs war, erlebte an der Burgruine eine andere Erscheinung. Er sah vor sich eine Kutsche rollen und sprang hinten auf, um ein Stück mitzufahren. Doch kaum hatten sie den Burggraben erreicht, wurde er von einem heftigen Stoß zu Boden geschleudert. Erschrocken sah er, daß sowohl dem Kutscher wie den Pferden die Köpfe fehlten. Die Geisterkutsche rollte immer schneller zur Werra hinunter und verschwand am Göringer Stein, wo sie auch andere Leute gesehen haben wollen.
→ Bad Salzungen, Husenkirche; → Wasungen

Lengenfeld unterm Stein (Unstrut-Hainich-Kreis)

Burgruine Bischofstein
Auf einem beschilderten Weg gelangt man von Lengenfeld in 30 Min. hinauf zur Burgruine Bischofstein. Am Ortsrand kommt man am 1774 errichteten Schloß Bischofstein vorbei, zu dessen Bau die Steine der Burgruine verwendet worden sind. Die Zerstörung der einstigen Burg hat das Volk mit einem brutalen, räuberischen Burgvogt und dem rächenden „Fräuwechen von England“ in Verbindung gebracht.
Ein Adeliger aus England zog vor langer Zeit mit seinem Diener durch das Eichsfeld. Bei dem Ort *Flinsberg* überraschte die Reisenden ein Unwetter. Das Haus des Küsters bot ihnen Unterschlupf; hier beging man gerade eine Kindstaufe, und die Fremden fanden an der Festtafel Platz. Auch der Vogt vom Bischofstein war zu Gast. Mit geübtem Blick erkannte er, daß bei den Engländern Geld zu holen war. Anderntags legte er sich mit einigen Spießgesellen unweit von *Ascherode* auf die Lauer. Sie erschlugen den Fremden, plünderten ihn aus und warfen seinen Leichnam in einen Brunnen. Der Diener aber konnte entkommen und eilte in seine Heimat zurück.

Auf seinen Bericht hin faßte die Ehefrau des ermordeten Engländers den Entschluß, ihren Gatten zu rächen. Sie legte eine durch einen Zauber gefeite Rüstung an, sammelte eine Schar getreuer Ritter und ließ sich von ihrem treuen Diener ins Eichsfeld führen. Als ihre Ankunft bekannt wurde, nannten sie die Leute das „Fräuwechen von Engeland". Der Diener hatte allerdings den Namen des Ortes vergessen, bei dem der Mord geschehen war, und wußte nur noch, daß er auf „rode" endete. In ihrem maßlosen Zorn ließ die Frau alle Dörfer, deren Namen auf „rode" endete, verwüsten. Als sie schließlich erfuhr, wer die Mörder ihres Mannes waren, belagerte sie den Bischofstein. So viele Kugeln die in der Burg Eingeschlossenen auch auf die Frau abschossen, keine durchschlug die Rüstung. Der Burgvogt, selbst in Schwarzkünsten bewandert, goß sich daraufhin eine besondere Kugel aus Silber. Mit dieser traf er das „Fräuwechen von Engeland" mitten ins Herz. Vor Wut und Schmerz über den Tod der verehrten Anführerin stürmten ihre Getreuen die Burg, so daß sich die Verteidiger geschlagen geben mußten. Keiner von ihnen kam mit dem Leben davon. Dann rissen die Angreifer das Räubernest nieder und begruben den Leichnam ihrer Herrin. Das Grabdenkmal, das sie darauf setzten, wurde später „Die Frauenruhe" genannt. Ein Teil dieses Steines ist in der Lengenfelder Kirchhofsmauer zu sehen.
Die Gestalt des „Fräuwechens von Engeland" weist Ähnlichkeiten mit der ebenso legendären englischen Königin Reinswig (Reinsweig) auf, die in die Gegend von Eisenach kam, um die Seele ihres verstorbenen Mannes aus dem Fegefeuer im Hörselberg zu erlösen. Hier vermutet man den Nachklang der Missionsarbeit iro-schottischer Nonnen, die im Gefolge des Bonifatius gemeinsam mit dessen Schwester Walburga nach Thüringen kamen. Historisch ist das „Fräuwechen" nach dem uns vorliegenden Material nicht zu fassen.
→ Hörselberg

LOBENSTEIN (Saale-Orla-Kreis)

Alter Turm
Das Stadtbild von Lobenstein wird vom Alten Turm beherrscht, dem Bergfried einer aus dem 13. Jh. stammenden Burg. Bis zum Jahre 1601 war die Feste eine Residenz der Herren von Reuß. Sie wurde gegen Ende des 30jährigen Krieges zerstört. 1620–1623 befand sich auf der Burg eine Münzstätte. Heute gehört der 30 m hohe Alte Turm zum Regionalmuseum Loben-

stein, das sich unterhalb des Burggeländes befindet. Von der Zerstörung der Burg berichtet die Sage folgendes: Nach langer Belagerung durch die Schweden mußte sich die Besatzung schließlich der Übermacht ergeben. Vor der Übergabe vergrub man einen großen Schatz an Gold- und Silbermünzen, damit er den Feinden nicht in die Hände fiele. Da dies in der Nacht geschehen war und man den Ort nicht gekennzeichnet hatte, wußte am Ende niemand mehr, wo die Münzen verborgen lagen. Die Schweden gruben wochenlang nach dem Schatz und zerstörten dabei große Teile der Burg, wurden jedoch nicht fündig. Nach ihrem Abzug ging die Schatzsuche weiter – aber umsonst. Wie es heißt, soll alle hundert Jahre ein auserwählter Lobensteiner im Traum den Schatzort sehen. Gefunden hat ihn aber noch keiner.

LUMPZIG (Lkr. Altenburg)

Höckhübel

Der Hügel mit dem mächtigen Lindenbaum, 2 km südlich des Dorfes an der Landstraße gelegen, ist kaum zu übersehen. In der Umgebung ist er unter verschiedenen Namen bekannt; neben Höckhübel ist auch die Bezeichnung Hohkübel geläufig, mundartlich „Heegibbel“. Es handelt sich um ein Hügelgrab aus der Zeit der Schnurkeramik; die Erhebung von 4 m Höhe ist also vor ca. 4000 Jahre von Menschenhand geschaffen worden. Weitere Hügelgräber sind im nahegelegenen Prehnaer Holz zu finden. Im 11. Jh. diente der Höckhübel, auf dem damals ein hölzerner Turm stand, als Wachhügel.

Nach einer Sage ist der Höckhübel ein Aufenthaltsort von „Froo Hoole“. Die vor allem aus dem Märchen der Gebrüder Grimm bekannte mythische Gestalt der Frau Holle zieht nach dem Volksglauben in den heiligen Nächten zwischen Weihnachten und dem Dreikönigstag mit ihrem Gefolge umher, lobt die Fleißigen und straft die Faulen. In der Sage vom Höckhübel zeigt sich ihr freundliches Wesen: wen Not und Sorgen bedrücken, kann in der siebenten von den zwölf heiligen Nächten am Höckhübel bei Frau Holle Rat holen.

Eine 1928 aufgezeichnete Erzählung überliefert Geschehnisse, die sich um 1800 ereignet haben sollen und möglicherweise mit Raubgräbereien am Höckhübel in Beziehung stehen: Damals wußte niemand, wem der eigentümliche Hügel gehört. Ein Gutsbesitzer, der hier einige Äcker besaß, wollte den Hügel abtragen lassen, um sein Land zu vergrößern. Nachdem

ein Teil der Erde abgefahren war, starb ihm eine Kuh und bald darauf die nächste. Da erschien ihm im Traum ein kleines graues Männchen und sprach: „Wenn du mir meinen Berg nicht wieder aufbaust, verderbe ich deinen ganzen Viehbestand“. Also mußte er den Höckhübel wie früher aufschütten lassen. Danach gesundeten seine Kühe. Zur Erinnerung ließ der Gutsbesitzer die Linde auf dem Hügel pflanzen.
→ Hörselberg

MANEBACH (Ilm-Kreis)

Großer Hermannstein
Am nordwestlichen Hang des Kickelhahns, über dem Manebacher Tal, erhebt sich ein gewaltiger Porphyrfelsblock, der Große Hermannstein, im Volksmund auch Hammerstein genannt. Vom Ort führt ein beschilderter Wanderweg (Goethe-Wanderweg) über den Aussichtspunkt Helenenruhe in ca. 1 Std. hinauf. Oberhalb des Hermannsteins führte eine Paßstraße durch das Manebacher Tal von Ilmenau nach Frauenwald. Die Burg, für deren Besiedlung urkundliche Belege zwischen 1362 und 1394 vorhanden sind, sicherte diese Straße. Noch im 17. Jh. wurde in Manebach ein Ortsteil „Hermannstein“ genannt. Archäologische Grabungen förderten auf einem ca. dreißig Meter hohen Plateau eine Schutzanlage des 14. Jh. zu Tage, die aus einem Turm und mehreren Wohngebäuden bestand. Sicher ist, daß die Burg erobert und geschleift wurde.
Ein Ritter namens Hermann baute der Sage nach die Burg zum Raubnest aus und brachte die Kaufleute, die im Tal unterwegs waren, um Hab und Gut. Das trieben die Ritter so toll, daß endlich der Bischof von Erfurt die Burg belagern und zerstören ließ. In Manebach erzählte man sich noch lange, daß es dort oben nicht geheuer sei. Räuber würden dort hausen, und Holzhauer, die im Walde arbeiteten, wurden nicht selten durch gräßliche Geräusche erschreckt.

MARTINFELD (Lkr. Eichsfeld)

Klüschen Hagis
Das Klüschen Hagis (lies: Klüs-chen = kleine Klause), eine barocke Wallfahrtskapelle, liegt zwischen Martinfeld und *Wachstedt* am Fuße der Burg Gleichenstein. Die Kapelle im stillen Waldtal ist ein bekannter Wallfahrtsort und birgt ein mittelalterliches Vesperbild. Die wichtigste Wallfahrt findet am ersten Sonn-

tag im Juli statt, der deshalb bei den Bewohnern der näheren Umgebung „Klüschentag“ heißt. Dem am Klüschen entspringenden „Klüschenborn“ hat man früher wunderbare Heilkraft zugeschrieben. Ein Stück des Wegs zur Burg Gleichenstein entspringt eine weitere Quelle, „Eselsborn“ genannt, weil hier das Wasser für die Burg geschöpft und auf Eseln bergauf gebracht wurde.
Die Legende beschäftigt sich mit einer in der Kapelle aufgestellten Heiligenfigur: Nach Einzug der Reformation in Mühlhausen war eines Tages das aus Holz geschnitzte Marienbildnis aus der dortigen Kirche zu St. Marien verschwunden. Alles Suchen blieb erfolglos. Nach einiger Zeit fand es ein Schäfer nahe dem Gleichenstein in einem Waldtal. Er brachte es nach Wachstedt und stellte es in der Kirche auf. Am anderen Morgen lag es wieder dort, wo der Schäfer es tags zuvor gefunden hatte. Das wiederholte sich dreimal. Darin erkannten die Menschen der Umgebung den Fingerzeig der Mutter Gottes. Sie erbauten an der Fundstelle eine Kapelle für das Marienbild und nannten diese Klause im Hag dementsprechend „Klüschen Hagis“. Hier handelt es sich um eine charakteristische Wanderlegende, wie sie auch von anderen sakralen Kunstwerken erzählt wird: das Bild selbst bestimmt den Ort, an dem es aufgestellt sein will.

MEININGEN (Lkr. Schmalkalden-Meiningen)

Stadtkirche
Mit ihren beiden 50 m hohen Türmen war die – ursprünglich Marienkirche genannte – Stadtkirche neben dem Rathaus das wichtigste Gebäude der mittelalterlichen Stadt. Die in ihren Fundamenten romanische Kirche wurde in den Jahren 1884–1889 im neugotischen Stil umgebaut. Am nordöstlichen Strebepfeiler des Chores kann man in einiger Höhe den sog. „Kreuzpfennig“ sehen, ein altes Wahrzeichen Meiningens, bei dem es sich um ein aus romanischer Zeit stammendes Monogramm des Bischofs Bruno von Würzburg handelt.
Als in dieser Kirche die erste evangelische Predigt gehalten wurde, soll folgendes passiert sein: Inmitten der Predigt rief plötzlich eine laute Stimme „Feuer! Feuer! Feuer zur Gans!“ Die Menschen rannten nach draußen zur Herberge „Zur Gans“, doch dort brannte es nicht. So kehrten sie in die Kirche zurück und der Pfarrer ermahnte sie, sich nicht von so einem Teufelsgespenst narren zu lassen. Der Teufel wolle sie nur aus seinem

Die Stadtkirche in Meiningen vor dem Umbau von 1884

bisher innegehabten Haus vertreiben. Doch kaum hatte der Pfarrer seine Predigt fortgesetzt, erschallte der Feuerruf von neuem und wieder rannten alle nach draußen. Auch diesmal kamen sie zurück, ohne ein Feuer entdeckt zu haben, und der Pfarrer ermahnte sie nochmals, sich nicht um den Teufel zu kümmern. Diesmal nahmen sie sich den Rat zu Herzen und der Teufel mußte schließlich einsehen, daß er nichts ausrichten konnte. Wütend fuhr er in ein altes Weib, das wegen ihrer Besessenheit eingesperrt werden mußte und erst nach einigen Tagen wieder zu sich kam.

Dreißigacker

In dem Ort, der heute im südwestlichen Stadtgebiet von Meinigen liegt, ließ Herzog Ernst Ludwig von Meiningen 1710 ein Jagdschloß erbauen. 1801 wurde darin ein Forstinstitut eingerichtet; von 1803–1843 wurde es als Forstakademie genutzt. Bevor das Schloß Dreißigacker entstand, soll an dieser Stelle der Scharfrichter gelebt haben, um in der Nähe der Richtstätte zu wohnen. Als er einmal einem armen Sünder den Kopf abgeschlagen hatte, ist der Geköpfte der Sage nach wieder aufgesprungen und noch über dreißig Äcker gelaufen, bis er tot zusammenbrach. Von diesem Ereignis soll das später entstandene Dorf seinen Namen erhalten haben.

Schloß Landsberg

Das Schloß liegt etwa 4 km nordwestlich der Stadt auf einem Bergkegel über dem linken Ufer der Werra und ist über die nach *Walldorf* führende Straße zu erreichen. Im Mittelalter stand hier Burg Landswehre, die den Zugang nach Meiningen und Franken sicherte. Im Jahr 1525 wurde die Burg von den Bauern eingenommen und stark beschädigt. Die Steine der Burg wurden zum Schloßbau in Meiningen benutzt. 1685 sprengte man den Bergfried, von dem heute noch Reste zu sehen sind. Das Schloß wurde von 1836–1840 im Auftrag von Herzog Bernhard II. im neugotischen Stil erbaut. Von der Burg heißt es, daß einst ein Kammerherr auf der Jagd in ihre Nähe gekommen sei und dort auf einem Felsen einen goldenen Schlüssel und eine Blume gesehen habe. Er nahm beides an sich, und plötzlich öffnete sich der Felsen. Verborgene Schätze der Burg wurden sichtbar, und obwohl ihm alles unheimlich war, beschloß er, sich genauer umzusehen. Als er hineingehen wollte, näherte sich jedoch die Jagdgesellschaft, und man rief seinen Namen. Er steckte sich die Blume an den Hut und eilte zu seinen Leuten. Kaum war er bei diesen angekommen, erzählte er von seinem Erlebnis. Man fragte ihn nach dem goldenen Schlüssel und wollte auch die Blume sehen. Als er sie von seinem Hut nehmen wollte, war sie verschwunden. Die Schätze der Burg konnte er nun nicht mehr heben.

→ Reinsfeld, Reinsberge

Burgruine Habichtsburg

Vom Schloß Elisabethenburg im Meiniger Stadtzentrum führt ein ca. 4 km langer, ausgeschilderter Wanderweg zur Habichtsburg. Die Burg gehörte im Hochmittelalter zu den Sicherungsanlagen der Straßen westlich und nördlich von Meiningen. Aufgrund von zahlreichen Streitigkeiten zwischen den Grafen von Henneberg, der Abtei Fulda und dem Hochstift Würzburg entstanden mehrere Burganlagen, um die jeweiligen Herrschaftsgebiete abzusichern. Dazu gehörten neben der Habichtsburg noch Burg Maienluft bei *Wasungen*, Burg Landswehre (das heutige Schloß Landsberg) und eine befestigte Anlage mit einem Turm in *Walldorf*, von der noch ein Rest im dortigen Kirchturm erhalten ist. Von der Habichtsburg aus sind Burg Maienluft und die Walldorfer Wehrkirche bei gutem Wetter zu sehen. Außerhalb der gesicherten Burganlage war ein Brunnen in den Felsen getrieben worden, der noch heute erhalten ist. Nachdem in Deutschland um die Mitte des 14. Jh. Feuerwaffen aufgekommen waren, wurde die nicht mehr genug Schutz bietende Habichtsburg aufgegeben.

Von der Habichtsburg wird erzählt, daß sie einst Raubrittern als Sitz diente. Dicht unter der Burg verlief eine Straße, die von Kaufleuten auf dem Weg nach Franken benutzt wurde. Immer wieder plünderten die räuberischen Burgherren die Fuhrleute aus und schleppten reiche Beute davon. Edeldenkende Ritter beschlossen, diesem Treiben ein Ende zu machen und erdachten eine List. Sie versteckten sich in großen Weinfässern und ließen sich von einem Fuhrmann zur Burg fahren. Als sie am Fuße der Habichtsburg angekommen waren, überfielen die Habichtsburger Raubritter den Fuhrmann, erschlugen ihn und brachten den Wagen in die Burg. Nach dem Überfall feierten die Räuber und betranken sich. Als sie eingeschlafen waren, stiegen die Ritter aus den Fässern, erschlugen die Räuber und zerstörten ihre Burg. Seither, sagt man, liegt die Habichtsburg in Trümmern, und die Vorbeiwandernden können ungestört ihres Weges ziehen.
→ Rödelwitz

MEUSEBACH (Saale-Holzland-Kreis)

Franzosenkreuz
Etwa 6 km südlich von *Stadtroda* zweigt von der nach *Neustadt a. d. Orla* führenden Straße eine Nebenstraße nach Meusebach ab. Die einsame Lage des im Nebental des Rotehofbachtals gelegenen Walddorfes spielt in mehreren Sagen eine Rolle. Eine dieser Überlieferungen bezieht sich auf das sogenannte Franzosenkreuz. Es steht an dem vom Dorf zur Köhlerei führenden Weg, ca. 200 m oberhalb des Ortes. Bei diesem alten Steinkreuz, auf dem ein Kreuzzeichen dargestellt ist, handelt es sich um ein mittelalterliches Sühnekreuz. Wie in vielen ähnlichen Fällen auch, ist die Erinnerung an den tatsächlichen Anlaß seiner Errichtung im Laufe der Jahrhunderte verloren gegangen, und die Volksphantasie hat es mit Ereignissen aus jüngerer Zeit in Verbindung gebracht.
Als während der Napoleonischen Kriege die Gegend häufig von französischen Truppen geplündert wurde, blieb Meusebach lange Zeit unentdeckt und von Plünderungen verschont. Das war der versteckten Lage des Ortes zu verdanken; zusätzlich hatten die Meusebacher die kleine Zufahrtsstraße mit gefällten Bäumen und Gestrüpp unkenntlich gemacht. Einer der feindlichen Soldaten durchschaute jedoch die List und gelangte bis in das Dorf, wo ihn die Meusebacher erschlugen und seine Leiche im Wald verscharrten. Später errichtete man auf dem Grab des französischen

Soldaten ein Steinkreuz. An dieser Stelle soll noch heute der Geist des Erschlagenen umgehen und die Vorübergehenden durch lautes Stöhnen erschrecken.
→ Altenburg, Wetterkreuz Zschernitzsch

Der Meusebacher Spatzenbann
Meusebach gilt, wie das Ortsschild verkündet, als „Dorf ohne Spatzen“. Daß die sonst fast überall anzutreffenden Sperlinge hier tatsächlich seit Menschengedenken nicht vorkommen, weiß die Sage folgendermaßen zu deuten:
In Meusebach, das einst ein reiches Dorf mit großen Getreidefeldern, fruchtbaren Weinbergen und ausgedehnten Obstgärten gewesen sein soll, lebte ein Schulze namens Leonhard. Dessen Sohn ging in die Fremde; wohlhabend geworden, kehrte er Jahre später zurück und brachte als besonderes Geschenk zwei Sperlinge mit. Anfangs hatten die Leute ihre Freude an den munteren Vögeln, doch bald vermehrten sie sich stark, und die Spatzenscharen verheerten Felder und Gärten. Als die Not am größten war, kam ein Jägerbursche ins Dorf, der in allerlei Zauberkünsten bewandert war, und er versprach, den Meusebachern zu helfen. Er kaufte zwei Wagen Fichtensamen und einen Wagen Bucheckern und besäte damit unter zahlreichen Bannsprüchen die Felder. Da sproß überall Wald empor, und die Spatzen verschwanden. Es heißt, daß sie so viele Jahre fortbleiben werden, wie der Jägerbursche Samenkörner in die Erde gebracht hat.

MÜHLBERG (Lkr. Gotha)

Mühlburg (Drei Gleichen)
Vom Ort kann man über eine Treppe (10 Min.) oder den bequemeren Wanderweg (20 Min.) zur Burg gelangen. Bereits im Jahre 704 als „Castello Mulenberge“ urkundlich erwähnt, gilt sie als älteste mittelalterliche Burg Thüringens. Reste der Radegundiskapelle im Burggelände erinnern an die heilige Radegunde. Die 520 geborene Königstochter soll als erste Thüringerin zum Christentum übergetreten sein. Gustav Freytag hat die Mühlburg als „Nest der Zaunkönige“ in seinem gleichnamigen Roman literarisch verewigt.
Nach einer Sage soll die Burg im Jahre 319 von einem Ritter namens Hogerlin aus dem Königsgeschlecht der Thüringer gegründet worden sein. Weil am Fuß des Berges ein Müller sein Handwerk betrieb, erhielt sie den Namen Mühlburg.

Von einer merkwürdigen Fehde mit der benachbarten Burg Gleichen wird Folgendes erzählt: Eine Witwe derer von Hellbach, die als Burgmannen auf der Mühlburg saßen, hatte einen mißratenen Sohn, den wegen seiner üblen Streiche alle zum Teufel wünschten, selbst seine eigene Mutter. Mit deren Erlaubnis setzte man ihn auf der benachbarten Burg Gleichen hinter Schloß und Riegel. Als dort ein Brand ausbrach, vergaß man ihn, und er wurde ein Opfer der Flammen. Sogleich wendete sich das Blatt. Mit großem Wehgeschrei beklagte die Hellbachsche Witwe nun den Sohn und schilderte seine Tugenden in den hellsten Farben. Wenn nicht mit Gold, so müsse man ihr den Sohn wenigstens mit Silber aufwiegen. Darüber kam es zwischen der Mühlburg und Burg Gleichen zu heftiger Feindschaft, und man schlug sich gegenseitig die Schädel blutig. Nach langen, verlustreichen Kämpfen einigte man sich schließlich darauf, daß der Graf von Gleichen den Mühlbergern als Sühne für den verlorenen Sohn jedes Jahr einen Ochsen geben sollte. Die Fehde war damit beigelegt, der Spott hing den beiden Familien aber noch lange an.
→ Gebesee, Tretenburg

Spring-Quelle
Bei der seit Jahrhunderten bekannten, vielbesuchten Sehenswürdigkeit inmitten des Ortes handelt es sich um eine stark fließende kalkhaltige Quelle mit deutlich wechselnder Quellschüttung. Sie speiste früher zusammen mit anderen Quellen einen See, der sich zwischen der Mühlburg und Burg Gleichen befand und später verlandete. Die Quelle friert im Winter auch bei stärkstem Frost nicht zu. Als Wunderquelle galt der Spring aber vor allem deshalb, weil man dem An- und Abschwellen des Quellflusses besondere Bedeutung zumaß. Es heißt, daß der Spring mit den Tagen des Jahres regelmäßig zu- und abnehme. Immer dann, wenn dem Dorf ein Unglück bevorstehe, würde er stocken. In seiner Tiefe soll eine schöne Nixe wohnen, die abends manchmal heraufsteigt und singend ihr Haar kämmt.
→ Bad Salzungen, Burgsee; → Weimar, Ilm

MÜHLHAUSEN (Unstrut-Hainich-Kreis)

Drei Rebhühner an der Marienkirche
Mühlhausen wurde im Jahre 1180 Freie Reichsstadt, und die Vielzahl der zum Teil kostbar ausgestatteten Kirchen belegt, daß es ein Mittelpunkt kirchlichen Le-

Thomas Müntzer. Kupferstich

bens und eine reiche Handelsstadt an der Reichsstraße von Nürnberg und Augsburg nach Bremen und Hamburg war. Im Bauernkrieg 1525 lag hier das Hauptquartier Thomas Müntzers, der nach der Niederlage bei Mühlhausen enthauptet wurde. Unter den 15 Kirchen der Stadt nimmt die zwischen Holzstraße und Herrenstraße gelegene gotische Marienkirche aus dem 14. Jh. durch Lage, Größe und kostbare Ausgestaltung eine besondere Stellung ein. Sie ist nach dem Dom zu Erfurt die zweitgrößte gotische Hallenkirche Thüringens. Müntzer wirkte hier als Pfarrer. Darum richtete man zur DDR-Zeit in ihr eine Thomas-Müntzer-Gedenkstätte ein.

Erbaut wurde das Gotteshaus von Deutschordensrittern an der Stelle einer Vorgängerkirche. Probleme bei der Fertigstellung bilden den historischen Hintergrund folgender Sage: Die am Bau der Marienkirche beschäftigten Bauleute frühstückten im Gasthof zum Goldenen Löwen. Einige blickten mißmutig vor sich hin und meinten, der Bau werde niemals fertig. Andere lachten sie aus und riefen: „Wir möchten wetten, daß die Kirche bald fix und fertig dastehen wird!" Das vernahm die Wirtin in der Küche. Da die Mißmutigen zu ihren besten Gästen zählten, wollte sie ihnen recht geben und entgegnete: „So wenig, wie die Rebhühner, die ich hier in der Pfanne habe, wieder lebendig werden können, so wenig wird die Marienkirche fertig!" Kaum hatte sie den Herd verlassen, flogen die drei Vögel durch das offene Fenster hinauf auf das Dach des

umstrittenen Gotteshauses. Die Bauleute lachten. Ein Spaßvogel unter ihnen fertigte die Bildnisse der drei Rebhühner aus Stein und brachte sie oben an, sehr zum Ärger der Wirtin, denn täglich erinnerte sie der Anblick der Federtiere an ihre unüberlegten Worte.
Die steinernen Rebhühner, die sich an der südöstlichen Seite des Kirchendaches befinden, sind Gegenstand weiterer Sagen. Daran wird deutlich, wie ein bestimmtes Motiv im Laufe der Zeit abgewandelt wird und so im Kern gleiche, in der Aussage jedoch stark voneinander abweichende Sagen entstehen.
Als Luthers Ideen in Thüringen bekannt wurden, stritten die Brüder im Barfüßerkloster zu Mühlhausen darüber, ob sie auch in den Mauern ihrer Stadt Anhänger finden würden. Der Bruder Küchenmeister rief: „So wenig die drei Rebhühner, die ich draußen in der Küche brate, davonfliegen können, so wenig wird diese ketzerische Lehre in unserer frommen Stadt Einzug halten!" Da vernahmen die Mönche in der Küche ein verdächtiges Geräusch. Sie sahen nach und konnten eben noch wahrnehmen, wie die drei Rebhühner zum Dache der Marienkirche schwirrten.
Eine dritte Version erzählt von zwei prozessierenden Bürgern. Als der eine durch die Prozeßkosten verarmt war, nutzte sein Gegner das aus und bestach den Anwalt, der zu seinem verzweifelten Mandanten sagte: „Ihr werdet den Prozeß ebensowenig gewinnen, wie diese drei Rebhühner hier in der Schüssel wieder lebendig werden können." Augenblicklich erhoben sich die Vögel und flogen auf das Dach der Marienkirche. Der ungetreue Anwalt erkannte in diesem Zeichen den mahnenden Finger Gottes und verfocht nun die Sache des Armen so gut, daß dieser voll zu seinem Recht kam und wieder wohlhabend wurde. Zum Dank und zur Mahnung ließ er die drei Vögel in Stein hauen.

Mupperg (Lkr. Sonneberg)

Kirche, Friedhof

Mupperg wird bereits 1071 als Siedlung mit dem Namen „Muggiberg" erwähnt. Aus dieser Zeit stammt eine Kapelle, die in der Mitte des 15. Jh. abgereissen und durch eine im Laufe der Zeit mehrmals umgebaute Kirche ersetzt wurde. Teile der Wehrmauer, die Kirche und Friedhof umgaben, sind bis heute erhalten.
Wie viele alte Friedhöfe galt auch der in Mupperg früher als Spukort. Bei einer Lichtstube (gemeinsames Spinnen) in einem nahegelegenen Bauernhaus wurde erzählt, daß dort zur Geisterstunde Ächzen, Stöhnen

und das Geklapper von Knochen zu hören seien, weshalb ängstliche Gemüter ihn mieden. Eine Magd wollte ihren Mut zeigen und ging um Mitternacht auf den Friedhof, um eine Gabel in ein Holzkreuz zu stecken. Als sie wieder gehen wollte, fühlte sie sich am Rock festgehalten und wurde vor Schreck ohnmächtig. Die in der Lichtstube Wartenden suchten sie schließlich mit einer Laterne und sahen, daß ihre Schürze mit der Gabel am Kreuz festgeklemmt war. Nach einiger Zeit kam die Magd wieder zu sich, brauchte aber lange, um sich von diesem Schreck zu erholen.
→ Gräfenroda; → Niederdorla, Historischer Friedhof

NEIDENBERGA (Lkr. Saalfeld-Rudolstadt)

Steinkreuznest

Die Gegend der Oberen Saale mit der Hohenwarte- und der Bleilochtalsperre („Thüringer Meer"), fasziniert bis heute durch ihre Abgeschiedenheit – trotz Camping und Wassersport. Über den steilen Ufern des Flusses liegen verstreut kleine Dörfer, deren Bewohner bis Mitte des 19. Jh. ihre wichtigsten Einkünfte aus Landwirtschaft, Langholzflößerei und bisweilen Bergbau erzielten. Folgt man dem Hauptwanderweg vom Pumpspeicherwerk Hohenwarte über die Sperrmauer zur Lothramühle, trifft man nach kurzem Aufstieg am Ortseingang Neidenbergas auf ein aus drei Kreuzen bestehendes „Steinkreuznest". Der mittlere Stein ist noch gut erhalten und trägt in einer Kreisfläche ein gleichmäßiges Malteserkreuz mit einem Kerbkreuz. Eine solche Häufung von Sühnekreuzen, die nach mittelalterlicher Rechtsprechung u. a. bei Totschlag gesetzt werden mußten, findet sich in Thüringen vergleichsweise selten. Das Neidenbergaer Steinkreuznest wird mit zwei lokalen Besonderheiten – dem seltsamen Ortsnamen und dem Schloß – in einer Sage verknüpft:

Vor vielen Jahrhunderten kehrten drei Ordensritter vom Kreuzzug ins Heilige Land an die Ufer der Saale zurück. Die drei waren Brüder und gerieten über die Frage, wer künftig Herr auf der väterlichen Burg sein sollte, in Streit. Zwei von ihnen wurden im Schwertkampf getötet und fanden an Ort und Stelle ihr Grab. Von Reue geplagt verfügte der Überlebende später, daß er als Zeichen der Versöhnung nach seinem Tode zwischen seinen Brüdern begraben werden wollte. „Hüte sich jedermann vor dem Neid, der mich bei unserer Rückkehr sagen ließ: Wer soll der Herr sein auf der Niedenburg", lautete sein Vermächtnis.

Von seinem Neid sollen der Name des Schlosses und des Dorfes Neidenberga abgeleitet sein. Sprachforscher vermuten in dem 1510 erstmals als Neythpergk belegten Ortsnamen indes einen ritterlichen Trutznamen, dessen Verbindung mit „Neid-“ auch in anderen deutschen Landschaften belegt ist.

NEUENGÖNNA (Saale-Holzland-Kreis)

Schnitzaltar in der Dorfkirche

In der kleinen Dorfkirche von Neuengönna, nördlich von Jena gelegen, steht ein wertvoller Schnitzaltar, der mehr als 450 Jahre alt ist. Eine Sage um diesen Altar berichtet von der Schlacht bei Jena, die am 14. Oktober 1806 in unmittelbarer Nähe des Ortes tobte und bei der die Truppen Napoleons das preußisch-sächsische Heer vernichtend schlugen.
Nach ihrem Sieg plünderten die Franzosen die umliegenden Dörfer und suchten auch die Kirche von Neuengönna heim. Sie schleppten den kostbaren Altar aus dem Gotteshaus und luden ihn auf einen Wagen, der von zwei Pferden gezogen wurde. Als die Soldaten anfahren wollten, bekamen die Pferde den Wagen nicht vom Fleck. Weitere Pferde wurden dazugespannt, erst zwei, dann vier und schließlich sechs. Aber umsonst. Erst als die Franzosen ihre Beute wieder abgeladen und zurück in die Kirche gebracht hatten, ließ sich der Wagen in Bewegung setzen. Zwei Pferde zogen ihn ohne Schwierigkeit davon.

NEUHAUS-SCHIERSCHNITZ (Lkr. Sonneberg)

Kirche

Eines der ältesten Baudenkmäler des Ortes ist die Dreifaltigkeitskirche. Über ihrem Südportal ist eine Wappentafel angebracht, nach deren Inschrift der Bau im Jahr 1593 fertiggestellt wurde. Vom Bau der Kirche wird erzählt, daß die Gemahlin des Ritters Hans Friedrich von Gottsmann in der Abwesenheit ihres Mannes aus dem Ertrag ihrer Güter eine Kirche bauen lassen wollte. Als Bauplatz hatte sie sich den gegenüberliegenden Abhang des Straußberges ausgesucht, auf den sie von ihrem Schloß aus einen schönen Blick hatte. Als die meisten Bausteine schon am Bauplatz lagen, kamen einige Neuhauser Bürger und Bauern auf das Schloß und baten darum, die neue Kirche an den südlichen Abhang des Schloßberges und somit in den Schutz der Burg zu stellen. Der Schloßherrin kam dieser Wunsch recht ungelegen, doch sie wollte den

Neuhausern ihren Wunsch nicht einfach abschlagen. So stellte sie folgende Bedingung: Wenn es den Neuhausern gelänge, das ganze Baumaterial in einer Nacht an den von ihnen gewünschten Bauplatz zu schaffen, so solle die Kirche unterhalb der Burg gebaut werden. In der nächsten Nacht machten sich die Einwohner ans Werk und es gelang ihnen tatsächlich, das ganze Baumaterial an den Fuß des Schloßberges zu bringen. Magdalene von Gottsmann mußte ihr Versprechen einlösen, so daß die Kirche heute am Schloßberg steht. In der Kirche soll ein Schatz versteckt sein, den bisher noch niemand heben konnte. Angeblich gibt es dort auch einen unterirdischen Gang, der vom Schloß zur Kirche und von dort ins Dorf führt. In diesem Gang, dessen Zugänge niemand mehr kennt, sollen wertvolle Heiligtümer der Kirche versteckt sein, die man vor den plündernden Truppen im 30jährigen Krieg schützen wollte.
Die Dreifaltigkeitskirche ist an der Nordseite bis in Höhe der ersten Empore in den Fels gebaut. Möglicherweise war die jetzige Sakristei ursprünglich ein Rundturm der alten Burg. Äußerlich blieb die Kirche seit ihrer Erbauung unverändert. Weder der große Stadtbrand 1622 noch der 30jährige Krieg hat sie in Mitleidenschaft gezogen.
→ Riethnordhausen

Neustadt am Harz (Lkr. Nordhausen)

Burgruine Hohnstein
Das Städtchen Neustadt am Harz erfreut den Besucher zum einen durch die reizvolle landschaftliche Lage, zum anderen durch die Burg Hohnstein, die auf dem am Ortsrand bis zu 410 m Höhe aufragenden Burgberg liegt. Sie gehört zu den am besten erhaltenen Ruinen des Harzes. Ihre Abmessungen betragen von Ost nach West 140 m und von Süd nach Nord 68 m. Erbaut wurde sie vermutlich um 1110–1120 durch Graf Konrad von Sangerhausen. Bereits 1125 ist er als Graf von Hohnstein bekannt. Nach seinem Tod fiel die Burg an seine Nichte, die mit Graf Ilger von Ilfeld verheiratet war. Dieser bezog die Burg, nannte sich seitdem Graf von Hohnstein und begründete eines der bedeutendsten und mächtigsten Harzgrafengeschlechter.
Die folgende Sage um Graf Otto von Hohnstein bezieht sich auf eine Judenverfolgung, die im 14. Jh. stattfand, nachdem die Pest in Nordhausen schrecklich gewütet hatte. Das Volk machte für dieses Massensterben die Juden verantwortlich. Wie man erzähl-

te, hatte sich der Graf von Hohnstein in Nordhausen in ein schönes Mädchen jüdischen Glaubens verliebt. Seine Freunde und Verwandten setzten ihm solange zu, bis er seine Besuche bei ihr einstellte. Als er eines Nachts durch den Wald ritt, traf er auf zwei flüchtende Frauen. Zu seinem Schrecken erkannte er seine Geliebte mit ihrer Dienerin. Sie waren aus Nordhausen geflohen und nur knapp ihren Verfolgern entkommen. Der junge Graf verbarg die beiden erschöpften Frauen vorerst bei einem Wildhüter im tiefen Wald. Einige Wochen später war er plötzlich verschwunden. Seine Familie ließ ihn überall suchen, doch nirgends fand man eine Spur. Erst viele Jahre später berichtete ein Händler, der aus dem Welschland kam, daß der Vermißte zusammen mit seiner schönen dunkelhaarigen Gemahlin als angesehener Mann in Venedig lebe.
Vom Untergang der Burg ist folgendes überliefert: Im Verlaufe des 30jährigen Krieges besetzte der mit den Kaiserlichen verbündete sächsische Oberst Christian Vitzthum von Eckstädt die Burg Hohnstein. Er war ein harter und geldgieriger Mann, der die Burg nur gegen eine stattliche Summe Gold verschonen wollte. Da der Burgherr diese nicht aufbringen konnte, gab der Oberst mit den Worten „Dann werden wir wohl eine strahlend helle Christnacht bekommen!“ seinen Soldaten den Befehl, in den Wäldern rund um den Hohnstein Reisigwellen anzufertigen und in der Burg aufzuschichten. Am Weihnachtsabend ließ er alles anzünden, und in einer gewaltigen Feuersbrunst, die viele Stunden lang weit ins Land leuchtete, ging die stolze Burg Hohenstein unter.

Als dem Kaiser die Nachricht von dieser Tat zu Ohren kam, befahl er zornig, Christian Vitzthum möge den Schaden auf eigene Kosten schleunigst wieder gutmachen. Der konnte dem Befehl aber nicht mehr ausführen, da er gerade in einem Duell mit dem Kommandanten von Magdeburg gefallen war. Als man im folgenden Frühjahr die Trümmer aufzuräumen begann, fand man unter einem Gewölbebogen der ehemaligen Burgkapelle ein hölzernes Kruzifix. Es war von den Flammen verschont geblieben, als wolle es in Schutt und Asche von der Auferstehung künden.

Nach dem Brand im Jahre 1627 kamen die Glocken der Kapelle von Burg Hohnstein in die Kirche von Neustadt-Osterode; der Altar ist heute in der Kirche von Dietersdorf zu sehen.

→ Ilfeld; → Kranichfeld, Niederburg; → Nordhausen, Judenturm

NEUSTADT/ORLA (Saale-Orla-Kreis)

Krötenstein am Rathaus

Das schönste Bauwerk am Neustädter Markt ist das spätgotische Rathaus mit seinem reich verzierten Erker und dem prächtigen Treppenaufgang. Rechts neben der Freitreppe hängt über der Torfahrt an einer Eisenkette ein sagenumwobener Prangerstein. Er hat die Gestalt eines Brotlaibs, auf dem eine Kröte sitzt. Verurteilte bekamen früher Prangersteine umgehängt, wenn sie – meist wegen Garten- und Felddiebstählen – zur Strafe öffentlich ausgestellt wurden.

Mit dem Neustädter Krötenstein ist folgende Überlieferung verbunden: Ein wohlhabender Neustädter Bürger hatte seinen Kindern Haus und Hof übereignet, wofür sie ihn bis zu seinem Tod ernähren und pflegen

Krötenstein

sollten. Eine Weile ging das gut, doch der alte Vater lebte den Kindern zu lange. Sie vernachlässigten ihn immer mehr und verweigerten ihm schließlich sogar das Brot. Als nun der Mann vor Hunger und Kummer gestorben war, fanden die Kinder im Brotschrank eine große giftige Kröte sitzen, und sooft sie Brot buken und in den Schrank legten, war auch die Kröte da. Zur Warnung für alle undankbaren Kinder ließ deshalb der Neustädter Magistrat einen Brotlaib, auf dem eine Kröte sitzt, aus Stein hauen und am Rathaus aufhängen.

Holzfiguren in der St.-Johannis-Kirche

Den Chorraum der spätgotischen Kirche schmückt seit 1513 ein wertvolles Altarwerk aus der Werkstatt von Lucas Cranach d. Ä. Zwei hölzerne Schnitzfiguren, der hl. Georg mit dem Schwert und der hl. Florian mit dem Zuber, sind Gegenstand der Sage geworden. Die Figuren sollen die Gebrüder Ernst und Haugk, die später das Geschlecht derer von Arnshaugk gründeten, darstellen, die der Stadt einst aus großer Not geholfen haben. Der eine tötete mit seinem Schwert einen gefährlichen Lindwurm, der in Neustadt großes Unheil angerichtet hatte. Der andere löschte eine Feuersbrunst auf wunderbare Weise mit einem Zuber Milch. Nach einer anderen Sage stellt das Bild des hl. Florian Kurfürst Johann den Beständigen dar, der bei einem Aufenthalt in Neustadt im Jahre 1525 mit einem Zuber Milch einen Brand gelöscht haben soll.

NIEDERDORLA (Unstrut-Hainich-Kreis)

Historischer Friedhof

Oberdorla und Niederdorla sind weit über die Grenzen Deutschlands hinaus bekannt wegen der Reste frühgeschichtlicher Besiedelung und eines Moorheiligtums. Teile der Siedlung und des Heiligtums, das einem bäuerlichen Fruchtbarkeitskult diente, wurden im Gelände nachgestaltet. Ein Museum führt in die Geschichte des Moores ein.
Kaum bekannt ist hingegen der Kirchhof von Niederdorla. Er wurde seit dem Mittelalter belegt. Auf dem Gräberfeld östlich der Kirche sind 23 Grabmale von der 2. Hälfte des 18. Jh. bis zum Ende des 19. Jh. erhalten, darunter Arbeiten von hohem künstlerischen Wert. Weniger rücksichtvoll als mit den Grabstätten ging man offenbar mit den Gebeinen um, die beim Ausheben eines neuen Grabes ans Tageslicht kamen und die im Beinhaus gesammelt wurden. Eine Sage er-

zählt von einem Burschen, der aufgrund einer Wette um Mitternacht zum Friedhof ging, um aus dem Beinhaus einen Schädel zu holen. Ein anderer war heimlich vorausgegangen, zog ein weißes Laken über und verbarg sich im Beinhaus. Als der Wagemutige einen der Totenschädel nehmen wollte, wurde er mehrmals durch den Ruf „Das ist mein Kopf!“ gehindert und schlug schließlich erbost mit einem derben Schenkelknochen in die Richtung, aus der die Stimme kam. Er kümmerte sich nicht um das darauffolgende Stöhnen, klemmte sich einen Schädel unter den Arm und eilte zurück zu seinen Freunden. Die fragten besorgt, was aus dem anderen geworden sei. Als die jungen Leute im Beinhause nachsahen, fanden sie den Spötter erschlagen vor.

→ Gräfenroda; → Mupperg

Johanniskirchturm

Auf dem Friedhof von Niederdorla steht die Johanniskirche. Ihr Turm wurde im Jahre 1740 errichtet, nachdem sein Vorgänger während eines Gottesdienstes „über den Haufen fiel“. Der Neubau des Langhauses erfolgte 1769–1772. Über den Bau des Turmes durch den Maurer- und Baumeister Damm wird eine Anekdote überliefert:

Jene Gegend des heutigen Unstrut-Hainich-Kreises, in dem Niederdorla liegt, nennt man „die Vogtei“. In das Regiment über die Vogtei teilten sich einst drei Landesherren: der Kurfürst von Mainz, der Kurfürst von Sachsen und der Landgraf von Hessen, die auch für den Erhalt der Kirche von Niederdorla mitverantwortlich waren. Um Hilfe für die Erneuerung des eingestürtzen Kirchturmes angesprochen, ließen sich die drei Landesherren jedoch überaus viel Zeit. Längst hatten die Niederdorlaer selbst mit dem Bau begonnen, als endlich eine hohe Kommission eintraf. Grollend stieg Damm vom Gerüst, um die notwendigen Auskünfte zu erteilen. Kaum war er wieder heraufgestiegen, wurde er wegen einer Fuhre Steine erneut nach unten gerufen. Der Zorn machte ihn unvorsichtig – und die Untenstehenden sahen plötzlich zu ihrem Schrecken zuerst einen Holzpantoffel, dann den Baumeister durch die Luft fliegen. Glücklicherweise wurde der Sturz durch eine starke Bö, die unter seine Lederschürze fuhr, gemildert, so daß er nur einige Kratzer davontrug. Zum Andenken an diesen Vorfall erhielt Meister Damm den Beinamen „Der Mauersegler“ und lebt so im Andenken der Bevölkerung weiter.

Nöbdenitz (Lkr. Altenburg)

1000jährige Eiche

An der Dorfstraße in der Nähe der Kirche steht ein alter Baumriese, der schon im vorigen Jahrhundert als „1000jährige Eiche“ bezeichnet wurde. Der Baum gilt als eine der mächtigsten Eichen Deutschlands; immerhin beträgt der Umfang des zerklüfteten, hohlen Stammes über dem Boden 12 m und in Mannshöhe noch immer 8,30 m. Diesen Baum wählte sich Hans Wilhelm von Thümmel als Grabstätte und ließ sich 1824 in den Wurzeln des Baumes begraben. Thümmel, der sich u. a. um den Straßenbau, die Landvermessung und die Armenversorgung verdient machte, war seit 1805 Geheimer Rat und Minister in Altenburg. Er war auch schriftstellerisch tätig und gehörte dem Löbichauer Dichterkreis der Anna Dorothea von Kurland an. Seiner romantischen Gesinnung folgend, kaufte er der Pfarrgemeinde die alte Eiche ab, ließ sie als Grabstätte herrichten, in der er nach seinem Tod wunschgemäß beigesetzt wurde. Um diese Grabstätte rankten sich mancherlei Vermutungen. Wie eine Untersuchung im Jahre 1959 ergab, war das Innere des hohlen Stammes ursprünglich als Andachtsraum gestaltet. Im Boden befindet sich unter einer Baumerdeschicht eine gemauerte, mit Steinplatten überdeckte Gruft. Darin liegt der Tote auf dem Sargunterteil, mit dem Kopf in südlicher Richtung.

Nordhausen (Lkr. Nordhausen)

Petrikirchturm

Nordhausen war einst eine der bedeutendsten Städte im Reich und bis 1802 Freie Reichsstadt. Die romanische Frauenkirche, die spätgotische Hallenkirche St. Blasi und der Dom „Zum Heiligen Kreuz“ zählen zu den wichtigsten Zeugnissen der über tausendjährigen Geschichte der Stadt. Von der Petrikirche auf dem Petersberg blieb nach der fast völligen Zerstörung des Stadtkerns im April 1945 nur der Turm übrig. Um diesen Kirchturm, von dem man einen guten Ausblick zur Hainleite, in die Goldenen Aue und in die Harzberge hat, ranken sich zwei Sagen:

Vor langer Zeit reichte der Harzwald bis vor die Tore Nordhausens und war mit wilden Tieren dicht bevölkert. Die Töchter eines reichen Kaufmanns hatten die Stadt für einen Spaziergang verlassen. Beim Blumensuchen verging ihnen die Zeit wie im Fluge. Bald brach die Dämmerung herein, und Wölfe in der Nähe begannen zu heulen. Da die Mädchen den Heimweg nicht mehr fanden, flehten sie in ihrer Not zu Gott, er möge sie schützen und auf den rechten Weg führen. Kaum hatten sie das Gebet gesprochen, als vom Petri-Kirchturm das Abendläuten einsetzte. Sie gingen dem Schall nach und gelangten wohlbehalten vor die Mauern Nordhausens. Daraufhin stiftete der reiche Kaufmann einen Geldbetrag mit der Auflage, daß jeden Abend um acht Uhr die Glocken des Petri-Kirchturmes erklingen sollten, um verirrte Wanderer auf den rechten Weg zu führen. Dieses Läuten wurde viele Generationen lang sehr ernst genommen.

Die zweite Sage ist durch Johann Wolfgang von Goethes Gedicht „Der Totentanz" (1813) bekannt; allerdings erhielt Goethe seine Anregungen nicht aus Nordhausen. Die Forderung, das Eigentum der Toten zu achten, spielt in den Sagen der verschiedensten Regionen eine Rolle: Ein Türmer auf dem Petriturm zu Nordhausen sah eines Nachts, wie sich auf dem Friedhof eine Gruft öffnete und dieser eine bleiche Knochengestalt entstieg. Das Gespenst legte sein Totenhemd ab und lustwandelte zwischen den Gräbern. Der Türmer beschloß, dem Gespenst einen Streich zu spielen. Er schlich sich auf den Friedhof, entwendete das Totenhemd und flüchtete schleunigst wieder in seine hochgelegene Stube. Kurz vor Ende der Geisterstunde mußte der Türmer zu seinem Entsetzen sehen, wie sich der Bestohlene suchend umsah, nach oben blickte und sich dann anschickte, wie eine Spinne den Turm von außen zu erklettern. Im letzten Augenblick griff

Totentanz, aus Schedels „Weltchronik", 1493

der Mann nach dem großen Zeiger der Turmuhr und rückte ihn auf Eins. Als die Uhr die erste Tagesstunde schlug, verließ das Gerippe die Kraft, und es stürzte in den Abgrund.

Judenturm auf dem Petersberg

In Nordhausen lebten um 1935 etwa 450 jüdische Bürger. Sie fielen der Judenverfolgung durch die Nationalsozialisten zum Opfer. In der „Reichskristallnacht" am 9. November 1938 ging die Synagoge in Flammen auf und wurde später vollständig abgerissen. Bereits im Mittelalter hatten die Juden Nordhausens mehrfach unter Verfolgungen zu leiden. Um ihre kollektive Selbstverbrennung vor dem Judenturm, einem Teil der Stadtbefestigung auf dem Petersberg, rankt sich eine Sage:

Eine Judenverbrennung. Holzschnitt aus Schedel, Weltchronik, 1493

Im Jahre 1348 wütete die Pest in Deutschland und machte auch vor den Toren Nordhausens nicht halt. Weil niemand wußte, warum und auf welche Weise sich der Schwarze Tod so schnell ausbreitete, verdächtigte man die Juden, sie hätten ein Pulver, mit dem sie die Brunnen vergifteten. Schließlich wurde die Forderung laut, alle Juden zu vernichten. Da versammelten sich die Ältesten der Juden und berieten mit dem Rabbiner, was zu tun sei. Sie beschlossen, alle gemeinsam in den Tod zu gehen, bevor die Volksmenge sie quälen und ermorden würde. Auf dem Petersberg ließ der Rabbi eine Grube ausheben, mit trockenem Holz füllen und darüber einen Tanzboden zimmern. Anderntags zogen die Juden hierher und betraten das Bretter-

gerüst. Dann warfen Stadtknechte brennende Fackeln in das Holz, die Stadtpfeifer begannen zu spielen. In den auflodernden Flammen faßten sich die Juden an den Händen, beteten, sangen und tanzten in den Tod hinein.
→ Neustadt am Harz; → Kranichfeld, Niederburg

Kohnstein

Wer von Nordhausen aus in Richtung Harz fährt, sieht auf der linken Seite die weiß leuchtenden Felswände eines riesigen Anhydritsteinbruchs. In diesen ist der Kohnstein zwischen *Krimderode* und *Niedersachswerfen* einbezogen. Während des Zweiten Weltkrieges waren in diesem Berg Anlagen zum Bau von V2-Raketen untergebracht, in denen Häftlinge des berüchtigten KZ-Außenlagers Dora arbeiten mußten.
Auf der Höhe des Kohnsteins thronte im Mittelalter die Schnabelsburg, von deren merkwürdigem Schicksal die folgende Sage berichtet: Die Burg gehörte dem Grafen von Hohnstein, der der Stadt Nordhausen manchen Schaden zufügte, wenn er Kaufmannszüge ausplünderte oder Vieh von den Weiden raubte. Mit Gewalt konnten die Bürger Nordhausens nichts ausrichten; so boten sie dem räuberischen Grafen an, die Burg zu kaufen. Im Rathaussaal zu Nordhausen wurde der Kaufvertrag unterzeichnet, wobei der Graf dachte, er werde sich bei Bedarf schon zu helfen wissen. Als er aber Stunden später die Stadt verließ, standen auf dem Kohnstein nur noch Ruinen, denn die Nordhausener hatten die Burg sofort nach Unterzeichnung des Vertrages zerstört. Zornig verbündete sich der adelige Herr mit einigen anderen seines Standes, und mehr als sechs Jahre bekämpfte er die Stadt. Schließlich wurde diese Fehde unerträglich für ganz Thüringen, und der Landgraf schlichtete den Streit. Nordhausen mußte dem Hohnsteiner einen Geldbetrag zahlen, und der Graf verpflichtete sich, den Nordhausenern nie wieder Schaden anzutun.
Wie eine andere Sage berichtet, hatte in den Tiefen des Kohnsteins der Teufel seine Schatzkammer. In Nordhausen war ein Mann so tief in Schulden geraten, daß er keinen anderen Weg mehr wußte, als sich an den Bösen zu wenden. Der versprach ihm auch Hilfe, und in einer stürmischen Nacht trafen sich die beiden auf dem Kohnstein. Der Teufel berührte den Felsen; da öffnete sich eine Höhle, in der es nur so von Gold und Edelsteinen flimmerte. Ganz vorn lag in einer wabernden Lohe ein Buch, in das sich der Mann einschreiben sollte. Als er darin auch die Namen einiger seiner

Gläubiger entdeckte, erbat er sich einen Tag Frist, suchte die Gläubiger auf und sprach sie auf ihren Teufelspakt an. Das entsetzte die Angesprochenen sehr, sie baten den Mann inständig, sie nicht zu verraten und schenkten ihm seine Schulden.

Seeloch in Hochstedt

Ungefähr 1 km südlich von *Hochstedt*, das heute nach Nordhausen eingemeindet ist, liegt das Seeloch, ein mit Wasser gefüllter Erdfall von etwa 15–20 m Tiefe und einem Durchmesser von rund 120 m. Vom Abzweig Hochstedt der B 243 ist das Seeloch in nördlicher Richtung in etwa 500 m zu erreichen. Dieses Naturdenkmal gehört zu einer Kette von Einsturztrichtern entlang des Südharzes, die sich durch Auslaugung des Gesteins gebildet haben. Erdfälle entstehen in kurzer Zeit, wenn der ausgehöhlte Untergrund nicht mehr in der Lage ist, das darüberliegende Erdreich zu tragen. Dadurch hatten sie für den Menschen in früherer Zeit etwas Unheimliches, und es lag nahe, an einen Fluch oder eine Gottesstrafe zu denken:

Wo sich heute die Wasserfläche des Seeloches ausbreitet, befand sich einst eine Pferdeweide. Hier hüteten einige Burschen ihre Rösser. Gegen Mittag packten sie ihr Brot aus und stellten fest, daß einer von ihnen feines Weißbrot bei sich führte, während die anderen derbes schwarzes Brot hatten. Neidisch darüber, daß ihr Kamerad es besser habe als sie, schalten sie ihre Herren, warfen ihr Brot auf die Erde, traten darauf herum und schlugen es mit der Peitsche. Ein hinzukommender alter Mann wollte dem Einhalt gebieten, doch er stieß auf taube Ohren. Da gab er dem, um dessen Brot der Streit entbrannt war, einen Wink, er möge sich davonmachen. Die übrigen tobten weiter, bis sie zu ihrem Entsetzen bemerkten, daß Blut aus dem mißhandelten Brot floß. Gleichzeitig begann die Erde zu beben. Ehe die Burschen sich recht besannen, sanken sie in die Tiefe. Ein Loch entstand, in das von oben Wasser strömte. Keiner von ihnen kehrte zurück. Den mit Wasser gefüllten Erdfall nannten die Leute „Seeloch“. Es heißt, in ihm wüchsen Wasserpflanzen mit Blättern, die der Form nach einem Hufeisen gleichen.
→ Dönges

Oelsen (Saale-Orla-Kreis)

Clythenfelsen und Clythenloch

Ein Feldweg von knapp 1 km führt vom Ort in südlicher Richtung zum Clythenfelsen, einem kahlen,

stark zerklüfteten Zechsteinfelsen. Besteigt man die felsige Anhöhe, entdeckt man dicht unter der Plateaukante eine geschützt liegende, geräumige Höhle, das sogenannte Clythenloch. Keramikfunde belegen, daß Berg und Höhle bereits in der jüngeren Altsteinzeit aufgesucht wurden. Ein Messingschlüssel stammt aus der Völkerwanderungszeit. Aus den Höhlen wurden u. a. Geräte aus Knochen und Feuerstein sowie Skelettreste eines Kindes geborgen.
Es heißt, daß Felsen und Höhle lange Zeit kultischen Handlungen dienten. Noch zu Beginn des 19. Jh. sollen Spuren der alten Kultstätte vorhanden gewesen sein. Im Clythenloch konnte man bis 1827 eine 3 Ellen lange und 2 Ellen dicke Steinplatte sehen, die auf drei kleineren Felsblöcken ruhte. Vor der Höhle war auf einer künstlichen Erhöhung eine ähnliche Platte, zu der drei Stufen führten. Eine Stelle an der Spitze der Felsgruppe über der Höhle nannte man „das goldene ABC". Hier befand sich – in Stein gehauen – eine Art Pult mit aufgeschlagenem Buch, das Spuren von Schriftzeichen getragen haben soll. Davon ist nichts mehr vorhanden. Nach der im Orlagau sehr bekannten Ilsensage, die 1838 von dem in *Ranis* tätigen Diakon Wilhelm Börner aufgezeichnet wurde, leitet sich der Name des Clythenfelsens vom Geschlecht der „Cliden" her, das in ferner Vorzeit hier in einer Burg hauste und die Gegend durch Raubzüge in Angst und Schrekken versetzte.
Nach einer anderen Sage gingen die Oelsener Bauern, wenn sie brauen wollten, zum Clythenloch. „Morgen wollen wir brauen!" riefen sie und sangen ein altes Lied – schon stieg aus dem Boden die Braupfanne mit den Würzkräutern empor. Nach getaner Arbeit mußte die Pfanne zurückgebracht und der vorgeschriebene Pfannenlohn entrichtet werden. Einmal stahl ein Schäfer den Pfannenlohn und verunreinigte die Braupfanne. Daraufhin ist die Pfanne nicht mehr erschienen; der Schäfer starb im Irrsinn, vermachte aber vor seinem Tod all seinen Besitz der Kirche. Zum Gedenken feierte man fortan jährlich ein Schäferfest, bei dem jeder Arme geweihtes Brot oder Brötchen erhielt.
→ Ranis, Ilsenhöhle

Reiterbild an der Kirche
An der Nordwand der Kirche ist ein kleines, stark verwittertes steinernes Reiterbild eingelassen. Die Art der Darstellung erinnert an Ritterbilder, wie sie auf den Münzen und Siegeln der Thüringer Landgrafen im 12. und 13. Jh. zu sehen sind. Der Sage nach handelt es

sich um den hl. Martin. Verschiedene Ortssagen bringen das Reiterbild mit dem Brauch in Beziehung, am Urbanustag (25. Mai) nach dem Gottesdienst geweihte Brötchen an Arme bzw. Kinder zu verteilen. Der, mit dem im Mittelalter im Orlatal weit verbreiteten Weinbau zusammenhängende, Brauch existierte in Oelsen bis in die achtziger Jahre des 19. Jh.
Am Urbanustag war eine Schar Kinder singend durch die Weingärten gezogen und hatte den heiligen Urban, den Patron der Winzer, um gutes Gedeihen der Weines angerufen. Aus Freude über diesen Weinsegen gelobte der Priester Märten aus Krölpa, den Kindern etwas Gutes zu tun. Als bald darauf eine Mißernte Not und Hunger brachte, ließ der Pfarrer Mehl nach Oelsen bringen, aus dem man für die Kinder Brötchen buk. Das wurde zum Brauch an jedem Urbanustag. Die Oelsener bezeugten dem Pfarrer ihre Dankbarkeit, indem sie ihm ein steinernes Bild des heiligen Martin übergaben, auf dem auch drei Brötchen dargestellt waren.
Eine andere Deutung des Reiterbildes ist mit der Sage von der Braupfanne aus dem Clythenloch verbunden. Es heißt, das Bild stelle einen „Schäfer zu Roß" dar, nämlich jenen Schäfer, der erst den Braulohn gestohlen, dann aber aus Reue die geweihten Brötchen zum Urbanustag gestiftet habe.

OPPURG (Saale-Orla-Kreis)

Türkenhof

In der Ortsmitte steht am Orlaufer ein Renaissancebau mit zahlreichen Giebeln, der heute Sitz der Verwaltungsgemeinschaft Oppurg ist. Eine Inschrift über dem Portal gibt Auskunft über die Entstehung des Hauses und die Bezeichnung Türkenhof. Danach wurde dieses Gebäude durch Hans von Brandenstein erbaut, der 16 Jahre in der Türkei geweilt und dort in „Unter-Neapolis", der Neustadt von Konstantinopel, drei Jahre lang im Turm gesessen hatte. Früher soll noch das Wort GALATA in roter Farbe am Giebel gestanden haben, die griechische Bezeichnung für jenes „Neapolis".
Was die Sage über „Hans, den Türken" berichtet, erinnert an die berühmte Überlieferung vom zwiebeweibten Grafen Ernst von Gleichen, die allerdings in der Zeit der Kreuzzüge angesiedelt ist. Der Junker Hans von Brandenstein stand in kaiserlichem Kriegsdienst und war bei der Belagerung der Stadt Ofen in türkische Gefangenschaft geraten. Nach Jahren harter Zwangsarbeit erwarb er sich das Vertrauen der Tür-

ken. Er nahm an mehreren Kriegszügen teil, bis ihm nach 16 Jahren eine vornehme Türkin namens Zuleika (oder Fatma) zur Freiheit verhalf. Mit ihr kehrte er 1545 in die Heimat zurück, wo ihn seine Brüder bereits für tot erklärt und das Erbe unter sich aufgeteilt hatten. Eine neue Erbteilung erfolgte, und Hans der Türke bekam ein großes Bauerngehöft, das er zum Rittersitz ausbaute und mit einem Wallgraben umgab. Mit Einverständnis seiner Gemahlin Helene von Stein und päpstlicher Bewilligung ließ er sich seine Retterin als zweite Ehefrau antrauen. Sein Anwesen wurde schon bald „Türkenhof“ genannt. Es wird auch erzählt, daß er sich zur Erinnerung an seine Haft einen Raum im Erdgeschoß wie seine einstige Kerkerzelle bauen ließ.

→ Wandersleben, Burg Gleichen

ORLAMÜNDE (Saale-Holzland-Kreis)

Kemenate und Kindelsbrunnen

Die Oberstadt von Orlamünde liegt reizvoll auf einem Bergsporn hoch über der Einmündung des Flüßchens Orla in die Saale. Ihre Bezeichnung „Thüringisches Bethlehem“ soll ein Kreuzfahrer geprägt haben, dem Ähnlichkeiten der Lage und Bauart aufgefallen waren. Wahrzeichen des bereits im Jahre 874 erstmals urkundlich genannten Ortes ist die sogenannte Kemenate, ein mächtiger, weithin sichtbarer Wohnturm, der vom Marktplatz aus, an der Kirche vorüber, zu Fuß in wenigen Minuten erreichbar ist. Er wird heute für Ausstellungen und Festlichkeiten genutzt.

Der sechsstöckige kastenförmige Bau ist der letzte Zeuge der einstigen Burganlage Orlamünde. Derartige

Kemenate in Orlamünde und Leuchtenburg

Kemenaten, wie man sie auf verschiedenen Saaleburgen findet, dienten zugleich als Wohnturm, Bergfried und Palas. Die Orlamünder Kemenate übertrifft jedoch an Größe und Wehrhaftigkeit alle ähnlichen Bauten. Sie stammt vermutlich aus der 2. Hälfte des 11. Jh. und geht auf das mächtige Geschlecht der Grafen von Orlamünde zurück.

Diesem Geschlecht wird auch die sagenhafte Weiße Frau von Orlamünde zugerechnet. Eine in zahllosen Varianten überlieferte Sage berichtete folgendes: Eine Gräfin von Orlamünde, die Agnes – nach anderen Überlieferungen Kunigunde oder Katharina – hieß, heiratete ihren Vetter, den Grafen Otto von Orlamünde-Plassenburg. Dieser starb früh, und die junge Witwe verliebte sich in Albrecht von Hohenzollern, den Burggrafen von Nürnberg. Albrecht erwiderte ihre Zuneigung zunächst, wandte sich dann aber von ihr ab – mit der Begründung, daß ihrer Verbindung „vier Augen" im Wege stünden. In der Annahme, Albrecht meine damit ihre Kinder, ließ die Gräfin die beiden Kleinen töten; in anderen Varianten tötet sie die Kinder selbst. Albrecht hatte jedoch in Wirklichkeit seine Eltern gemeint, die sich der Heirat widersetzten. Im Kloster versuchte die Gräfin nun, ihre grausame Tat zu sühnen, konnte aber keine Ruhe finden. Ihr Verbrechen verfolgte sie bis ins Grab. Nach ihrem Tod mußte sie als Weiße Frau ruhelos umherirren und tauchte von Zeit zu Zeit als Künderin drohenden Unheils in verschiedenen Schlössern und Burgen auf.

Die aus vielen Sagen bekannte Gestalt der Weißen Frau hat ihre Wurzeln vermutlich im Glauben an den „lebenden Leichnam" und auch in der die Tatsache, daß Weiß einst als Farbe der Trauer und des Todes galt. Der Sagenstoff der Weißen Frau von Orlamünde, der in Form von Balladen, Volksliedern und Dramen häufig gestaltet wurde, dürfte teilweise auch auf historischen Tatsachen beruhen. So wird die historisch verbürgte Kunigunde von der Leuchtenburg, Gemahlin des Grafen Otto von Orlamünde-Plassenburg, mit der sagenhaften Gräfin von Orlamünde in Zusammenhang gebracht. Diese starb 1382 als Äbtissin des Klosters Himmelsthron bei Nürnberg, wo sich auch ein Grabstein mit ihrem Bild befindet. Allgemein wird die Gräfin von Orlamünde mit jener Weißen Frau gleichgesetzt, die in den Überlieferungen des Geschlechts der Hohenzollern als Todeskünderin eine wichtige Rolle spielt.

Der Orlamünder Burgberg mit seiner Kemenate ist einer von mehreren Örtlichkeiten, an denen die von

Schmerz und Kummer gezeichnete Gräfin von Orlamünde als Weiße Frau nachts gespenstisch langsam umherwandeln soll, als suche sie nach ihren Kindern. Als Ort, an dem die ermordeten Kinder ruhen sollen, wird in Orlamünde der sogenannte Kindelsbrunnen genannt. Das ist eine Zisterne im Burggelände, die zugeschüttet ist.

Altes Rathaus und Lutherbrunnen

Am Haus Markt 44–47, wo ursprünglich das Rathaus stand, erinnert eine Gedenktafel an ein dramatisches und folgenreiches Streitgespräch Martin Luthers mit Orlamünder Bürgern, das am 24. August 1524 stattfand. Seit 1523 war Andreas Bodenstein, genannt Karlstadt, Pfarrer in Orlamünde, und seine radikalen reformatorischen Ansichten fanden hier große Resonanz. Luthers Versuch, die Orlamünder „Schwarmgeister" auf seine Positionen zu bringen, scheiterte, und er wurde nach der Disputation von aufgebrachten Bürgern aus der Stadt verjagt. Daraufhin erteilte der Kurfürst dem Rat von Orlamünde einen scharfen Tadel, und Karlstadt wurde des Landes verwiesen.

Um dieses Ereignis ranken sich verschiedene Sagen. Bei seinem Orlamünder Aufenthalt, so heißt es, wurde Luther beinahe verprügelt und ihm blieb nur die Flucht über einen Misthaufen übrig. Beim Verlassen der Stadt hörte er hinter sich den Teufel schallend lachen. Dieser warf sogar einen Steinbrocken nach ihm, der Luther jedoch keinen Schaden zufügte. In seinem Zorn sprach Luther gegen die unbotmäßige Stadt den Fluch aus, daß ihre Brunnen versiegen sollten und alles Wasser fortan mühsam den steilen Berg hinaufgeschafft werden müsse.

Der sogenannte Lutherbrunnen, eine grottenartige Vertiefung in den Sandsteinfelsen nördlich der Kemenate, galt in der Volksüberlieferung als Beispiel einer solchen versiegten Wasserstelle. Zum Hintergrund der Sage dürfte gehören, daß die Wasserversorgung der Stadt Orlamünde jahrhundertelang besonders schwierig war.

Nach einer anderen Sage verwünschte der Reformator zur Strafe für die Aufsässigkeit der Orlamünder deren Jahrmarkt, weshalb es seitdem während der Markttage immer schlechtes Wetter gebe. Schließlich habe er einigen Orlamünder Frauen, die ihn besonders heftig angegeifert hatten, einen Kropf gewünscht, der ihnen alsbald auch gewachsen sei.

Paska (Saale-Orla-Kreis)

Lasterberg

Geht man von Paska aus in südlicher Richtung zur Saale, bietet sich nach etwa 0,5 km unerwartet eine imposante Aussicht. Am sogenannten Fernblick stürzen die Kulmschieferfelsen des Lasterberges fast senkrecht zu Tal; tief unten windet sich ein Bogen der Saale. Weit geht von hier der Blick über die steilen, bewaldeten Hänge des oberen Saaletals.

Von diesem Felsvorsprung sollen in alter Zeit zum Tode verurteilte Menschen in den Abgrund gestoßen worden sein. Unterhalb des Fernblicks, etwa auf halber Höhe des Bergabhangs, ragen zwei auffällige Felsen vor. Sie heißen Lastersteine, werden aber auch als Lasterbergskirche, Teufelssteine oder Teufelskanzel bezeichnet. Der Sage nach dringen an bestimmten Tagen unheimliche Töne aus dem Berg. Es sind die finsteren Geister dieses Ortes, die ihrem obersten Führer schauerliche Gesänge darbieten. Besonders am Neujahrstag hörten Wanderer mitunter seltsame Orgelklänge, und wer nicht schnell genug den Bannkreis des Teufels verließ, fand ein geheimnisvolles Ende. Ein Jäger konnte den Gehörnten einmal unbemerkt beobachten. Mit feuriger Zunge hielt er gerade zahlreichen anderen Teufeln eine furchtbare Strafpredigt. Ein andermal war der Hund eines Jägers aus Paska an diesem Ort plötzlich „festgemacht"; er zitterte und winselte, kam aber nicht von der Stelle. Nur mit größter Mühe konnte ihn der Jäger befreien, bekam aber selbst eine schwere Krankheit davon.

Im Jahre 1837 soll der größere der beiden Felsen noch Spuren von Bearbeitung durch Menschenhand aufgewiesen haben. Auch wurden Scherben von Opferschalen sowie Reste menschlicher Gebeine gefunden. Wie andere auffällige Felsbildungen dieser Art werden auch die Lastersteine als vorchristliche Kult- und Opferstätte gedeutet, die nach Einführung des Christentums zu einem verrufenen, unheiligen Ort des Teufels abgestempelt wurde.

Paulinzella (Lkr. Saalfeld-Rudolstadt)

Klosterruine

Paulinzella liegt im Rottenbachtal, an der Bahnstrecke Arnstadt-Saalfeld. Die beeindruckende Ruine der romanischen Säulenbasilika gehört zu den international geschützten Baudenkmalen, da bei ihr der Hirsauer Baustil reiner und deutlicher sichtbar ist als

Klosterruine Paulinzella

beim Kloster Hirsau, das des öfteren baulich verändert wurde.

Über die Gründung des Klosters Paulinzella gibt neben wenigen Urkunden lediglich die „Vita beatae Paulinae“ des Mönches Sigebotho Auskunft, die etwa in den Jahren zwischen 1133 und 1163 entstand. Solch eine Vita wurde oft mit Blick auf die bevorstehende Heiligsprechung einer Person verfaßt. Die Weltsicht des Mittelalters begünstigte, daß auch Berichte von Wundern aufgenommen wurden.

Paulina entstammte einem altem Adelsgeschlecht und erblickte im Jahre 1067 das Licht der Welt. Das erste Mal wurde sie mit 16 Jahren verheiratet. Nachdem sie zum zweiten Mal Witwe geworden war, entschloß sie sich für das klösterliche Leben. Unter größtem persönlichen Einsatz stiftete sie das Kloster Paulinzella und förderte seinen Bau bis zu ihrem Tode am 14. März 1107. Der Tod ereilte sie auf einer Reise zum Benediktinerkloster Hirsau.

Die Legenden um das Kloster Paulinzella drehen sich vor allem um die schwierigen Bauarbeiten: Die erste Klause zerstörte ein Sturm. Die danach errichtete Klosterkirche sollte ein gewaltiger Bau zum Lobe Gottes werden, aber der Teufel erschwerte die mühselige Ar-

beit. Der Baumeister klagte Paulina seine Sorgen. Daraufhin ließ diese im Steinbruch einen kleinen Altar errichten. Jedes Mal, wenn ein schwerer Steinblock aus der Felsenwand gebrochen wurde, betete sie um das Gelingen des Werkes. Als die Bauleute wieder einmal einen Steinquader abseilten, bediente sich der Teufel einer List. Er spiegelte Paulina vor, daß sich an der Stelle des Altars ein offenes Grab befände. Dazu wisperte er ihr ins Ohr: „So wirst du bald hier liegen, wenn du dich mir weiter entgegenstellst!" Paulina erschrak und unterbrach das Gebet. Diesen Augenblick nutzte der Teufel. Paulina sah, wie der schwer Stein ins Wanken kam und einen Arbeiter unter seiner Last zermalmte.
Mit Paulinas Tod kam der Bau der Klosterkirche vorerst zum Stillstand. Als er fortgesetzt wurde, war ein neuer Abt da und ein neuer Baumeister hatte die Arbeiten übernommen. Je mehr sich der Bau seinem Ende näherte, wurde der Meister immer verzagter. Der fromme Abt Ulrich fragte den Meister, was ihn so bedrücke. Da mußte er erfahren, daß dieser einen Pakt mit dem Teufel geschlossen hatte, da er sich allein außerstande sah, das Bauwerk so kunstvoll zu vollenden, wie es sein Vorgänger begonnen hatte. Doch nun sei die Frist abgelaufen, und dem Teufel stehe die erste Seele zu, die die Kirche am Tage der Einweihung beträte. In der Nacht betete Abt Ulrich lange um einen guten Gedanken, wie er dem Bösen sein Opfer entreißen könne, und anderntags konnte er den Baumeister trösten. Der Tag der Weihe rückte heran, unter Choralgesang öffneten die Mönche die Pforten. Doch ehe der feierliche Zug durch das Portal trat, erhob sich innen ein wüstes Poltern und Quieken. Eine pechschwarze Wolke fuhr durch das Dach und hinterließ darin ein häßliches Loch. Abt Ulrich hatte nämlich heimlich einen Bauern angewiesen, durch einen Seiteneingang ein Schwein in das Gotteshaus zu jagen, als sich das große Portal öffnete. Der Teufel hatte unter dem Dach gehockt, um die erste Seele in Empfang zu nehmen. Zornig entwich er mit der Seele des Borstentieres und ließ sich hier nie wieder blicken.

PLAUE (Ilm-Kreis)

Mineralquellen
Außer durch die Ruine Ehrenburg, den alten jüdischen Friedhof sowie die Springquelle am Ortsausgang in Richtung Liebenstein ist das Städtchen Plaue vor allem durch seine ergiebigen Mineralquellen bekannt.

Große eiserne Töpfe dienten zum Sieden der Sole. Holzstich, 1556

Besonderer Wertschätzung erfreut sich die Karl-Marien-Quelle, die seit 1934 in dem Quellenhaus am nördlichen Ausgang von Plaue in Richtung *Arnstadt* abgefüllt wird. Bereits um 1300 nutzte man die phosphatischen Kochsalzquellen; vor allem im 14./15. Jh. florierte eine recht bedeutende Salzgewinnung. Überliefert ist, daß es technische Einrichtungen wie Salzbrunnen, Gradierhaus und Siedehäuser gab. Der Name der Lädergasse erinnert noch heute an die Salzverladung in früherer Zeit. Warum die Salzsiederei zum Erliegen kam, ist nicht bekannt. Mehrere Versuche, das Salzwerk wieder zu beleben, scheiterten. Die Sage versucht, die Gründe des Niedergangs der Salzgewinnung auf ihre Weise zu erklären:
Beim Städtchen Plaue an der Gera, das früher nur ein Dorf war, entsprang eine reiche Solquelle und brachte den Ort so in Blüte, daß er sich zur Stadt entwickelte. Den Bürgern ging es dort nun so gut, daß sie sich in Samt und Seide kleiden konnten. Ein Siedeknecht, der mit einem Siedemeister oder Salzgrafen Verdruß hatte, verstopfte mit seinem seidenen Wams die Solquelle und versetzte sie mit einem Zauber. Die Quelle hörte auf zu fließen, und der allgemeine Wohlstand sank schnell. Es soll von all der Herrlichkeit zuletzt nur noch ein blauer Samtärmel des Bürgermeistergewandes übriggeblieben sein.

PÖSSNECK (Saale-Orla-Kreis)

Gamsenberg
Etwa 3 km östlich von Pößneck erhebt sich bei den Orten *Rehmen* und *Oppurg* unmittelbar an der B 281 ein

zerklüfteter Tafelberg. Er gehört zu den verwitterten Zechsteinfelsen, die dem Orlatal ihr landschaftliches Gepräge geben.
Der Sage nach hat auf der Anhöhe des Gamsenberges das Schloß Österlitz oder Osteralitz gestanden. Auf der Südseite, wo heute drei Lindenbäume wachsen, sollen sich die Wohngebäude befunden haben, auf der nördlichen Seite die Stallungen. Schloß Österlitz soll nicht verfallen, sondern in den Felsen versunken sein. Urkundliche Belege für die Existenz eines solchen Schlosses existieren nicht.
Nach verschiedenen Überlieferungen haben Leute aus der Umgebung hin und wieder Zugang in das Bergesinnere gefunden. Das solche Erlebnisse in der Sage vor allem Schäfern und Hirten zuteil werden, ist kein Zufall, zählten diese doch zu den sogenannten „unehrlichen" Ständen und waren für Begegnungen mit der dämonischen Welt besonders prädestiniert.
Ein Schafknecht sah einst in einem unterirdischen Gemach des Gamsenberges sechs graue, schweigsame Männer sitzen, die mit eisernen Blättern Karten spielten. Ein andermal lernte ein Schäfer am Gamsenberg eine schöne, weißgekleidete Frau kennen. Sie verlobte sich mit ihm und schenkte ihm zum Zeichen dafür einen Ring. Da ihr der Schäfer aber untreu wurde, verbannte sie ihn für immer in den Berg. Nach einer weiteren Sage verschwanden einem Hirten aus Rehmen bei den Felsen des Gamsenberges Jahr für Jahr seine schönsten Kühe und Schweine, für die ihn die geisterhaften Bewohner des Berges später jedoch mit purem Gold entschädigten.
Auch von einem seltsamen Schlangenkreis weiß die Sage zu berichten. Eine arme Frau aus Oppurg träumte eines Nachts, daß sie mit ihrem Neugeborenen zum Gamsenberg gehen solle. Dort werde sie einen Kreis finden, der aus lebendigen Schlangen gewunden sei. In diesen Schlangenkreis müsse sie ihr Kind legen, dann sei ihr Glück zeitlebens gesichert. Nachdem sich der Traum zum dritten Mal wiederholt hatte, begab sie sich eines Nachts auf den Gamsenberg, wo sie tatsächlich einen Kreis aus lebendigen Schlangen fand. Als sie aber die wimmelnden Nattern sah, wandte sie sich erschrocken ab. Da rollte ein Faß voll glühender Kohlen heran. Ein graues Männchen stürzte das Faß um, mitten in die Schlangen hinein. Als diese sich nun zischend in das offene Faß schlängelten, hatte die Frau genug gesehen. Ganz vergebens hatte sie den Weg auf den Gamsenberg dennoch nicht gemacht. Ein paar Kohlestücke waren nämlich in ihren Schuh gefallen,

und als sie ihn zu Hause ausschüttelte, fielen blanke Goldstücke heraus.
Eine weitere Sage berichtet von einer Braupfanne voll roten Goldes, die – von einem Drachen bewacht – im Inneren des Gamsenberges stehen soll. Die Erwähnung solcher Braupfannen ist in den Sagen des Orlatales sehr häufig. Wie archäologische Ausgrabungen belegen, sind solche Sagenorte oft Kult- oder Siedlungsstätten aus vor- und frühgeschichtlicher Zeit, gelegentlich auch Standorte prähistorischer Eisengewinnung. Bei Ausgrabungen am Gamsenberg wurden Überbleibsel steinzeitlicher Wildbeuter sowie Funde aus der Bronze- oder La-Tène-Zeit und der Merowingerzeit entdeckt .

POSTERSTEIN (Lkr. Altenburg)

Burg und Kirche Posterstein
Zwischen Gera und Altenburg, unweit der Autobahn A 4, ragt bei dem Dorf Posterstein die gleichnamige Burg auf. Dem Fußwanderer ist der Bergfried ein weithin sichtbarer Wegweiser. Der Autofahrer sollte die gut beschilderte Straße von der Abfahrt Ronneburg zur Burg benutzen. Die 1191 erstmals urkundlich erwähnte Burg hieß ursprünglich einfach „Stein". Puster- oder Posterstein wurde daraus erst, nachdem sie 1441 in Besitz der wohlhabenden Familie Puster gekommen war. Vom 16. Jh. an in Besitz des Adelsgeschlechtes von Pflugk, verwandelte sich die mittelalterliche Wehranlage zu einer wohnlichen Burg mit Schloßcharakter, wie man sie noch heute erleben kann. Seit 1953 ist auf der Burg ein Museum untergebracht. Der mehr als 800 Jahre alte Bergfried mit Burgverlies und die Kirche zählen zu den besonderen Sehenswürdigkeiten.
Zahlreich sind die Sagen, die sich um Burg Posterstein ranken. So heißt es, daß Höhlen im Burgberg ein beliebter Aufenthaltsort des Zwergenvolkes sind. Auch soll sich tief unter dem Bergfried eine verzauberte Schmiede befinden, in der alles von purem Gold gefertigt ist. Alte Überlieferungen erzählen schließlich von Geheimgängen zum Ronneburger Schloß und zum Gut in *Selka*.
Nach einer anderen Sage war ein Ritter vom Posterstein als Raubgeselle und hartherziger Leuteschinder allgemein verhaßt. Einmal wollte er ein Findelkind ersäufen, schenkte es dann aber seiner Tochter als Spielgefährten. So wuchsen die beiden Kinder miteinander auf und verliebten sich ineinander. Als sie schließlich

sogar Mann und Frau werden wollten, versuchte der Ritter, den unliebsamen Schwiegersohn umzubringen, so daß diesem nur die Flucht übrig blieb. Im Wald schloß sich der Jüngling einem Trupp von Männern der umliegenden Dörfer an, die dem Postersteiner Rache für all seine Untaten geschworen hatten. Bald wurde der Jüngling sogar deren Hauptmann. Als eine Zigeunerin wenig später die Nachricht brachte, daß der Ritter seine Tochter auf der Burg eingekerkert habe, da sie sich weigere, einen anderen Mann zu nehmen, entschloß man sich zum Angriff. Gemeinsam mit den Leuten aus dem Dorf Selka stürmten die Männer die Burg. Im Zweikampf tötete der Jüngling den Ritter und konnte seine Braut aus dem Turmverlies befreien.

Um die prächtige Ausstattung der Postersteiner Kirche im volkstümlichen („wilden“) Barock von Johannis Hopf rankt sich eine weitere Sage. Danach sind diese Holzschnitzereien nicht das Werk eines berufsmäßigen Künstlers, sondern eines Müllerburschens, der wegen eines todeswürdigen Verbrechens jahrelang im Postersteiner Turmverlies in Haft gehalten wurde. In unendlicher Geduld soll der Gefangene all die Muscheln, Trauben, Blumen und Engelsköpfe geschnitzt haben und dafür schließlich zu einer mehrjährigen Zuchthausstrafe begnadigt worden sein.

Burg Posterstein

Ranis (Saale-Orla-Kreis)

Ilsenhöhle

Die Höhle im Raniser Burgberg, unterhalb der zweiten Toranlage gelegen, ist sowohl durch die im Orlatal populäre Ilsensage wie auch durch die hier zutage geförderten steinzeitlichen Funde bekannt geworden. Die Höhle zählt seit den Ausgrabungen 1926–1938 zu einer der wichtigsten steinzeitlichen Fundstätten Deutschlands. Darüberhinaus wurden in den oberen Schichten keltische und slawische Funde geborgen. Sie weisen darauf hin, daß der Berg schon früh befestigt war und wahrscheinlich auch als Kultplatz eine Bedeutung hatte.

Nach der Ilsensage gilt eine Burg auf dem Clythenfelsen bei Oelsen als Geburtsort der Ilsa. Sie war der letzte Sproß des räuberischen Clidengeschlechtes, wandte sich aber schon früh von ihrer Sippe ab. Bei einem Spaziergang stieß das Mädchen unweit der Burg auf eine Höhle, aus der wundersame Töne drangen. Sie trat in die Höhle und gelangte in einen Raum, in dem Scharen zwergenhafter Wesen tanzten. Freundlich begrüßten sie Ilsa und erzählten, daß sie zum Volk der Heimchen gehörten. Sie zeigten ihr die prächtigen Hallen ihres unterirdischen Reiches. Am besten gefiel Ilsa eine Herde goldener Schafe. Die Heimchen versprachen Ilsa ewige Jugend, wenn sie bei ihnen bleibe, und das Mädchen ging darauf ein. Fortan durfte sie die Schafe hüten; der Weg in die Oberwelt war ihr jedoch verschlossen.

Viele Menschenalter vergingen, und Ilsa verspürte mehr und mehr Sehnsucht nach ihrer Heimat. Auf ihr Drängen hin erlaubten die Zwerge ihr, einen Blick aus der Höhle zu werfen. Staunend sah Ilsa das Licht der Sonne und die grünen Fluren. Von nun an kam sie oft zum Ausgang der Höhle, verließ diese aber nicht. Immer ernster und trauriger wurde sie. Als die Menschen sie in der Felsenöffnung erblickten, traten sie ehrfurchtsvoll näher. Auf ihre Fragen gab sie Antworten voller Weisheit. Bald kamen Leute von überallher, um den Weissagungen der schönen Seherin zu lauschen. Eines Tages suchte sie die Hexe Bilbze aus dem Godaminteich heim. Mit falschen Versprechungen lockte sie Ilsa. Da verließ sie samt ihrer Schafherde die Höhle, und die betrogenen Zwerge trauerten lange um sie. Ilsa zog nun mit der goldenen Herde durch das Orlatal und spendete den Bewohnern Rat und Hilfe. Bald verliebte sich der Riese vom Roneberg in sie. Weil Ilsa seine Werbung jedoch zurückwies, verbannte er sie in

den Burgberg von Ranis. Auch die zwergenartigen Heimchen verschwanden bald darauf; der Klang der Kirchenglocken hatte sie vertrieben. Wie es heißt, haben sie in den Grabhügeln, in denen die Urnen der Vorfahren liegen, Zuflucht gefunden.
Aus dem Raniser Burgberg ertönt seither hin und wieder dumpfes Klopfen – ein Zeichen, daß Ilsa noch immer auf ihre Befreiung wartet. Diese wird aber erst kommen, wenn die Kirchenglocken für immer verstummen und die Heimchen in ihr Reich zurückkehren.
→ Oelsen

Burg Ranis
Die in ihrem ursprünglichen Gebäudebestand fast vollständig erhaltene mittelalterliche Burganlage ist vom Stadtzentrum in wenigen Minuten zu erreichen. Ihr Gründungsjahr ist nicht bekannt; erstmalig urkundlich erwähnt wird sie im 12. Jh. als Reichsgut deutscher Kaiser und Könige. In der Burg, von der das Verlies im Hungerturm, Burgkeller, Bergfried und eine Burgküche zu besichtigen sind, ist ein sehenswertes Heimatmuseum untergebracht, in dem u. a. vorgeschichtliche Funde aus der Ilsenhöhle ausgestellt werden.
Von Burg Ranis wird die weit verbreitete Sage vom lebendig eingemauerten Kind erzählt. Als im Jahre 1868 die an der Westseite gelegene Kapelle wegen Baufälligkeit abgetragen wurde, stieß man auf einen Fund, der die Sage zu bestätigen scheint. Im Riegelloch eines Fensterladens fand man Skelettreste eines 4–6 Monate alten Kindes, ein Hemd aus grobem Leinen, zwei Holzteller und andere Gegenstände, die auf ein mittelalterliches Bauopfer hindeuten. Im Museum ist dieser Fund, der dem 14 Jh. zugeordnet wird und seit 1945 verschollen ist, dokumentiert.

Burg und Stadt Ranis

Nach einer anderen Sage befindet sich in der Tiefe des Burgberges ein unterirdisches Schloß, das fast ebenso groß wie die Burganlage ist. Als einmal das Pflaster eingebrochen war, ließ man einen Hund in die Höhlung und konnte sein Bellen aus den weiter entfernten Schloßräumen unter der Erde hören. Ein anderes Mal meldete ein Gefangener, daß er in seinem Verlies durch ein Felsenloch Ilsa mit ihrer goldenen Herde erblickt habe. Er bot an, ein goldenes Schaf heraufzuholen, gab aber sein Vorhaben dann unter dem Vorwand auf, daß Ilsa und der goldene Hund die Schafe zu gut bewachen würden.

Mehrere Überlieferungen erzählen von einem gespenstischen Mönch. Jener Mönch hauste in einem unterirdischen Gemach und wachte dort über eine Braupfanne voll Gold. Manche Burgherren liehen sich heimlich Geld von ihm. Als das Gesinde davon erfuhr, kroch ein verwegener Knecht in die Behausung des Mönches und sah ihn dort tot auf der Braupfanne liegen. Als Beweis schnitt er einen Fetzen von seinem Mantel ab. Beim Verlassen der Behausung bekam der Knecht jedoch einen „Druck“ ins Genick und starb wenig später. Um weiteres Unglück zu verhindern, ließ der Besitzer der Burg den Zugang vermauern. Doch soll der alte Mönch noch immer auf der Burg und in der Stadt umgehen.

→ Hohenleuben, Burgruine; → Henneberg

RAUENSTEIN (Lkr. Sonneberg)

Zinselhöhle

An der Straße zwischen *Meschenbach* und *Rabenäußig* liegt im westlichen Teil des Landkreises Sonneberg am Retschenbach die Zinselhöhle. Sie gehört zu einem Höhlensystem in der Gegend um Rauenstein, das sich vor Millionen von Jahren zu bilden begann. In dieser Höhle sollen Zinselmännchen gewohnt haben. Das sind Bergzwerge, die gelegentlich die Bauern der Umgegend ärgerten. Ein Bauer aus Meschenbach fand einst viele Zinselmännchen auf seinem Erbsenfeld. Sie sprangen hin und her und verspeisten einige der Erbsenschoten. Der Bauer ärgerte sich sehr darüber und versuchte, eines der Zinselmännchen zu fangen. Es gelang ihm aber nur, eine Mütze zu erwischen. Das Zinselmännchen bat flehentlich, ihm die Mütze zurückzugeben, weil es ohne sie nicht mehr zurück in die Höhle konnte. Schließlich versprach es, dem Bauern eine Wünschelrute auf den Acker zu stecken, mit deren Hilfe er einen großen Schatz finden könne. Der

Bauer schimpfte und drohte, gab aber die Mütze zurück, doch die Zinselmännchen steckten ihm über Nacht den ganzen Acker voller Ruten. Wütend lauerte der Bauer darauf den kleinen Gesellen auf, und als es ihm wieder gelang, einem Zinselmännchen die Mütze abzunehmen, schlug er es tot. Daraufhin wuchsen die Ruten auf seinem Feld über Nacht zu großen Bäumen heran und die Zinselmännchen zogen traurig aus der Gegend weg.
Im 30jährigen Krieg soll die Höhle als Zufluchtsort für die Einwohner der umliegenden Dörfer gedient haben, und im Mai 1782 besuchte sie Goethe. Als geologisches Naturdenkmal steht sie heute unter besonderem Schutz, so daß eine Höhlenbesichtigung nur nach Voranmeldung im Gemeindeamt Rauenstein möglich ist.
→ Gera, Zwergenlöcher; → Königsee

Ruine Rauenstein und Burgmühle
Die Ruine der Burg liegt oberhalb der Kirche. Im Jahr 1350 wird die Burg als Eigentum der Herren vom Schaumberg genannt, deren Sitz sich ursprünglich auf der Burg Schaumberg bei *Schalkau* befand. Von der Zerstörung der Burg Rauenstein während des 30jährigen Krieges gibt es folgende Sage: Am Sonntag nach dem Dreifaltigkeitsfest kam im Jahr 1635 ein Trupp Kroaten auf der Flucht vor den Schweden über die Waldhöhe den Theurer Grund herab. Dort überfielen sie die Burgmühle und forderten Brot, Speck, Schnaps und Geld. Sie durchsuchten die ganze Mühle und bedrohten die Müllersleute. In einem unbeobachteten Augenblick flüsterte der Müller seiner Frau zu, schnell in den unterirdischen Gang zur Burg zu fliehen. Die beiden kamen unbeobachtet aus dem Haus. Als sie aber in den Gang verschwinden wollten, wurden sie von den Kroaten entdeckt. Diese nutzten nun den geheimen Zugang zur Burg, schlichen sich dort heimlich ein und legten Feuer. Auf diese Weise wurde die Burg der Sage nach zerstört und die umliegenden Häuser fielen den plündernden und brandschatzenden Kroaten zum Opfer.
Einer anderen Sage nach soll sich unter der Burgruine ein geheimer Gang befinden, in dem die zwölf goldenen Apostel liegen, die früher in der Kirche aufgestellt waren. Einige Männer versuchten, den Eingang zum Schacht zu finden, um ins Innere zu gelangen. Doch dem, der Wache stand, erschien eine Weiße Frau, und er erschrak zu Tode. Seine Kameraden trugen ihn sofort nach Hause. Als der Oberamtmann später von dem Vorfall erfuhr, forderte er die Männer auf, ihm

den Zugang zu zeigen und beim Weitergraben zu helfen. Sie weigerten sich aber hartnäckig. Einer nach dem anderen begann zu kränkeln, und einige Zeit später starben sie alle kurz hintereinander. So weiß heute niemand mehr, wo der geheime Zugang zu finden ist. Die Herren von Schaumberg ließen am Fuß des Burgbergs ein neues Schloß errichten. Nachdem das Geschlecht derer von Schaumberg ausgestorben war, begründeten die Gebrüder Greiner aus Limbach im Jahr 1783 im Schloß eine Porzellanmanufaktur, die bis 1934 bestand. Heute ist im „Neuen Schloß" ein Porzellankabinett zu besichtigen. In der Burgmühle, die zum Nachbarort *Theuern* gehört, ist heute ein Goldmuseum untergebracht.

Reichmannsdorf (Lkr. Saalfeld-Rudolstadt)

Ortsname
Im 12. Jh. begann in diesem Ort der Goldabbau. Daß dies erfolgreich und mit guter Ausbeute geschah, davon zeugt der 1454 erwähnte Ortsname „Goldberg". In über 120 Gold- und Silbergruben spürte man nach wertvollen Metallen. Die Gründe für den späteren Niedergang des Bergbaus versucht eine Sage folgendermaßen zu erklären:
In Reichmannsdorf war man so wohlhabend geworden, daß Frauen und Männer goldene Gewändern trugen und mit goldenen Kugeln nach goldenen Kegeln schoben. Einst besuchte der Herzog von Sachsen das Bergwerk. Er wurde auf einen goldenen Stuhl gesetzt, und ein junger Bergknappe fuhr mit ihm in den reichsten Schacht. Hier zeigte er ihm alles Sehenswerte. Der Herzog belohnte seinen Begleiter reichlich und dieser prahlte, als der Herzog den Ort wieder verlassen hatte, mit dem empfangenen Gold. Da erwachte der Verdacht gegen den Knappen, daß er das Bergwerk bestohlen habe. Er wurde verhaftet und legte unter der Folter ein Geständnis ab, obwohl er unschuldig war. Kurz darauf hängte man ihn als gemeinen Dieb. Als seine alte Mutter das erfuhr, füllte sie in ihrer Verzweiflung ein Maß mit Mohnkörnern, schüttete diese in die reichste Grube und verwünschte das Bergwerk. So viele Jahre sollte das Bergwerk verflucht sein wie Mohnkörnlein hinabfallen. Dann stürzte sie sich in die Grube. Von dieser Stunde an war es mit dem Bergsegen vorbei. Stollen und Schächte brachen, wurden von Wasser überflutet, der Bergwerksbetrieb kam zum Erliegen. Es dauerte nicht lange, und der zuvor so reiche Ort war völlig verarmt.

Reinsfeld (Ilm-Kreis)

Reinsberge und Reinsburg
Mächtige weiße Kalksteinaufschlüsse, haushoch aufgetürmt, sieht man weithin leuchten, wenn man auf der B4 von Arnstadt nach Ilmenau fährt. Das sind die Reinsberge, zu denen es verschiedene Zugangsmöglichkeiten gibt. Über den Kamm der Reinsberge führt ein markierter Wanderweg vom Arnstädter Südbahnhof bis nach *Martinroda*. Vom Dorf Reinsfeld gelangt man in 45 Min. über die einstigen Rebhänge zur Reinsburg (604 m). Hier befand sich eine Wallburg, in die im Mittelalter eine kleine Herrenburg gebaut wurde. Reste der Umfassungsmauer sind noch zu entdecken.
In den Reinsbergen soll sich ein großes Weinlager befinden. Das war, wie eine Sage erzählt, sogar in Preußen bekannt. Im Krieg gegen Napoleon 1806, als die Preußen in der Arnstädter Gegend lagen, erzählten einige Soldaten aus Pommern von der Reinsburg. Sie wußten, daß in ihr große Mengen köstlichen Weines verborgen lägen. Es sei in ihrer Heimat bekannt, daß der Berg einst bersten werde und seine Weinfluten das ganze Thüringer Land überschwemmen würden.
In den Reinsbergen, wo heute im Frühjahr zahllose Küchenschellen blühen, soll einst auch eine Wunderblume gewachsen sein. Ein Schäfer, der auf dem Berg nach einem verirrten Lamm suchte, fand eine schöne Blume und steckte sie an seinen Hut. Dann ging er nur wenige Schritte weiter und stand in einer Höhle, die ihm bisher noch nie aufgefallen war und deren Ausmaße sein Auge kaum erfassen konnte. Er ging weiter in die Kalkfelsen hinein, bis er an einem Berg von Gold- und Silbermünzen sowie Perlen und Edelsteinen stand. Obwohl er arm war, nahm er nicht ein einziges Stück an sich, sondern floh voller Angst ins Freie. Dort stellte er verwundert fest, daß er die schöne Blume verloren hatte. Auch die Höhle war verschwunden. Der Schäfer hatte sein Glück versäumt, denn nur alle hundert Jahre blüht die Wunderblume, die der Schlüssel zu den verborgenen Schätzen der Reinsburg ist. Blumen, vor allem die Frühlingsblumen, besitzen nach dem Volksglauben heilende und magische Kräfte. Insbesondere die Schlüsselblume, deren Blütenstand und Stengel an die Form früher gebräuchlicher Schlüssel erinnern, ermöglicht oft den Zugang zu verborgenen Schätzen.

Steinkreuz
Etwa 800 m nördlich des Ortes, am Rand des Weges zur Haselkoppe, steht ein Steinkreuz, in das die Be-

zeichnung eines Forstdistriktes „B/62“ und ein Kreuzzeichen eingeritzt sind.
Eine Sage erzählt, daß unweit des Steinkreuzes ein unterirdischer Gang begann, der bis hinauf zur Reinsburg führte. Einmal kamen zwei Venediger, die in Thüringen auf Schatzsuche waren, nach Reinsfeld. Das Steinkreuz wies ihnen den Weg zu dem Gang. Reich beladen kehrten sie von der Reinsburg zurück.
→ Altenburg, Wetterkreuz Zschernitzsch; → Inselsberg

RIETHNORDHAUSEN (Lkr. Sömmerda)

Laterne Thüringens

In der flachen Landschaft nördlich von Erfurt ist die auf einem Hügel stehende Dorfkirche von Riethnordhausen weithin zu sehen und heißt deshalb im Volksmund „Laterne Thüringens“. 1997 brannte das alte, zuletzt 1733 erneuerte Gotteshaus ab und muß nun wieder aufgebaut werden. Der Sage nach wollte die Gemeinde von Riethnordhausen ursprünglich inmitten des Dorfes eine Kirche errichten. Man hob den Baugrund aus, fuhr Steine heran, mußte aber mit Staunen erleben, daß in der Nacht alles Baumaterial auf den am Dorfrand gelegenen Kirschberg geschafft worden war. Nachdem sich dies mehrmals wiederholt hatte, erkannte man darin Gottes Willen und baute die Kirche am neuen Ort.
Hier handelt es sich um eine typische Wanderlegende die auch von anderen Kirchen erzählt wird: die Entscheidung für den richtigen Bauplatz wird auf Grund einer übernatürlichen Erscheinung getroffen.
→ Heinersdorf; → Neuhaus-Schierschnitz

RITTERSDORF (Lkr.Weimarer Land)

Kirche St. Georg

Auf der Höhe zwischen den Orten *Tannroda, Kranichfeld* und *Teichel* liegt Rittersdorf mit seiner alten Kirche. Sie wird zuerst 1474 schriftlich genannt, besteht jedoch viel länger. Den Ort Rittersdorf nennt eine Urkunde aus dem Jahre 1315.
Im Jahre 1597 hatte die Pest in *Milbitz* auch den Pfarrer hinweggerafft. Da ergriff den Pfarrer von Rittersdorf tiefes Mitleid mit den geplagten Milbitzern, denen die Pest schon dreißig Schwestern und Brüder geraubt hatte. Er ließ im Dorf die Glocken läuten und rief die Menschen zu Gebet und Predigt. Von dem Augenblick an, als der Klang der Glocken über das Dorf tön-

te, verlor die Pest an Kraft. Das Sterben war zu Ende. Seitdem hielt der Pfarrer von Rittersdorf bis in unsere Zeit jedes Jahr am Sonntag Pauli Bekehrung, 25. Januar, in Milbitz eine Predigt zum Text der Apostelgeschichte 9, 3–9. Dafür luden ihn die Bauern reihum zum Mittagessen ein, das aus Klößen und einer zuvor gereichten Suppe bestand. Die Pestpredigt wurde zum 375. und letzten Male im Jahre 1974 von Pfarrer Rausche gehalten.

RÖDELWITZ (Lkr. Saalfeld-Rudolstadt)

Burgruine Schauenforst
Von dem kleinen Dorf Rödelwitz im Hexengrund gelangt man in 30 Min. zur Burgruine Schauenforst. Die Anlage wurde Ende des 12./ Anfang des 13. Jh. erbaut und im Grafenkrieg 1345, im Sächsischen Bruderkrieg 1450 und im 30jährigen Krieg zerstört. Mehrfach wechselten die Besitzer der Burg, als deren erste Lehensherren die Grafen von Orlamünde gelten. Die bis zum 17. Jh. bewohnte Burg verfiel in der Folgezeit. Die einstigen Bewohner der Burg sollen Raubritter gewesen sein, denen die Grafen von Orlamünde nur durch eine List beikommen konnten. Sie ließen eine Reihe schwerer Karren mit Weinfässern beladen, in denen sich Männer versteckt hatten. Den immer durstigen Räubern kam solch ein Fang gerade recht; sie überfielen die Wagen und brachten die Fässer in die Burg. Da einige der Fässer nicht durch das Tor paßten, mußten sie ein Stück der Burgmauer herausbrechen. Den Orlamündern war es nun ein leichtes, die Burg einzunehmen und zu zerstören.
Eine andere Sage erzählt von einem vergessenen Kind: Eine Magd des Vorwerks Rödelwitz kam eines Tages mit einem Kleinkind, das sie zu hüten hatte, zur Burg. Dort traf sie ein kleines graues Männchen. Dieses zeigte ihr in den verschütteten Kellergängen seinen Schatz und erlaubte der Erstaunten, davon zu nehmen. Über diesen Schätze versäumte die Magd, sich zu bedanken, und sie vergaß auch das ihr anvertraute Kind. Dieses blieb auf alle Zeit verschwunden.
Auch ein weißes Fräulein erschien auf der Burgruine guten Menschen und wurde von ihnen verehrt. Es ist die Tochter eines Burgherren, die einen braven Bauernburschen aus dem Hexengrund liebte. Als der Herr die beiden einmal beim Stelldichein im Weingarten ertappte, geriet er außer sich vor Zorn und tötete den Burschen. Das Mädchen aber verfluchte ihren Vater und stürzte sich in die Tiefe des Burggrabens. Kurz

darauf starb der hartherzige Vater. Das Mädchen erscheint noch immer am Ort ihrer Liebe und ihres frühen Todes.
Besonders verhaßt war ein Schauenforster Ritter, der von seinen Bauern ohne Erbarmen Abgaben forderte, gleichgültig, ob es ein gutes Erntejahr war oder die Untertanen von Hungersnöten geplagt wurden. Zu seiner Belustigung ließ er sich vom zusammengerafften Geld ein goldenes Kegelspiel mit silbernen Kugeln machen, mit dem er und seine Zechkumpanen spielten. Als die Bauern von dieser Verschwendung erfuhren, verfluchten sie ihn: Er sollte nach seinem Tode keine Ruhe finden, sondern unablässig weiter die Kegel schieben. Es dauerte auch nicht lange und der Ritter stürzte vom Pferd und verlor sein Leben. In stillen Nächten hört man seither tief unten im Schloßberg ein Grollen. Es heißt, dies sei der verfluchte Ritter mit dem goldenen Kegelspiel.
→ Wasungen; → Meiningen, Ruine Habichtsburg

Rohr (Lkr. Schmalkalden-Meiningen)

Michaeliskirche
Rohr lag an einem wichtigen Knotenpunkt der Salzstraße mit der aus Italien kommenden Weinstraße. Die bekannteste Sehenswürdigkeit des Ortes ist die von einer Wehrmauer mit starkem Torturm und zwingerartigem Vortor umgebene Michaeliskirche. Unter ihrem Chor befindet sich die Krypta der ehemaligen benediktinischen Klosteranlage aus dem 9. Jh. Die erste urkundliche Erwähnung des Ortes Rohr fällt in das Jahr 815. Der Abt des Klosters Fulda erstrebte zu diesem Zeitpunkt eine Befreiung vom Zehnt für seine „Knechte in Rohr“. Die Ottonen urkundeten wiederholt an diesem Ort. So schenkte Otto II. 975 dem Stift Aschaffenburg eine Kirche und einen Hof in Rohr. Es ist zu vermuten, daß der König einen größeren Hof in Rohr unterhielt, denn 984 berief Erzbischof Willigis von Mainz die Reichsversammlung, eine Zusammenkunft der Großen des Reiches, dorthin ein. Der Bayernherzog Heinrich der Zänker hatte nämlich zur Durchsetzung seiner Machtansprüche den dreijährigen Kaisersohn Otto III. entführt. Im Mai 984 mußte er ihn auf ebendieser Reichsversammlung an seine Mutter Theophanu und die Kaiserin Adelheid zurückgeben. An dieses Ereignis erinnert ein Abbild des verängstigten Kindes auf dem Thron in der Toreinfahrt zur Wehrkirche.

Ehemaliges Benediktinerinnenkloster

Im Unterschied zur Michaeliskirche mit ihrer karolingischen Krypta finden die Reste des einstigen Benediktinerinnenkloster bei Touristen kaum Beachtung. Nachdem das erste Kloster in Rohr nur bis zum Ende des 9. Jh. bestanden hatte, wird im Jahr 1206 wieder ein Kloster erwähnt. Von diesem Benediktinerinnenkloster sind wesentliche Teile der Klosterkirche St. Johannis erhalten. Sie befinden sich im Ortsteil Kloster in der Nähe des Bahnhofs. Die einstige Klosterkirche wurde seit dem 19. Jh. als Stall und Scheune genutzt und gehört heute zu einem großen Berufsausbildungzentrum.

Vom Klosterkeller heißt es, daß dort ein Schatz vergraben gewesen sei. Eine weiße Dame habe dies einem Pächter namens Gramann offenbart, der ihn dann auch gehoben hätte. Vor dem Gewölbe des alten Klosters soll jede Nacht eine weiße Dame stehen. Außerdem erzählte man, daß in der Brunnenstube die ungeborenen Kindlein „auf Stangen gesessen" sind.

RÖMHILD (Lkr. Hildburghausen)

Stiftskirche

Das Stadtbild von Römhild wird vom Schloß und von der Stiftskirche geprägt. Die St. Marienkirche ist 1361 zum ersten Mal erwähnt. Graf Georg I. von Henneberg-Aschach erwarb 1447 das Patronatsrecht über die Stiftskirche. Die dreischiffige Basilika mit Nordturm und Westchor wurde 1470 vollendet. Besonders erwähnenswert ist das bronzene Hochgrab Graf Hermanns VIII. und seiner Frau Elisabeth von Brandenburg. Das Grab stammt wahrscheinlich aus der Werkstatt der Nürnberger Erzgießerfamilie Vischer. An einem Schwibbogen über der Kanzel in Richtung zur Empore ist ein steinerner Frosch angebracht. Er soll der Sage nach ein Zeichen dafür sein, daß der Ort, an dem die Kirche steht, früher ein Sumpf gewesen ist. Eine andere Sage erzählt von der sogenannten Kroatenbibel. Als während des 30jährigen Krieges 1634 die Kaiserlichen ins Grabfeld einfielen, gelangten die Kroaten nach Römhild. In der Kirche lag eine Bibel, auf die ein Kroate mit seinem Säbel so einhieb, daß einige Blätter durchhauen wurden.

Schloß Glücksburg

Das um zwei Höfe gruppierte Schloß stammt aus dem 15. Jh. Graf Friedrich II. von Henneberg-Hartenberg ließ den Bau beginnen. Im Jahr 1539 brannte es ab.

Berthold XVI. sammelte im ganzen Reich Mittel für den Wiederaufbau des Schlosses, der 1540 unter Baumeister Peter Dauth aus Bamberg begonnen wurde. Unter Herzog Heinrich wurden umfassende Restaurierungen vorgenommen und das Hinter- und Vorderschloß durch Ausbau der beiden Flügel verbunden. Während seiner Regentschaft (1676–1710) erhielt das Schloß den Namen „Glücksburg". Heute sind in den Schloßräumen zwei Dauerausstellungen zu sehen: „Keramik International" zeigt die noch lebendige Tradition des Töpfer- und Keramikhandwerks; die „Hönnsche Sammlung" – vom Römhilder Arzt Dr. Hönn begründet – gewährt Einblick in die Entwicklung des bäuerlichen Handwerks der Region.

Einer der Henneberger Grafen hatte der Sage nach eine Vorliebe für das Drechslerhandwerk. Oft stand er an der Drechselbank, doch er durfte diese nicht standesgemäße Arbeit nur heimlich tun. Unerkannt ging er auf Märkte und informierte sich an den Ständen der Drechsler. Einmal wurde er Zeuge, wie eine arme Spinnerin einen Drechsler bat, ihr Spinnrad zu reparieren. Da sie ihn nicht bezahlen konnte, verweigerte der Drechsler die Hilfe. Der Graf ging ihr nach, und abseits des Marktgetümmel bat er sie, ihm das Spinnrad zu geben und am nächsten Tag an derselben Stelle auf ihn zu warten. Zuhause reparierte er das Rad und gab es ihr am nächsten Morgen zurück, ohne einen Pfennig anzunehmen.

Großer und Kleiner Gleichberg mit Steinsburg

4 km östlich von Römhild liegen der Kleine und der Große Gleichberg; beide gelten als Wetterpropheten. Wenn ihre Gipfel nebelumschleiert sind, heißt es: „Die Gleichberge kochen, es wird heute noch eine Suppe geben." Wenn es Regen gibt, fängt der Große Gleichberg an zu brausen. Dieses Brausen sei in der Ferne besser zu hören als in der Nähe, und die Bauern brachten bei diesem Geräusch unverzüglich ihr Heu ins Trockene.

Auf dem Kleinen Gleichberg sind die gewaltigen Wallreste einer keltischen Befestigung zu sehen, die sogenannte Steinsburg. Hier befand sich vom 5. bis 1. Jh. v. Chr. ein militärisches, wirtschaftliches und kultisches Zentrum der Kelten, das von drei mächtigen Mauerringen umgeben war. Der äußere Ring ist ca. 3 km lang und umfaßt eine Fläche von ungefähr 66 ha. Von 1838–1900 kamen bei Steinbrucharbeiten zahlreiche Werkzeug-, Geräte-, Keramik-, Waffen- und Schmuckfunde zutage, die im Steinsburgmuseum zu besichtigen sind.

Von der Sage wurden die keltischen Mauerringe lange Zeit als Überreste einer Ritterburg gedeutet. Man erzählte, daß einst eine nicht besonders gut befestigte Burg auf dem Kleinen Gleichberg gestanden habe. Ihr Herr, ein grämlicher Ritter, hatte eine schöne Tochter, über die er streng wachte. Als eines Tages ein junger Ritter um ihre Hand anhielt, beleidigte ihn der Vater und schickte ihn weg. Da der junge Ritter mit einem Überfall drohte, schloß der Burgherr einen Pakt mit dem Teufel. Er versprach die Seele seiner Tochter, wenn der Teufel bis zum ersten Hahnenschrei drei Mauerringe um die Burg errichten würde. Die Amme hatte das Gespräch jedoch belauscht und rettete das Burgfräulein. Kurz bevor der Teufel sein Werk vollendet hatte, schlich sie mit einer Lampe in den Hühnerstall und brachte den Hahn zum Krähen. Wütend zerstörte der Teufel daraufhin die von ihm schon gebauten Mauerringe und holte sich die Seele des Burgherrn.
Im Kleinen Gleichberg soll noch immer ein großer Schatz liegen, der nur durch eine weiße Blume gehoben werden kann, und in der Geisterstunde läßt sich dort eine wandelnde Jungfrau erblicken.

RUDOLSTADT (Lkr. Saalfeld-Rudolstadt)

Ortsname

In einer Schenkungsurkunde Karls des Großen wird „Rudolfostat“ 776 erstmals urkundlich erwähnt. Der Sage nach hatte ein fränkischer Graf oder Ritter Rudolf, manche sprechen von Herzog Radulf, einst in den Wäldern zwischen Saale und Ilm gejagt und sich dabei schwer verletzt. Ein Mädchen pflegte ihn mit Hilfe ihres Vaters, eines armen Fischers, gesund. Der Herr fand Gefallen an dem Fischermädchen und der lieblichen Gegend, ließ eine Siedlung gründen und darüber eine Burg bauen. Bald hieß dieser Ort „Rudolfs Stätte“, Rudolstadt.

Schloß Heidecksburg

Vom Marktplatz gelangt man in wenigen Minuten über die Schloßtreppe zur Heidecksburg hinauf. Von 1571 bis 1918 regierten hier die Grafen und späteren Fürsten der Linie Schwarzburg-Rudolstadt. Nach einem Brand im Jahre 1735 entstand die Heidecksburg als prächtiges Barockschloß wieder, das seit 1918 vor allem musealen Zwecken dient.
Eine Sage will wissen, daß sich in dem gewölbten Torweg, der in den Schloßhof führt, zuweilen eine Weiße

Blick auf Rudolstadt und Heidecksburg. Stahlstich

Frau sehen läßt. Sie tritt um Mitternacht durch die eiserne Tür, die sich im Torweg befindet, und bewegt sich dann geräuschlos über den Schloßhof. Ihr Erscheinen kündet den Tod einer Person des Fürstenhauses an. Die Gestalt soll der Geist einer Prinzessin namens Christine sein. Dieser Name kommt im schwarzburgischen Stammbaum mehrfach vor.
Auch ein Auftritt der berühmtesten aller Weißen Frauen, der Gräfin von Orlamünde, die als Todeskünderin der Hohenzollern gilt, ist überliefert. In der Nacht vor der Schlacht bei Saalfeld am 9. Oktober 1806 wurde auf Schloß Heidecksburg der preußische Prinz Louis Ferdinand beim Klavierspiel von einer weißen Gestalt aufgeschreckt, wie sein Adjutant von Nostitz berichtet hat. Louis Ferdinand folgte ihr in einen Gang, wo sie, ohne eine Tür zu benutzen, in der Mauer verschwand. Auf dem Weg in die Schlacht, bei der Louis Ferdinand an der Straße von Schwarza nach Saalfeld den Tod fand, soll er die weiße Gestalt unter den weinenden Frauen am Straßenrand nochmals gesehen haben.

Steinkreuz
In dem an der B85 in Richtung Weimar gelegenen eingemeindeten Ort *Pflanzwirbach* befindet sich ein schönes altes Steinkreuz mit einem Rad in der Mitte. Früher standen daneben zwei weitere Kreuze, von denen eines einen Hammer und das andere eine Brezel zeigte.
Man erzählt, daß hier einst ein Wagner, ein Schmied und ein Bäcker bei der Kirmes im Streit erschlagen worden seien. Nach einer anderen Sage erinnern die Kreuze an drei Brüder, die hier an der Pest gestorben waren. Vor ihrem Tode hatte jeder von ihnen seinen letzten Wunsch bekundet: Der eine dankte Vater und

Mutter für alles Gute, der zweite entbot seinem Meister einen Gruß und der dritte gedachte seines Mädchens. Ein Jahr darauf kamen Vater, Meister und Braut und ließen zum Gedenken die drei Steinkreuze aufstellen.

→ Altenburg, Wetterkreuz Zschernitzsch

RUHLA (Wartburgkreis)

Stadtwappen
Die kleine Industriestadt Ruhla liegt in einem tief eingeschnittenen Gebirgstal des nordwestlichen Thüringer Waldes. Gründer des 1378 erstmals erwähnten Ortes waren Waffenschmiede, die das in den Bergen vorhandene Eisenerz verarbeiteten. Später, nach der Erfindung der Feuerwaffen, stellten die Ruhlaer Schmiede zwei Jahrhunderte lang vor allem Messer her (Heimatmuseum). Berühmt wurde ein Ruhlaer Schmied durch eine sagenhafte Begebenheit, die vielfach im Bild dargestellt wurde, so in einem Fresko Moritz von Schwinds im Landgrafenzimmer der Wartburg und in den Farbglasfenstern der Kirche St. Concordia in Ruhla. Auch im Wappen der Stadt wurde der Schmied von Ruhla verewigt:
Der junge Landgraf Ludwig II. verirrte sich im Jahre 1161 auf der Jagd und gelangte zu einer Ruhlaer Waldschmiede. Er gab sich als Jäger aus und erhielt ein Nachtquartier, konnte jedoch keinen Schlaf finden, denn der Schmied hieb unablässig mit dem Hammer

Der Schmied in Ruhla

auf ein glühendes Eisen und sprach dazu: „Landgraf, werde hart wie dieses Eisen!“ Zugleich klagte er lauthals über die mißliche Lage im Lande, wo die Vasallen des Landgrafen das Volk hart bedrückten. Der Landgraf nahm sich die „Strafpredigt“ des Ruhlaer Schmieds zu Herzen. Hart ging er nun gegen die Übergriffe des Adels vor, was ihm später den Beinamen „der Eiserne“ einbrachte.

Wüstung Kapelle Glasbach

Östlich der Stelle, wo die von Ruhla nach Bad Liebenstein führende Straße den Rennsteig kreuzt, befand sich vom 12.–15. Jh. die Siedlung Glasbach. Im Wald ringsum zeugen zahlreiche Pingen vom einstigen Eisenerzabbau. Im Zusammenhang mit der in der Nähe erfolgten Gefangennahme Martin Luthers 1521 (Denkmal an der Straße nach *Steinbach*) ist von der damals bereits wüsten Kirche Glasbach die Rede. Auf Grund der zahlreichen Schatzsagen war die Wüstung immer wieder Ziel zerstörerischer Raubgräbereien. Die letzten Reste der Glasbacher Kapelle wurden 1957 freigelegt und untersucht. Den genauen Ort der ehemaligen Kapelle kann der aufmerksame Betrachter heute nur am auffallenden Bewuchs mit Brennesseln und Immergrün erkennen.

An der „Walper“ (Wallfahrt), wie die Ruhlaer den Ort nennen, haben Leute, die hier vorüber kamen, gespenstische Nonnen erblickt. Einst soll hier ein Kloster gewesen sein, das im 30jährigen Krieg zerstört wurde. In den Kellern sind große Reichtümer verborgen, die eine weiße Jungfer bewacht. Um die Osterzeit hat man oft feines Geläut wie von Silberglocken vernommen. Viele Schatzsucher haben an der „Walper“ ihr Glück versucht; einem erschienen in der Tiefe mehr als tausend blaue Lichter, aber etwas Wertvolles fand er nicht. Eine Frau sah an der Wallfahrt einen prächtigen Garten mit Beeren in allen Farben, mit Bäumen voll Äpfel, Birnen und Kirschen. Plötzlich stand eine Gestalt in Jägerkleidung vor ihr. Als sie den Mann fragen wollte, ob sie etwas von den Früchten nehmen könne, verschwand alles vor ihren Augen.

Luther erfuhr an diesem Ort der Sage nach unerwartete Heilung, nachdem er auf dem Fürstentag zu Schmalkalden anscheinend vergiftet worden war und mit dem Tode rang. Als er über den Bergweg zu seinem Stammort Möhra gebracht wurde, rief er am Glasbach den Arzt und Naturforscher Paracelsus zu Hilfe, der im Wald Kräuter sammelte. Der Wunderdoktor riet ihm, einen Hering zu essen, genug darauf

zu trinken und dann reichlich zu schwitzen. Obwohl Luther in Paracelsus einen Genossen des Bösen sah, folgte er seinem Rat und genas alsbald. Tatsache ist, daß Martin Luther kurz nach der Ankunft in Schmalkalden, wo er sein theologisch-politisches Testament, die „Schmalkaldener Artikel“, vorstellen sollte, so schwer erkrankte, daß man für sein Leben fürchtete und ihn nach Wittenberg zurückbringen mußte.
→ Wasungen

SAALFELD (Lkr. Saalfeld-Rudolstadt)

Ehemaliges Franziskanerkloster
Nicht ohne Grund nennt man die um 1190 gegründete Stadt Saalfeld „Die steinerne Chronik Thüringens“. Schon 899 wurde die curia salauelda urkundlich erwähnt, und im Mittelalter strahlte Saalfeld politisch und geistlich in weite Teile Ostthüringens aus. Dem Saalfelder Benediktinerkloster beispielsweise waren in seinen Glanzzeiten 170 Dörfer und einige Städte zinspflichtig. Dieser Abhängigkeit suchten im Bauernkrieg 1525 ungefähr 2000 Bauern, Plebejer und Bergknappen durch Zerstörung des Klosters zu entrinnen. Rat und Patrizier hingegen schützten Abt und Mönche und ermöglichten ihnen die Flucht mit dem reichen Klosterbesitz.
Möglicherweise sind die Sagen über die silberne Orgel und den vergrabenen Klosterschatz ein Nachhall dieses Klostersturms, auch wenn als Ort des Geschehens das zweite Kloster, das Franziskanerkloster am Münzplatz (heute Heimatmuseum), genannt wird. Daß dieses Klostergebäude als Münzstätte diente, dürfte die Entstehung von Schatzsagen ebenfalls angeregt haben.
Es heißt, daß tief im Inneren der alten Franziskanerkirche eine silberne Orgel vergraben worden sei. Dies geschah, als die Mönche in Zeiten der Reformation mit ihrem Schatz nach Erfurt flüchteten, das kostbare Instrument aber nicht mitnehmen konnten. Ein Saalfelder Herzog wollte den Schatz heben, holte Bergknappen und Schatzbeschwörer zu Hilfe, aber das Unternehmen mißlang. Es brach plötzlich ein Feuer aus, und eine Stimme rief: „Es brennt“. Damit wurde das bei jeder Schatzsuche gebotene Stillschweigen verletzt, und die Orgel blieb ungehoben.
Zu einer Frau, die in der Nähe des Klosters wohnte, kam einst ein Geistlicher, der angab, daß in einem Gang unter ihrem Haus Kirchengemälde und vergoldete Statuen eingemauert seien. Als er beim Graben

auf einen breiten steinernen Gang mit einer Tür am Ende stieß, schien der Schatz nahe. Doch beim Öffnen der Tür senkte sich der Hof, und das Haus drohte einzustürzen. Deshalb gebot die Besitzerin, die Suche einzustellen, und der Schatz blieb ungehoben.
Mehr Glück hatte ein Lehrer, der in der Münzkirche Bergleute beim Schatzgraben beobachtete. Weil er vom aufgeworfenen Schutt getroffen wurde, rief er den Bergknappen zu, nicht so hastig arbeiten. Durch das Brechen des Redeverbotes bei der Schatzsuche verschwand der Spuk augenblicklich. Als aber der Lehrer am nächsten Morgen seine Schuhe ansah, hatte sich der Schmutz in Gold verwandelt.

St. Johanniskirche und Saalebrücke
Erhalten haben sich in Saalfeld beachtliche Reste der aus dem 13./14. Jh. stammenden Stadtbefestigung mit Stadtmauer und vier Stadttoren. Sie zeugen von der wirtschaftlichen Blüte, die ihren Ursprung im Bergbau in der Umgebung hatte. Auf diesen Wohlstand gehen auch architektonisch-künstlerische Entwicklungen zurück, die sich in wichtigen Bauten wie dem Rathaus (spätgotischer Bau mit Renaissancebestandteilen, 1526–1537) und der Johanniskirche (dreischiffige gotische Hallenkirche, begonnen um 1380) niederschlugen.
An die Johanniskirche, die heutige Hauptkirche am Markt, und die alte Saalebrücke heftet sich folgende Baumeistersage: Johanniskirche und Saalebrücke wurden zu gleicher Zeit von einem deutschen und einem welschen Baumeister erbaut. Beide wetteiferten miteinander, denn jeder wollte sein Werk zuerst beenden. Obwohl an der Kirche nur noch ein Stein anzubringen und das Kreuz aufzusetzen waren, unterbrach man die Arbeit, denn die Nacht brach herein. Der fremde Meister aber hatte mit Hilfe des Teufels auch in der Nacht den Brückenbau weiter vorangetrieben. Als am nächsten Morgen an der Kirche noch die

Saalfeld und Saalebrücke

letzten Handgriffe getan werden mußten, erscholl von der Brücke schon Freudengeschrei. Gleichzeitig aber war dort ein gräßliches Hohnlachen zu hören. Dies stieß der Teufel aus, als er den wahren Verlierer hinwegführte. Es heißt auch, daß die Brücke drei Heller mehr als die Kirche gekostet habe.

→ Jena, Stadtkirche St. Michael

„Jungfrau mit dem Bart“

Auf der alten Saalebrücke wurde 1379 die St.-Gehilfen-Kapelle erbaut. Darin befand sich die sagenumwobene „Jungfrau mit dem Bart“, ein Steinbild, auf dem außerdem ein Mann mit einer Geige, der neben

„Jungfrau mit dem Bart“ in der Johanniskirche

sich einen Pantoffel liegen hat, zu sehen ist. Im Mittelalter war das Bild Ziel von Wallfahrten und stand im Ruf, Gebrechen heilen zu können. Seit dem Abriß der alten Saalebrücke im Jahre 1890 befindet sich das Relief in der Johanniskirche:
Eine Königstochter lebte als Nonne in einem Saalfelder Kloster. Wegen ihrer großen Schönheit verliebte sich ein König in sie und wollte sie zur Frau nehmen. Doch die Nonne blieb ihrem Gelübde treu und bat Gott, ihr die Schönheit zu nehmen. Daraufhin wuchs ihr ein langer, häßlicher Bart. Als der König dies sah, ließ er die Nonne vor Wut ans Kreuz schlagen. Doch der Tod trat nicht sofort ein, sondern sie hatte noch etliche Tage unsägliche Schmerzen zu ertragen. Ein Spielmann, der von ihren Qualen hörte, spielte für sie, um die Schmerzen zu lindern und Trost zu spenden. Die Jungfrau ließ zum Dank einen mit Gold und Edelsteinen bestickten Pantoffel von ihrem Fuß herabfallen.
Bei der „Jungfrau mit dem Bart" handelt es sich in Wirklichkeit um eine Christusdarstellung, wie sie in romanischer Zeit üblich war. Der Gekreuzigte trägt königliche Kleidung, eine Tunika. Darin wurde fälschlicherweise ein weibliches Kleidungsstück gesehen; erst die Gotik stellte Christus im allgemeinen mit dem Lendentuch dar.

Burgruine „Hoher Schwarm"
Zu der Burganlage in der Altstadt gelangt man durch eine Mauerpforte, die sich neben dem Haus Schwarmgasse 8 befindet. Der zu Beginn des 14. Jh. entstandene Wehrbau diente als Stadtburg der Vögte von Saalfeld (Schwarzburger).
Die Sage verlegt die Entstehung des „Hohen Schwarms" ins 7. Jh. und verbindet sie mit der Gestalt des Heerführes Samo. Der historische Samo, fränkischer Krieger-Kaufmann und späterer König, hatte slawische Stämme erfolgreich gegen die Awaren geführt; seit dieser Zeit fielen die Wenden, ebenfalls ein slawischer Stamm, wiederholt in Thüringen und anderen Teilen des Frankenreiches ein. Eine solche Landnahme beschreibt die folgende Sage:
Als Samo auf seinem Siegeszug durch das Land des Frankenkönigs Dagobert kam, gefiel ihm das Tal der Saale so gut, daß er beschloß, an ihren Ufern eine Burg zu bauen. Der Oberpriester sollte durch Befragen der Gottheiten die genaue Stelle bestimmen. Dieser ließ eine Taube mit einem Glöckchen aufsteigen, die sich unweit des Steilufers auf einer Eiche niederließ. Da

befahl Samo, an dieser Stelle den Bau zu beginnen, und der Priester mußte selbst seine Axt an den Baum legen. Als der Baum stürzte, entflog seinem Stamm ein Bienenschwarm und erhob sich in die Lüfte. Deshalb erhielt die Burg den Namen Hoher Schwarm.
Noch mancherlei Seltsames wird über die Burg erzählt: So soll ursprünglich zwischen den einst vier Ecktürmen ein „Schloß in Ketten“ gehangen haben. Auch von einem Bauopfer wird berichtet: Der Chronist Sylvester Liebe schreibt, daß in den Kellerräumen ein Skelett mit gekreuzten Armen gefunden wurde, das durch die Erschütterung zu einem Häufchen Asche zusammengefallen sei. Durch die Haare konnte es als weibliche Person, die den schrecklichen Tod der Einmauerung erlitten habe, identifiziert werden.

Gleitsch, Teufelsbrücke
Etwa 4 km südöstlich von Saalfeld erhebt sich am rechten Ufer der Saale der Gleitsch. Dieser steil abfallende Berg steht nach drei Seiten frei, ist mit einer Felsenkuppe gekrönt und eröffnet eine weite Aussicht ins Umland. Vom Ortsteil *Obernitz* gelangt man in 30 Min. auf die Anhöhe, wo Schilder Auskunft über diesen bedeutsamen vorgeschichtlichen Fundort geben.
Der Sage nach stand hier ein Schloß mit vergoldetem Tor und hohen Türmen, das durch Blitze zerstört worden und mit einer Braupfanne voll Gold und großen Weinvorräten versunken sei. Nach anderen Erzählungen gibt es diesen Weinkeller noch immer. Doch sei der Zugang noch niemandem gelungen, denn die mächtigen Keller werden von neun feurigen Wölfen bewacht. Der Haupteingang zu diesem lockenden Reich soll sich am Fuße der sogenannten Teufelskanzel befinden. Den goldenen Schlüssel, der die Pforte öffnet, werde ein Zwerg einst am Drudenstein finden. Der Schlüssel habe die Form einer Schlange, die sich in ihren Schwanz beißt. Wenn der Zwerg in seinen Besitz gelange, seien die feurigen Wölfe von ihrem Wächterdienst erlöst und damit der Weg frei.
Vorläufig gilt der Gleitsch aber aus anderen Gründen als anziehend. Hier befindet sich die Teufelsbrücke, ein bizarres bogenförmiges Felsgebilde von etwa 6 m Höhe. Es handelt sich um den Rest einer ursprünglich rund 10 m tiefen Höhle. Solche ungewöhnlichen Felsenbildungen gelten im Volksglauben häufig als Werke des Teufels.
Die Höhlenruine zählt zu den wichtigsten vorgeschichtlichen Fundstätten in Thüringen. Es wird angenommen, daß die Höhle ehemals eine Fläche von

90 qm umschloß und vor ungefähr 14500 Jahren 20 Menschen Unterkunft bot. Sie wurde seit 1970 ausgegraben, wobei sich sehr störend erwies, daß in der Vergangenheit bereits Bergleute wie auch Schatzsucher das sagenumwobene Gelände gründlich durchwühlt hatten. Bei der planmäßigen Grabung kamen reiche Funde ans Tageslicht. Man barg etwa 25000 von Menschenhand bearbeitete Feuersteine; zu den Paradestücken gehören eine Speerschleuder aus Rentiergeweih in Form eines Pferdekopfes und der sogenannte Heilige Stein, eine Steinplatte mit Ritzzeichnungen. Zu erkennen sind zwei tanzende Frauen, ein Mammut und ein Schneehuhn sowie drei weitere Wesen, die als Geister oder Schamanen gedeutet werden könnten. Forscher vermuten, daß die Höhle auf dem Gleitsch ein wichtiger Kultort gewesen ist.

SACHSENBURG (Kyffhäuserkreis)

Sachsenburgen und „Thüringer Meer“

Bei Sachsenburg geht das Thüringer Becken in die Goldene Aue über. Hier muß die Unstrut einen Engpaß durchströmen, der von der Hainleite und der Schmücke gebildet wird. Diese schmale Stelle läßt gerade so viel Platz, daß je eine Landstraße an beiden Flußufern, eine Eisenbahnlinie und die Unstrut dicht nebeneinander laufen können. Der Paß hatte einstmals große strategische und verkehrspolitische Bedeutung. Die Bewohner des Dorfes Sachsenburg hießen früher „Paßmänner“, weil sie den Durchgang zu bewachen hatten. Dem Schutz dieses Gebietes diente ursprünglich eine große Wallburg. Im Mittelalter wurden dann die Obere und Untere Burg errichtet, deren Ruinen vom Dorf Sachsenburg aus in wenigen Minuten zu erreichen sind. Der Sage nach bauten die Sachsen die Obere Burg als Grenzfeste gegen die Franken, nachdem die Thüringer bei Burgscheidungen vernichtend geschlagen worden waren. Die Untere Burg habe ein Ritter Hak oder Haugk gebaut. Ihm sei die Grenzfeste übertragen worden, da er sich bei der Schlacht gegen die Thüringer besonders hervor getan hatte. Daher soll sich auch die geläufige Bezeichnung für die Untere Burg ableiten: Hakenburg.

Wie der Flußname Unstrut verrät, war sie einstmals ein wildes Wasser und trat ständig über ihre Ufer. In der von der Unstrut durchflossenen Niederung gab es außerdem zahlreiche Seen und Sümpfe, woran Ortsnamen wie *Weißensee, Gebesee, Schwansee* und *Seega* erinnern. Dadurch mag die Sage von einem riesi-

gen See im Thüringer Becken, dem „Thüringer Meer“, entstanden sein. Es heißt, daß die Bergzüge der Finne und der Hainleite vor langer Zeit eine geschlossene Mauer bildeten, die das Wasser der Unstrut zu einem riesigen See und Morast anstaute. An einem Eisenring am Tor des Schlosses von Beichlingen banden zu dieser Zeit die Schiffer ihre Boote an. In Erfurt stand am Ufer des Sees die Kapelle Corporis Christi mit einer Laterne, die den Schiffern als Wegzeichen diente.
Eine andere Sage erzählt vom Trockenlegen des „Thüringer Meeres“. Daß dieses Werk einem Mönch zugesprochen wird, ist nicht verwunderlich; besonders die Benediktinermönche waren für ihre Leistungen bei der Urbarmachung des Landes bekannt. Andererseits übersteigt eine solche Tat das Menschenmögliche, so daß sie nach dem Volksglauben nur durch ein Bündnis mit dem Teufel zu bewerkstelligen ist.
Ein zum Tode verurteilter Mönch erbot sich, die Sümpfe und Seen trockenzulegen, um seine Begnadigung zu erlangen. Nahe der Sachsenburg begann er zu hacken und zu graben. Langsam wuchs ein Stollen durch den Berg. Dann führte er in Kanälen das Wasser zu diesem Abfluß. Beim Sturz in die Tiefe riß das nasse Element Erde und Felsbrocken mit sich und erweiterte dadurch das Loch immer mehr. Schließlich war der Durchlaß so breit und tief geworden, daß der See abfloß und auf seinem ehemaligen Grund die Unstrut ihr neues Bett grub. Man sagt, der Mönch habe dieses Werk nur mit Unterstützung durch den Teufel geschafft. Niemand hat ihn je wieder gesehen. Sein höllischer Helfer stürzte ihn in das brodelnde Wasser des abströmenden Sees.
→ Gotha, Wasserkunst

SCHLEIZ (Saale-Orla-Kreis)

„Pestmann“ in der Bergkirche
Zu den besonderen Sehenswürdigkeiten der im Thüringer Schiefergebirge gelegenen Kreisstadt Schleiz zählt die Bergkirche. Der spätgotische Bau steht außerhalb der Stadt auf dem Liebfrauenberg und geht auf eine romanische Kapelle der Ritter des Deutschherrenordens aus dem 12. Jh. zurück. Das durch seine prächtige barocke Innenausstattung bekannte Gotteshaus war Begräbniskirche des Fürstenhauses Reuß. An der Südwand befindet sich auch das alte Grabmal des Grafen Hans von Cospoth († 25. 7. 1575). Daß der in betender Stellung dargestellte Graf im Volksmund „Pestmann“ heißt, geht auf eine Sage zurück:

Hans von Cospoth war während eines Kreuzzuges der Pest zum Opfer gefallen. Aber seine Begleiter hatten die tückische Krankheit nicht erkannt und überführten den Toten in die Heimat, wo er in der Familiengruft beigesetzt werden sollte. In dem Wagen, in dem man seinen Leichnam zum Begräbnis fuhr, ließen sich nach damaliger Sitte neunzehn Chorknaben zurück in die Stadt bringen. So kam es, daß bald darauf in Schleiz die Pest ausbrach. Der Überlieferung nach wütete die Pestilenz so arg, daß drei Totengräber wochenlang alle Hände voll zu tun hatten.

SCHLEUSINGEN (Lkr. Hildburghausen)

Schloß Bertholdsburg
Schleusingen, am Südhang des Thüringer Waldes inmitten einer Buntsandsteinlandschaft gelegen, wurde 1232 als „villa Slusungen" erstmalig erwähnt. Auf dem südöstlichen Ausläufer eines Höhenrückens entstand im 13. Jh. die Bertholdsburg als Residenz der Grafen von Henneberg-Schleusingen, die heute das bekannteste Wahrzeichen von Schleusingen ist. Der Name der Stadt stammt wahrscheinlich von einem Wehr oder einer Schleuse – lateinisch „slusa".
Eine Sage erzählt, daß einst ein junger Graf in den Wäldern des Schleusegebietes ein weißes Reh jagte. Dabei wurde er von seinen Jagdgefährten getrennt, und als es dunkelte, entschloß er sich, im Wald zu übernachten. Bevor er einschlief, bemerkte er plötzlich eine leuchtende Grotte, in der drei silberne Quellen flossen. Im Wasser schwamm eine Fee, die ein blit-

Schloß Bertholdsburg

zendes Stirnband mit den Zeichen S.L.U.S. trug. Die Fee erzählte ihm, daß das weiße Reh ihre von einem bösen Zauberer verwünschte Tochter sei, und sie bat ihn, den Zauberer zu töten und ihre Tochter zu erlösen. Die Kraft ihres Stirnbandes werde ihm dabei helfen. Als der Graf den Zauberer besiegt hatte, mußte er das Reh mit dem Wasser der drei Quellen von Schleuse, Nahe und Erle benetzen – und schon stand eine wunderschöne Jungfrau vor ihm. Der Graf nahm sie zur Frau und gründete auf dem Felsenberg, auf dem der Zauberer gehaust hatte, sein Schloß. Die Wasserfee soll noch heute im Schloßbrunnen wohnen; im städtischen Wappen über der Eingangstür des Rathauses ist deshalb eine Nixe dargestellt.

→ Bad Salzungen, Burgsee; → Weimar, Ilm

SCHMALKALDEN (Lkr. Schmalkalden-Meiningen)

Wilhelmsburg

Über dem Altstadtkern des 874 erstmals erwähnten Ortes erhebt sich das 1585/89 entstandene Schloß Wilhelmsburg. Um das als Sommer- und Jagdsitz gedachte Schloß bauen zu können, ließ Landgraf Wilhelm IV. von Hessen-Kassel die Vorgängerburg abreißen. Sie ist als Burg Walrab, Walraffe, Waltaff oder Walrabsburg bekannt und entstand vermutlich Mitte des 12. Jh. Das wertvolle Kunst- und Kulturdenkmal der deutschen Spätrenaissance beherbergt heute ein Museum, in dem u. a. die Geschichte des 1531 in der Stadt gegründeten „Schmalkaldischen Bundes“ dargestellt wird.

Der Sage nach lebte in der einstigen Burg ein hennebergisches Grafenpaar, das zwei Töchter hatte. Als die Kinder sich beim Pflücken eines Pfingststraußes im Wald verirrt hatten, ließ der Graf die Glocken der Marienkirche läuten, um Leute zur Suche seiner Töchter zusammenzurufen. Die ganze Nacht durchstreiften die Schmalkaldener ohne Erfolg die Wälder. Am nächsten Morgen suchten nur noch die Bewohner vom Stillertor weiter. Sie hatten Glück und fanden die schlafenden Mädchen. Mit einem Freudenzug kamen sie auf der Burg an. Der Henneberger lud sie zu einem Festmahl ein, und am Abend fand für alle Stadtbewohner ein Fest auf dem Anger statt. Der Graf schenkte den Leuten vom Stillertore aus Dankbarkeit für die Rettung seiner Kinder eine Puppe und verlieh ihnen das Recht, jedes Jahr in der Pfingstwoche eine Birke mit einer Puppe aufzustellen, eine achttägige Kirmes zu feiern und in den Wald ins „Döllendorf“, wo die

Kinder gefunden worden waren, zu ziehen und dort ein großes Waldfest zu feiern.

Hessenhof
Der Hessenhof am Neumarkt entstand nach der Zerstörung Schmalkaldens im Jahre 1203 und war bis 1247 Sitz der landesherrlichen Vögte, zunächst der thüringischen, ab 1360 der hessischen. In der ehemaligen Trinkstube befinden sich Deutschlands älteste mittelalterliche Malereien zu einem weltlichen Thema, die um 1220 entstandenen Iweinbilder. Sie stellen die Iweinsage aus dem Sagenkreis um König Artus nach Chrétien de Troyes und Hartmann von der Aue dar. Es ist die Geschichte des Ritters Iwein, der in einem leichtfertig heraufbeschworenen Kampf den König von Ascalon tötet und dessen Witwe Laudine zur Gemahlin nimmt. Nach einem Zerwürfnis mit ihr wird er wahnsinnig, kann jedoch durch eine Zaubersalbe geheilt werden. Iwein muß zahllose Abenteuer bestehen, bevor es zur Versöhnung mit Laudine kommt.
Da die kostbaren Fresken im Hessenhof aus Gründen des Denkmalschutzes nur in Ausnahmefällen Besuchern gezeigt werden können, wurden in einem Kellerraum des Schlosses Wilhelmsburg die Gewölbe der „Trinkstube" des Hessenhofes und deren Fresken in Originalgröße nachgestaltet und können hier besichtigt werden.

SCHMÖLLN (Lkr. Altenburg)

Rathaus
Das dreigeschossige Rathaus am Schmöllner Marktplatz erhielt seine jetzige Gestalt nach einem Stadtbrand im Jahre 1772; die Vorhangbogenfenster aus der Renaissance und spätgotische Elemente wie das Sitznischenportal weisen jedoch auf ein höheres Alter hin. An der Rathausfassade sind zwei alte Degen kreuzweise angebracht. Sie symbolisieren die Übertragung der Hohen Gerichtsbarkeit durch die Wettiner an die Stadt Schmölln, die im Jahre 1484 erfolgte.
Eine Sage bringt die gekreuzten Degen mit einem Ereignis aus der Zeit des 30jährigen Krieges in Verbindung: Wie es heißt, traut sich seit Menschengedenken kein Schmöllner Nachtwächter, die erste Stunde nach Mitternacht auszurufen. Zu mitternächtlicher Stunde hatten auf dem Markt zwei schwedische Offiziere beim Zweikampf ihr Leben verloren. Es sollen ihre Degen sein, die am Rathaus hängen, und seit dieser Tat

geht es hier nachts nicht mit rechten Dingen zu. Als ein Nachtwächter einmal ausrief „Der Seiger hat Eins geschlagen“, geschah etwas derartig Merkwürdiges, daß er es niemals wieder versuchte. Was ihm in jener Nacht widerfahren war, hat er um keinen Preis verraten wollen.

SCHWARZATAL (Lkr. Saalfeld-Rudolstadt)

Die Schwarza

Die Schwarza, die im Thüringer Wald in der Nähe des Rennsteigs bei Steinheid entspringt, fließt bis zu ihrer Mündung in die Saale fast ungebändigt dahin. Auf diesem Wege legt sie ungefähr 50 km zurück und überwindet einen Höhenunterschied von rund 500 Metern. Im Sommer erscheint sie als kleines klares Flüßchen. Nach der Schneeschmelze oder in Regenzeiten hingegen schwillt sie zum reißenden Fluß an. Die Sage

Goldwäscher in Thüringen. Holzschnitt, 1580

weiß von Nixen in der Schwarza zu berichten, die den Menschen übel gesonnen sind, sowie von zürnenden Wassergeistern, die sich versöhnen lassen, indem man ein kleines Geldstück ins Wasser wirft.
Im Gebiet der Schwarza wurde in den vergangenen Jahrhunderten Goldwäsche und Goldbergbau betrieben. Die Schwarzburger Fürsten trugen Trauringe aus Schwarzagold, und pflegten ihre Gäste mit einer „schwarzavergoldeten" Kanne voll Wein zu bewirten. Auch Dukaten aus Schwarzagold wurden geprägt. Insgesamt blieb die Ausbeute aber gering; um so stärker nährte man durch Erzählungen die Hoffnung, einmal zu einem größeren Stück Goldes zu kommen.
So wurden der Sage nach an der Schwarza oft fremde Männer gesehen, die Steine sammelten oder sich im Erdreich zu schaffen machten. Es sollen Venediger, geheimnisvolle Mineraliensucher aus Italien, gewesen sein. Zu den Knaben, die ihre glatten Steine auf dem Wasserspiegel tanzen ließen („fitschelten"), pflegten sie zu sagen: „Ihr werft Steine weg, die sind mehr wert als eine Kuh."
Einer Frau hatte eine Zigeunerin prophezeit, das Wasser werde ihrer Familie großes Unglück, dann aber auch Glück bringen. Es kam zu einem Hochwasser, bei dem die Schwarza sämtliche Felder der Familie verwüstete. Aber auch die zweite Weissagung erfüllte sich: Als sie eine Gans schlachtete, die nach dem Unwetter in der Schwarza gegründelt hatte, fand sie in deren Magen ein ziemlich großes Stückchen Gold.
Wie touristische Goldwäscher-Aktionen im Oberlauf der Schwarza zeigen, wurde die Hoffnung auf Goldfunde bis heute nicht aufgegeben.
→Gera, Wipsebach; →Inselsberg; →Reinsfeld, Steinkreuz

Hünenkuppe
Wo die Natur durch hohe Berge und Felsen eine monumentale Kulisse geschaffen hat, sind häufig Riesensagen beheimatet, die meist dem Erklärungsbedürfnis der Menschen entspringen. So auch an der Hünenkuppe, die sich zwischen *Bad Blankenburg* und *Dittersdorf* über dem Schwarzatal erhebt. Der auch durch einen vorgeschichtlichen Wall interessante Berg ist am günstigsten von Dittersdorf über den zwischen Schwarza- und Werretal verlaufenden Kammweg (2 km) zu erreichen.
Ein armer Mann aus Dittersdorf ging mit seinem Sohn in den Wald, um Birkenreiser zu schneiden. Unterwegs trennten sie sich, und der Junge sah plötzlich

hinter einem Busch einen Felsen weit offen stehen. Hier hausten Riesen. Das Gestein bildete eine Halle, in der Arbeitsgeräte aus gediegenem Gold lagerten und sogar der Boden mit Goldbröckchen bedeckt war. Von diesem Saal aus hatten die Riesen über das Schwarzatal bis zum Böhlscheibener Berg eine Kegelbahn errichtet, wo goldene Türmchen als Kegel standen und goldene Kugeln auf spiegelglatter Bahn rollten. Der Sohn rannte zu seinem Vater und erzählte ihm von seiner Entdeckung. Obwohl beide sogleich ausgiebig danach suchten, fanden sie den Felsen der Hünen und ihren Schatz nicht wieder.
Ein anderer Dittersdorfer, der die Hünenkuppe durchstreifte, um Jochweiden zu suchen, erblickte plötzlich eine Riesin. Die saß auf einem Felsblock und wiegte ihr Kind. „Setz Dich her“, sagte die Riesin, „und behüte mein Kind. Unterdes will ich dir eine Weide suchen, die so lange hält, daß du sie nicht überlebst“. Der Bauer blieb ein Weilchen bei dem Riesenkind. Als der Säugling aber heftig zu schreien anfing, machte er sich erschrocken davon. Als er sich umsah, folgte ihm die Riesin mit einer goldenen Rute in der Hand. Schon setzte er den Fuß in das Tor seines Anwesens. Da traf ihn ein Schlag mit der goldenen Rute, und er sank halbtot nieder. Die Rute war ein ausgewachsener Birkenstamm aus Gold, und hätte er beim Riesenkind ausgehalten, so wäre ihm dieser zuteil geworden.

Teufelstreppe
Wie eine aus riesigen Steinblöcken aufgetürmte Treppe sieht diese Felsbildung am Steilhang aus, die man entweder über den von Bad Blankenburg steil aufwärts führenden Wanderweg (3 km) oder über den bequemeren Weg vom Dorf *Böhlscheiben* (1,5 km) erreichen kann. Sie ist benannt nach dem Teufel, der in jüngeren, christlich gefärbten Sagen häufig die Rolle der Riesen übernommen hat.
Man erzählt, daß im Talgrund, wo der Werrebach in die Schwarza mündet, einst eine Köhler- und Fischerhütte stand. Ein Fremder warb um die schöne Fischerstochter. Als sie ihm das Jawort gegeben hatte, stellte sie fest, daß ihr Bräutigam kein anderer als der Teufel war. Entsetzt flüchtete sie den steilen Berg hinauf. Um sie besser verfolgen zu können, riß der Teufel Steine aus dem Felsen und türmte sie zu einer riesigen Treppe auf. Auf der siebenten Treppe holte er sie ein und wollte sie schon ergreifen, doch ein Blitz schleuderte ihn in die Tiefe, und das Mädchen konnte sich nach Böhlscheiben retten.

Schweina (Wartburgkreis)

Altensteiner Höhle

Unter den zahlreichen Höhlengebilden der Liebensteiner Gegend ist die vielbesuchte Altensteiner Höhle die bekannteste. Die 1799 beim Bau einer Straße entdeckte Karsthöhle befindet sich in Schweina, einer unmittelbar an *Bad Liebenstein* grenzenden Gemeinde. Bei der Erforschung der Höhle wurden Skelettreste von Höhlenbären und Höhlenhyänen entdeckt. Funde durchlöcherter Muschelscheiben, vermutlich Schmuck aus der jüngeren Steinzeit, zeugen davon, daß die Höhle schon früher von Menschen genutzt worden ist. Im Inneren befinden sich zwei Seen; der beim Schloß Glücksbrunn austretende Höhlenbach stellt insofern ein Rätsel dar, als man bis heute nicht eindeutig klären konnte, woher er sein Wasser bezieht.
Nach alten Sagenüberlieferungen ist der ganze Berg hohl und mit einer ungeheuren Wassermenge gefüllt, weshalb er den Namen „Hohler Stein" trägt. Wer sein Ohr an eine der vielen Felsenöffnungen hält, kann das dumpfe Rollen und Brausen der unterirdischen Wasser deutlich hören. Es hieß, daß der ganze Berg einst mit Donnergetöse zusammenbrechen und seine Wassermassen die ganze Gegend in einen großen See verwandeln würden.
Andere sagten, daß die Umgebung in ältesten Zeiten schon ein riesiger See gewesen sei und nur auf den höchsten Berggipfeln Menschen gewohnt hätten. Dann habe der Berggeist eine Höhlung in den „Hohlen Stein" geschlagen, in die alles Wasser geflossen sei. Als Ende des 18. Jh. die Höhle am Fuße des „Hohlen Steins" entdeckt und erschlossen wurde, haben manche alte Leute gebangt, daß nun die Flut aus dem Berg hervorbrechen und alles unter Wasser setzen werde.
→ Dermbach, Baier; → Gehlberg, Schneekopf

Seeba (Lkr. Schmalkalden-Meiningen)

See

Bei dem Dorf Seeba liegt ein kleiner See. Er soll folgendermaßen entstanden sein: Nicht weit vom Dorf liegt der Ort *Träbes*, und in seiner Nähe befindet sich das Träbeser Loch, ein tiefer Erdfall, der heute ein beliebtes Ziel von Wanderern ist. Vor langer Zeit soll dieses Loch voll Wasser gewesen sein und dort, wo jetzt der Seebaer See ist, die schönste und fruchtbarste Wiese im ganzen Tal. Sie gehörte einer Witwe, die zwei Söhne hatte. Eines Tages wurde die Witwe krank und ihre beiden Söhne wachten an ihrem Krankenlager. Als sie glaubten, daß die Mutter eingeschlafen sei, begannen die Brüder sich über das Erbe zu unterhalten. Sie teilten alles auf, konnten sich aber über die Wiese nicht einigen. Darüber gerieten sie in Streit, und am Ende drohte einer den anderen totzuschlagen. Die kranke Frau aber hatte alles gehört und betete zu Gott, er möge den Streit der Brüder verhindern. Am nächsten Morgen war die Wiese verschwunden. An ihrer Stelle hatte sich ein See gebildet. Niemand wußte, woher der See gekommen war, bis Bauern aus Träbes nach Seeba kamen und erzählten, daß in der vergangenen Nacht ihr See verschwunden und an dessen Stelle ein tiefer, trichterförmiger Kessel entstanden sei. Da erschraken die beiden Brüder und versöhnten sich am Sterbebett der Mutter.

→ Ellrich; → Dönges

SEITENRODA (Saale-Holzland-Kreis)

Leuchtenburg

Die auf dem 400 m hohen Lichtenberg stehende, weithin sichtbare Höhenburg ist vom Dorf Seitenroda zu Fuß in ca. 10 Min. zu erreichen. Hier bietet ein Museum umfassende Informationen zur Geschichte der Burg und der Region des mittleren Saaletales. Die Burg wurde im ersten Drittel des 13. Jh. (Ersterwähnung 1221) durch das edelfreie Geschlecht der Herren von Lobdeburg errichtet, die in dieser Zeit ihre Herrschaft in das Gebiet östlich der Saale ausdehnten. Oft wechselten in den folgenden Jahrhunderten Besitzer und Aufgaben der Leuchtenburg, und die Burganlage wurde mehrfach umgebaut. So war die Burg von 1400 bis 1700 Mittelpunkt des wettinischen Amtes Leuchtenburg; danach diente sie von 1724–1871 als Zucht-, Armen- und Irrenhaus des Herzogtums Sachsen-Altenburg. Unter – selbst für die Verhältnisse des 18. und 19. Jh. – äußerst schlechten Bedingungen waren hier insgesamt 5187 Menschen eingekerkert. Das Schicksal eines dieser Gefangenen ist in einer Sage überliefert, an die der Burgbrunnen im Gelände der Vorburg und ein gewaltiges Brunnentretrad, das im „Schleier", einem der Ecktürme, ausgestellt ist, erinnern:

Einst war auf der Leuchtenburg ein Mann aus Romschütz eingekerkert, der schon mehrmals versucht hatte, aus dem Zuchthaus zu fliehen. Alle Versuche waren jedoch gescheitert, und die grausamen Straftortouren hatten ein übriges getan, seinen Lebensmut zu brechen. Als er einmal ins Brunnenhaus zur gefürchteten

Gefangener mit Halsfessel, 18. Jh.

Arbeit im Tretrad kommandiert wurde, entschloß er sich, seinem Leben ein Ende zu machen. Er stürzte sich in den tiefen Burgbrunnen, um mit seiner Leiche das Wasser zu verderben. Das sollte die Rache für die erlittenen Qualen sein. Da dieser Brunnen der einzige Wasserspender der Burg war, mußte eilig Abhilfe geschaffen werden. Man versprach demjenigen Gefangenen, der es wage, in den Brunnen zu steigen und die Leiche zu bergen, die Freiheit. Ein zu langer Haft Verurteilter nahm all seinen Mut zusammen, ließ sich an einem Seil in das finstere Brunnenloch hinab und holte die Leiche herauf. Der Tote wurde im Burggelände verscharrt. Dem Häftling erließ man die Strafe, und er konnte die Burg als freier Mann verlassen.
Weitere Sagen erzählen von einer Belagerung der Burg, von einem unterirdischen Gang, der die Burg mit dem Ort Seitenroda verbinden soll, sowie von einer auf der Burg umgehenden Weißen Frau, die nach ihren ermordeten Kindern sucht.

SINGEN (Ilm-Kreis)

Singer Berg
Südlich von *Stadtilm* ragt zwischen den Dörfern Singen, *Dörnfeld* und *Hammersfeld* unübersehbar der

Singer Berg hervor, der wegen seiner beherrschenden Lage über dem Ilmtal auch „Protz“ oder „Prahlhans“ genannt wird. Der Berg ist bereits in der späten Bronzezeit und der vorrömischen Eisenzeit von Menschen aufgesucht worden. An der Nordseite des Gipfels kann man Wallreste einer vorgeschichtlichen Burganlage entdecken. Der Singer Berg zählt zu den sagenreichsten in Thüringen. Dabei fallen manche Ähnlichkeiten mit den Sagen vom Kyffhäuser auf.

Nach dem Volksglauben besitzt der Berg die Eigenschaft, jeden Wetterumschwung anzukündigen: dann hört man es rauschen und singen, was ihm den Namen „Singer Berg“ gegeben haben soll. Wahrscheinlicher ist, daß die Bezeichnung sich vom Abbrennen (Sengen) seines früher reichen Buchenholzbestandes ableitet. Von Zeit zu Zeit ist ein grauenhaftes Rumoren zu vernehmen, das die in den Berg gebannten Geister verursachen. Mitunter erschallen zu den Geräuschen eines großen Gelages Hörnerklang, Peitschenknall und lautes Hallo weithin in die Täler. An Versuchen, die merkwürdigen Geräusche des Berges wissenschaftlich zu begründen, fehlt es nicht. Es wird vermutet, daß chemische Reaktionen des Kalkgesteins mit dem eindringenden Wasser die Ursache des „Singens“ sein könnten.

Am Singer Berg sollen zahlreiche Pflanzen von besonderer Zauberkraft wachsen. Ruten, in der Mitternachtsstunde dort oben geschnitten, zähmten das Vieh und gewöhnten es schnell an Gehorsam. Als man noch selbst butterte, verwendeten manche Leute in ihren Butterfässern Stämpfel, deren Holz in den heiligen Nächten zwischen Weihnachten und dem Dreikönigstag auf dem Singer Berge geschlagen worden war. Das sollte die Butter mehren. Auch Zauberkraut soll auf dem merkwürdigen Berg wachsen. Tritt man darauf, kann man sich nicht mehr von der Stelle rühren. Nur wenn es jemandem gelingt, den Gebannten dreimal um sich selbst zu drehen, kommt er wieder los.

Viel Geheimnisvolles wird von einer Raubburg erzählt: Ein Schäfer, der von einem schönen Fräulein im Singer Berg durch Gänge, Säle und Hallen voll blitzender Waffen geführt wurde, traf auf schlafende Ritter, deren Bärte durch die Tafel gewachsen waren. Einer von ihnen erhob sein bleiches Gesicht und fragte: „Sieht man die weißen und schwarzen Vögel noch am Berg?“ „Man sieht sie noch“, antwortete zaghaft der Schäfer, und der Ritter seufzte: „So ist die Stunde noch nicht gekommen!“ und schlummerte wieder ein. Dann gingen die beiden durch Ställe, in denen wohl-

gerüstete Pferde standen, und durch riesige Gewölbe, in denen Fässer gestapelt waren. Als sie schließlich über einen Kieshaufen schritten, bedeutete ihm das Fräulein, sich etwas davon mitzunehmen. Da der Schäfer ablehnte, füllte sie seine Tasche und verschwand. Als der Hirte wieder bei seiner Herde war, hatte sich alles in Gold verwandelt.
Nach einer anderen Sage verirrte sich ein Mann aus *Möhrenbach*, der eine Fuhre Frucht geladen hatte, abends in der Gegend des Singer Berges. Bei einem erleuchteten Gebäude klopfte er an und wurde von einem alten, weißhaarigen Männlein eingelassen und gut bewirtet. Als er sich am nächsten Morgen verabschiedet hatte, schlug hinter ihm das Tor mit lautem Krachen zu. Er fuhr weiter, doch die Dörfer am Weg waren verändert, und als er daheim anlangte, verwehrte man ihm gar die Einfahrt. Da kam es an den Tag: volle hundert Jahre hatte der Fuhrmann im Singer Berg geschlafen.
→ Kyffhäuser

Sondershausen (Kyffhäuserkreis)

Kirche zum Heiligen Kreuz

Die Kirchenruine zum Heiligen Kreuz, ursprünglich eine Klosterkirche, liegt im östlichen Stadtgebiet. Sie ist eines der ältesten Gebäude Sondershausens. Ein noch lesbarer Stein an der nördlichen Außenwand nennt 1392 als Jahr der Errichtung: Nach einem Brand im Jahre 1463 wurde die Kirche renoviert; 1621

brannte es in der Kirche noch einmal. Seit dem Zweiten Weltkrieg ist die St.-Crucis-Kirche eine Ruine, die nicht mehr gottesdienstlichen Zwecken dient. Der Kirchenraum birgt heute kunstgeschichtlich wertvolle alte Grabsteine. Über die Gründung dieses ehemaligen Gotteshauses wurde folgende Legende erzählt:
Am Frauenberg bei Sondershausen hieb sich einst der Schäfer Kirchberg von einer Haselhecke einen Stecken. Da sah er auf dem weißen Holz ein grünes Kreuzlein, und über seinen Arm schien Blut zu laufen. Er entdeckte, daß aus der Schnittstelle blutroter Saft sickerte. Noch am gleichen Tage berichtete er dem Pfarrer von seinem wunderbaren Erlebnis. Der Geistliche nahm die Erscheinung als ein Zeichen, mit dem Gott auf den Bau einer Kirche hinweisen wollte. Man errichtete ein Gotteshaus, das grüne Kreuzlein wurde in Gold gefaßt und als Reliquie aufbewahrt. Ein Kreuz, das Bild eines Schäfers und eines Beiles zierten auch das Portal und Darstellungen von Schafen schmückten die äußeren Pfeiler. Heute ist von alledem nichts mehr zu sehen: Das in Gold gefaßte Kreuz ging während des Bauernkrieges verloren, die Figur des Schäfers fiel einem Sturm zum Opfer. Als nach einem großen Brand das Dach des Gotteshauses erneuert wurde, beseitigten die Bauleute die Steine mit den Schafen.

SONNEBERG (Lkr. Sonneberg)

Burg / Schloßbergturm

Um 1200 gründete ein Zweig der andechsischen Ministerialen von Giech auf dem Schloßberg die Burg Sonneberg, nach der sie sich ab 1207 benannten. Im 13. Jh. entstand zwischen dem Schloßberg und dem Stadtberg die Siedlung „Röthen under Sunber". 1317 fiel die Burg an die Grafen von Henneberg, und Gräfin Jutta von Henneberg verlieh Sonneberg im Jahr 1349 das Stadtrecht. Wie die Stadt zu ihrem Namen kam, erklärt die Sage folgendermaßen:
Einst wohnte auf der Burg ein Raubritter namens Süno. Er quälte die Sonneberger so sehr, daß sie beschlossen, ihn zu töten. Sie losten aus, wer dabei helfen mußte, und die, die das Los getroffen hatte, bestiegen die Burg. Dort legten sie heimlich Feuer und töteten den Raubritter Süno. Seinen Leichnam stürzten sie vom Schloßberg in die Stadt, zerteilten und verbrannten ihn. Vom Namen Süno (Suno, Sunno) soll der Name von Sonneberg abgeleitet sein.
Im Jahr 1349 brannte die Burg tatsächlich ab, wurde aber wieder aufgebaut. Um 1600 befand sie sich in so

schlechtem Zustand, daß ein Unwetter das Gebäude 1639 völlig zerstörte. Die Steine verwendete man zum Hausbau und zu Ausbesserungsarbeiten. Im Jahr 1844 erwarb der Augustenverein das Gelände und ließ den Schloßbergturm und ein Wirtschaftsgebäude neu erbauen. Seit 1945 befindet sich der Schloßberg im Besitz der Stadt und ist heute ein Wahrzeichen Sonnebergs.

Cella Antiqua
Sie liegt im alten Stadtgebiet und stellt wahrscheinlich das älteste Zeugnis des Chistentums in der Gegend um Sonneberg dar. Die „Cella“ ist durch den Keller des Hauses Gerichtssteig 1 zu erreichen. Es handelt sich vermutlich um eine fränkische Missions- und Taufkapelle, die um 800 bei der Christianisierung der Slawen unter Karl dem Großen in den Felsen gehauen wurde. Sie galt lange als verschollen, doch die Sage erzählte von einem Mönchskeller in der Nähe der Johanniskirche. 1954 wurde dieser dann wieder entdeckt. Ursprünglich war die Cella wohl für einen oder zwei Mönche angelegt worden. Es heißt, daß sich dort des öfteren ein schwarzer Mönch zeigen soll. Erhalten haben sich Teile der Altarplatte und ein plastisch hervortretendes lateinisches Kreuz, das beim Behauen der Stirnwand stehen gelassen wurde. Rechts am Eingang befindet sich im Boden ein Taufbecken, das von Quellwasser aus einer Felsspalte gespeist wird.

STADTILM (Ilm-Kreis)

Stadtbefestigung
In Stadtilm haben sich große Teile der Stadtmauer mit mehreren Wehrtürmen aus dem 15./16. Jh. erhalten. An diese Zeugen der Vergangenheit knüpft sich folgende Anekdote: Als das Städtchen einst durch den Kurfürsten von Sachsen belagert wurde, verteidigten sich die Stadtilmer mit Hilfe der Wehranlagen viele Wochen lang. Bald gingen jedoch auf beiden Seiten die Vorräte zur Neige. Für den großen Heerhaufen konnten aus dem Umland keine Lebensmittel mehr herangeschafft werden. Auch bei den Stadtilmern waren die Vorräte fast aufgezehrt. Ein einziges Schwein war noch übrig geblieben. Das brachte einen gewitzten Stadtilmer auf die rettende Idee: Vor den staunenden Augen der Belagerer wurde ein Schlachtfest begangen. Auf dem Wehrgang herrschte Geschäftigkeit, man lachte und scherzte. Bald stiegen Rauchschwaden mit dem unverwechselbaren Duft Thüringer Bratwürste auf. Den Feinden, die durch die lange Belagerung

schon mürbe geworden waren, bewies der Bratwurstduft endgültig, daß Stadtilm nicht einzunehmen sei.

STADTRODA (Saale-Holzland-Kreis)

Töpfertor/Rotes Tor

Stadtroda entstand aus dem Zusammenschluß des alten Städtchens *Roda* mit der Gemeinde *Klosterroda*. Die vom heutigen Stadtzentrum steil hinauf zum Töpferberg führende Gasse „Am Roten Tor“ endet an einem Tor, das wegen des als Baumaterial verwendeten rötlichen Sandsteins im Volksmund „Rotes Tor“ genannt wird. Durch das Töpfertor führte einst die wichtige Straße nach Gera. Von den ehemals fünf Toren der Rodaer Stadtbefestigung ist nur dieses erhalten geblieben. Das Töpfertor ist nach einer Sage der Schauplatz jenes Ereignisses, dem die Stadtrodaer ihren bis heute bekannten Beinamen „Rodsche Möhren“ oder „Möhrenschaber“ verdanken:

Um das Jahr 1450 gerieten die Rodaer Bürger mit dem Propst des Klosters Roda wegen des Bierausschanks in heftigen Streit. Wegen des Verdachts, das Kloster habe seine Brau- und Schankrechte übertreten, kam es zu Auseinandersetzungen und Handgreiflichkeiten, so daß der Klosterprobst schließlich den Grafen Heinrich Reuß aus Gera zu Hilfe rief. Als der Graf mit starker Streitmacht anrückte, stellten die Rodaer erschrocken fest, daß sich die Verteidigungsanlagen ihrer Stadt in einem trostlosen Zustand befanden. Hastig wurden die Mauern und Türme geflickt, doch die Zeit war zu knapp. Als man das Töpfertor schließen wollte, konnte man in der Hast den Pflock nicht finden und steckte stattdessen eine kräftige Möhre in die Torschlaufe. In der Nacht aber fraß ein Ziegenbock die Möhre und öffnete damit dem Feind das Tor, so daß die Rodaer bei diesem „Bierkrieg“ den kürzeren zogen.

Zum Spott, den die Rodaer Bürger seither ertragen müssen, gehört auch die Behauptung, daß sie zur Erinnerung an diesen Vorfall damals drei Möhren ins Wappen der Stadt gesetzt und erst später durch jene drei stolzen Türme, die heute das Stadtrodaer Wappen zieren, ausgetauscht hätten.

→ Heiligenstadt

STEIGERTHAL (Landkreis Nordhausen)

Glockensteine bei Steigerthal

Am Schwarzen Weg bei Steigerthal stehen 900 m südwestlich des Ortes ein Kreuz und die „Glockensteine“.

An sie hat der Volksmund die folgende Sage geknüpft: Ein Stolberger Glockengießermeister hatte den Auftrag, für seine Heimatstadt eine Glocke anzufertigen. Er beschloß, sich mit seinem Vater zu beraten, der in Nordhausen eine Glockengießerwerkstatt führte. Während der Abwesenheit des Meisters packte den Gesellen der Ehrgeiz, das Werk zu vollenden, um zu beweisen, was er alles gelernt habe. Es gelang ihm ein vortrefflicher Guß. Doch bald begannen ihn Zweifel zu plagen, ob sein Meister diese Eigenmächtigkeit gutheißen würde. So entschloß er sich, ihm entgegenzuwandern, um möglichst bald Klarheit zu schaffen. Nicht weit von Nordhausen traf er seinen Lehrherrn und berichtete ihm, was geschehen war. Den Meister packte ein Riesenzorn, und ohne sich zu besinnen, erhob er seinen schweren Knotenstock und erschlug den Gesellen. Als er den leblosen Burschen vor sich liegen sah, ergriffen ihn blankes Entsetzen und bittere Reue über sein jähzorniges Handeln. Stehenden Fußes ging er nach Stolberg und gestand dem Gericht die Tat. Dort, wo er den Jungen erschlagen hatte, fiel sein Kopf unter dem Schwert des Henkers; sein Leichnam wurde an Ort und Stelle bestattet.
Zum Gedenken an diese grausige Begebenheit setzten die Stolberger die Steine, die noch heute davor warnen, sich vom Jähzorn überwältigen zu lassen.
→ Altenburg, Wetterkreuz Zschernitzsch

STEINACH (Lkr. Sonneberg)

Neues Schloß
Im Tal der Steinach gab es bereits im 14. Jh. Hüttenwerke. Der Herzog von Sachsen verlieh den Hammerwerkbesitzern von Obersteinach im Jahr 1464 ein Schürfprivileg. Im Jahr 1734 übernahm der Kauf- und Handelsherr Tobias Otto die Steinacher Hammerwerke von seinem Schwiegervater Johann von Uttenhofen und baute das neue Schloß. Nach einer handschriftlichen Chronik entstand es in den Jahren von 1747 bis 1755. Das Gebäude hebt sich besonders durch das dritte Obergeschoß mit Schweifkuppel und Türmchen hervor. Es steht ganz in der Nähe des Eisenhammers und ist aus Bruchsteinen gebaut.
Es heißt, daß eines Nachts, als das Dach gerade mit Schiefer gedeckt worden war, im Schloßturm heimlich ein silbernes Glöckchen aufgehängt wurde. Dieses Glöckchen rief die Bergleute jeden Morgen zur Arbeit und tönte abends bis ins Bergwerk hinein, um den Feierabend anzukündigen. Die Sage erzählt auch,

daß der Sohn des Schloßerbauers Tobias Otto ein rechter Geizhals gewesen sei und die Bergleute oft unter ihm zu leiden hatten. Eines Tages war das silberne Glöckchen verschwunden. Ein Zwerg soll es heimlich heruntergeholt haben. Nun rief niemand mehr die Bergleute zur Arbeit und bald war die Erzader verloren. Mit dem Glöckchen waren Glück und Segen aus Obersteinach verschwunden.

STEINBACH-HALLENBERG (Lkr. Schmalkalden-Meiningen)

Hallenburg

Die Ruine der Hallenburg steht auf einem vorspringenden, etwa 80 m hohen Porphyrfelsen auf dem Arnsberg oberhalb der Stadt. Sie ist vom Rathausplatz zu Fuß in etwa 30 Min. zu erreichen. Erstmals wurde die Burg im Jahr 1228 erwähnt. Wahrscheinlich entstand sie aus der Notwendigkeit, die umliegenden Eisen- und Kupfererzgruben zu schützen. Die Hallenburg wechselte mehrfach ihren Besitzer und fiel 1583 mit dem Ort Steinbach an den Kurfürsten August von Sachsen. Im 30jährigen Krieg diente die bereits verfallende Burg den Steinbachern als Zufluchtsstätte. Im Laufe des 17. Jh. wurden die baufällig gewordenen Teile abgetragen. Heute sind noch die Palasruine und der mächtige Bergfried der Hauptburg zu sehen.
Der Sage nach befindet sich in der Burg eine verborgene eiserne Tür. Wer sie findet und imstande ist, sie zu öffnen, kommt in einen unterirdischen Gang, der bis in die Johanniterburg nach *Kühndorf* führen soll. Manchmal soll auch eine weiße Jungfrau erschienen sein, die immer bis zum Malzhaus ging. Darin befand sich eine Glocke, die ursprünglich zur Hallenburg gehörte. Sie klang silberhell und soll wundersame Kräfte besessen haben. Auf ihr konnte man zahlreiche Feilenstriche erkennen. Es wird erzählt, daß die Leute sich das abgefeilte Glockenmehl auf ein Butterbrot streuten, um vor der Fallsucht gefeit zu sein.

STEINHEID (Lkr. Sonneberg)

Bilbertsquelle

Der Name Steinheide ist bereits im 13. Jh. für einen Forst bekannt. Für das Jahr 1482 existiert der erste schriftliche Nachweis für Goldbergbau in Steinheid. Der Ort hatte im 16. und 17. Jh. zwischen 200 und 500 Einwohner und besaß von 1534 an Stadtrechte. Im 30jährigen Krieg ging der Goldbergbau stark zurück

und kam auch später wegen zu hoher Kosten nicht mehr in Schwung. Gegen Ende des 16. Jh. entstanden zahlreiche Glashütten in der Gegend um Steinheid. Es wurde kaolinhaltiger Glassand abgebaut und damit die Glas- und Porzellanindustrie beliefert. Heute bieten die Steinheider Goldwäscherkurse an.
Ein sagenumwobener Fleck bei Steinheid ist die Bilbertsleite mit ihrer stark fließenden Quelle, der Bilbertsquelle. Von Steinheid geht man auf dem Rennsteig in Richtung Neuhaus bis zur Steinheider Hütte und biegt dann rechts ab; man benötigt für den Weg etwa 40 Min. Dieser Teil des Waldes und der Brunnen erhielten ihren Namen von dem Räuber August Bilbert. Er soll ein ehrgeiziger Bauernsohn gewesen sein, der gerne in die Rauensteiner Ritterschaft aufgenommen werden wollte. Doch der Burgherr nahm ihn nicht ernst und sagte, daß er erst einmal 100 Mann erschlagen haben müsse, bis er Ritter werden könne. Bilbert nahm die spöttischen Worte des Burgherrn für bare Münze und zog hinauf zum Rennsteig. Dort grub er sich eine Höhle, spannte in Fußhöhe eine seidene Schnur über den Weg und band an deren Ende in seiner Höhle ein Glöckchen. Sobald jemand des Weges kam und die Schnur berührte, klingelte es und Bilbert zog los, die Wanderer zu erschlagen. 99 hatte er schon ermordet, da traf er auf einen jungen Studenten. Als Bilbert diesen mit seiner Keule erschlagen wollte, hatte der Student bereits seinen Degen gezogen und versetzte ihm einen tödlichen Stoß. Seitdem konnte diese Stelle am Rennsteig wieder gefahrlos begangen werden.

STELZEN (Saale-Orla-Kreis)

Stelzenbaum
Östlich des Ortes erhebt sich die Stelzenhöhe (610 m), von der man eine vorzügliche Aussicht zu den Höhen des Frankenwaldes hat. Auf dem Berg steht ein alter Ahorn, der Stelzenbaum. Früher hieß es, daß jeder Wunschtraum, den man unter dem Baum hat, in Erfüllung gehe. Einem armen Bauern aus Stelzen träumte hier, daß er sein Glück auf der Regensburger Brücke finden werde. Er machte sich nach Regensburg auf den Weg, bekam dort jedoch den Rat, daß das Glück in seinem Heimatdorf auf ihn warte. Dort liege nämlich unter einer hohen alten Kiefer auf seinem Grundstück ein Schatz vergraben. Der Bauer kehrte nach Stelzen zurück, und es gelang ihm auch, den Schatz zu heben. So hatte sich – wenn auch auf einem Umweg – sein Traum erfüllt.

Der jetzt auf dem Stelzenberg wachsende Baum wurde 1897 gepflanzt, nachdem der alte Stelzenbaum ein Opfer des Sturms geworden war. Über dessen Herkunft erzählt die Sage folgendes: In der Zeit der Hussitenzüge floh ein junger Bursche aus Stelzen in den Wald, um nicht Söldner werden zu müssen. Die Hussiten verfolgten ihn und trafen auf einer Waldwiese einen Schäfer an. Da dieser keine Auskunft über den geflohenen Burschen geben konnte, wollten sie ihn aufhängen. Der arme Hirte schwor, daß er unschuldig sei. Zum Beweis steckte er seinen Hirtenstab in die Erde und versicherte, daß binnen drei Tagen frisches Grün aus dem trockenen Holz sprießen werde. Aber die Hussiten gaben nichts darauf, der Hirte mußte sterben. Bald darauf trieben Blätter aus dem Hirtenstab, und er wuchs zu einem stattlichen Baum heran, dessen Äste jedoch stets traurig zu Boden gesenkt waren.

STRAUSSFURT (Lkr. Sömmerda)

Lutherborn

Der Lutherborn liegt dort, wo die Eisenbahnlinie Straußfurt-Weißensee die B 86 schneidet, etwa 4 bis 5 km von Straußfurt entfernt. Mit dieser Quelle ist folgende Sage verbunden: Noch Anfang unseres Jahrhunderts läuteten in Straußfurt vor jedem Gottesdienst die Glocken vier Mal. Die Ursache dafür war ein Versehen Martin Luthers. Der hatte versprochen, auf einer Durchreise in Straußfurt zu predigen. Die Stadt bereitete sich festlich auf dieses Ereignis vor. Nach dem dritten Läuten war aber von Luther noch immer nichts zu sehen. Dem Rat kam das recht sonderbar vor, und er schickte Boten auf die Landstraße. Auf halber Strecke nach *Weißensee* lag Luther friedlich schlafend an einer Quelle. Ermüdet von der Hitze, hatte er sich dort zur Rast niedergesetzt und war eingeschlummert. Die Abordnung weckte ihn und führte ihn in die Stadt. Als der Zug zum Tor hereinkam, mußten die Glocken zum vierten Male läuten. Bei diesem viermaligen Läuten war es viele Generationen lang geblieben.

STREUFDORF (Lkr. Hildburghausen)

Ruine Straufhain

Von Straufhain führt ein gut beschilderter Weg in ca. 45 Min. zur Burgruine. König Konrad III. ließ die Burg Strauf im 12. Jh. durch Burgmannen verwalten, die sich nach der Burg „von Strufe“ nannten. 1180 befand sich Straufhain im Besitz der Grafen von Henne-

berg, die sie zum Sitz einer Vogtei machten. Im Jahr 1322 belehnten die Henneberger das Geschlecht von Heßberg mit der Burg. Sie erbauten 1333 den Bergfried. Ihren einstigen Rang hatte die Burg zu dem Zeitpunkt aber bereits an die nahe Heldburg abgetreten. Zusammen mit dieser kam sie 1353 im Erbgang an die Wettiner. 1525 wurde sie im Bauernkrieg zerstört und ist seitdem Ruine.
Es heißt, daß einer der Ritter von Strauf eine schöne Tochter namens Sophie hatte, die Graf Poppo von Henneberg heiratete. Der Graf wurde vom Kaiser zu einem Kreuzzug gerufen, und Sophie wartete über ein Jahr auf seine Rückkehr. Der Ritter Hans von Lichtenstein brachte eines Tages die Nachricht vom Tod des Grafen und begann, um sie zu werben. Sie glaubte lange nicht an den Tod ihres Mannes, gab aber schließlich doch dem Werben des Ritters nach. Am Hochzeitstag kehrte Poppo von Henneberg jedoch zurück. Der Ritter von Lichtenstein überwältigte den Henneberger und ermordete ihn. Sophie wallfahrte noch oft auf den Friedhof des St. Georgenberges bei *Rodach*, wo sie nach ihrem Tode ebenfalls beigesetzt wurde. An heiteren Sonnentagen sieht man sie bisweilen im Burghof der Straufhainer Burgruine sitzen, wo sie auf einem Tuch Leinknotten trocknet. Mancher Bauer, dem sie Leinknotten geschenkt hatte, wurde reich, weil diese sich zu Hause in Gold verwandelt hatten. Wie es oft in der Sage geschieht, erweist sich hier der Wert eines Geschenkes erst im Nachhinein. Bei den Leinknotten handelt es sich um die Samenkapseln der Leinpflanze (Flachs).
Von der Zerstörung der Burg erzählt eine Sage folgendes: Die Bauern der Umgebung wollten die Ungerechtigkeiten des Ritters Otto von Strauf nicht mehr länger hinnehmen. Deshalb schichteten sie in einer Nacht Holz um die Burg auf und zündeten es an. Die Ausbruchsversuche des Ritters verhinderten sie mit Sensen, Äxten und Dreschflegeln. Nur eine Burgfrau konnte sich durch einen Sprung aus dem Fenster retten. Die Bauern verschonten sie, weil sie – im Gegensatz zum Burgherren – oft Milde gezeigt hatte.

Korneffer Kreuz
Nicht weit von Streufdorf, ca. 1,5 km östlich des Ortes, steht das aus Feldsteinen gelegte Korneffer Kreuz. Dort liegt der Bauernbursche Andreas Korneffer begraben. Im Jahr 1730 hatte er sich von dänischen Offizieren anwerben lassen. Da die Werber aber weiterzogen, ohne ihn mitzunehmen, ging er wie immer seiner

Arbeit nach. Freunde hatten ihm zwar geraten, sich zu verstecken, doch er achtete nicht auf deren Rat und fuhr am nächsten Tag mit seinem Ochsengespann ins Feld und pflügte. Dort fand ihn ein Grenadier des Landregiments Hildburghausen, der ihn abholen wollte. Korneffer ließ sein Gespann stehen und wollte sich in den nahen Wald retten. Doch der Grenadier schoß auf den Flüchtigen und traf ihn tödlich. Da Korneffers trauernde Braut nicht genug Geld hatte, ihrem Geliebten ein bleibendes Gedächtnismal zu setzen, legte sie ein Kreuz aus Ackersteinen an die Stelle, an der er erschossen worden war. Nach ihrem Tod übernahmen die Streufdorfer die Pflege des Kreuzes.

SUHL

Stadtwappen

Suhl wird 1232 erstmals erwähnt und 1527 zur Stadt erhoben. Für deren Entwicklung waren der Eisenerzbergbau und die Barchentweberei entscheidend. Bereits 1437 ist für Obersuhl ein Eisenhammer bezeugt. Das Stadtwappen zeigt in blauem Feld eine Burg mit zwei Türmen und roten Ziegeldächern. Zwischen den Türmen schwebt eine Erdhacke oder ein Pickel, der eine Ledersohle durchbohrt. Unter dem geöffneten Torweg der Burg sieht man das gräflich hennebergische Wappen: eine schwarze Henne auf grünem Dreiberg im goldenen Feld.

Die Sage erzählt dazu folgendes: Als Suhl begründet wurde, traf die Hacke eines Bergmanns beim Arbeiten eine Schuhsohle und durchbohrte sie, so daß sie an der Hacke hängen blieb. Zum Andenken nahm man den Pickel mit der durchbohrten Schuhsohle in das Wappen der Stadt auf. Von der erwähnten Sohle soll sich auch der Name Suhl ableiten. Da der dargestellte Pickel dazu

diente, Erze und Gestein aus dem Fels zu schlagen, wird die Sohle auf dem Wappen auch als Erztransportkarren fehlgedeutet.
Eine andere Sage erzählt, daß ein aus seiner Heimat im Norden Thüringens Verbannter auf dem Weg durch den Thüringer Wald in ein sumpfiges Tal kam, in dem sich viele Hirsche und Wildschweine suhlten. Der Vertriebene beschloß, sich in dieser wald- und wildreichen Gegend niederzulassen. Er baute sich ein Haus und nannte den Ort in Erinnerung an den ersten Eindruck, den er bekommen hatte, Suhl.

Kreuzkirche am Steinweg
Die barocke Kreuzkirche wurde von 1731–1739 erbaut. Nach alten Überlieferungen sollen in dem Gotteshaus nachts um 12 Uhr mitunter alle Schränke aufspringen. Manchmal vernimmt man auch zu ungewöhnlicher Zeit Gesang wie während des Gottesdienstes. Eines Abends hörte der Türmer der Kreuzkirche Choralgesang aus dem Kirchenschiff. Er ging hinunter, um herauszufinden, wer da singe. Doch plötzlich konnte er nicht mehr weitergehen. Es dauerte eine Zeit lang, bis er sich wieder von der Stelle bewegen konnte. Außerdem soll es in der Kirche eine „Nachtecke" (dunkle Ecke) geben, in der Ohrfeigen verteilt werden.
→ Erfurt, Severikirche; → Holungen; → Weida

Reliquie in der Kirche St. Ulrich in Suhl-Heinrichs
Das seit 1936 eingemeindete Dorf Heinrichs soll um 1100 gegründet worden sein. Im Sakramentshäuschen wird eine mumifizierte Frauenhand als Reliquie aufbewahrt. Wahrscheinlich wurde die Kirche im Jahr 1634 dank dieser Reliquie von den katholischen Landsknechten Isolanis verschont. Der Ort Heinrichs dagegen wurde wie Suhl angezündet und vernichtet. Möglicherweise stammt die Reliquie wie auch das um 1340 entstandene Altarkruzifix aus dem Vorgängerbau.
Die Sage bietet für die mumifizierte Hand verschiedene Erklärungen an: Es heißt, daß einem wohltätigen Geistlichen von Heinrichs nach seinem Tod die Hand abgetrennt und zum Andenken an seine guten Taten aufbewahrt wurde. Eine andere Sage behauptet, daß bei der Grundsteinlegung zum Bau der Kirche ein Kasten gefunden wurde, in dem sich eine Menschenhand, ein Krug Wasser und verschiedene Schriftstücke befanden.
Eine weitere Sage berichtet, daß ein Bürger von Heinrichs bei einem wichtigen Prozeß einen Eid leisten mußte. Er schwor, daß ihm, falls er falsch ausgesagt

hätte, nach seinem Tod die Hand aus dem Grab wachsen sollte. Als er gestorben war, geschah dies tatsächlich. Obwohl die Hand mit Erde abgedeckt wurde, kam sie immer wieder zum Vorschein. So entschloß man sich, die Hand abzuschneiden und als warnendes Beispiel aufzubewahren.
Hintergrund solcher Sagen ist meist der „Brauch der toten Hand", eine vergessene oder mißverstandene alte Rechtssitte. War jemand gewaltsam getötet worden, wurde dem Opfer vor der Bestattung im Beisein von Zeugen eine Hand abgenommen, die dann vor Gericht als Beweismittel für die Tötung diente.

Ottilienkapelle
Auf beschilderten Wanderwegen gelangt man in 45 Min. zum Ottilienstein, einem Aussichtspunkt am Suhler Domberg. Die dortige Ottilienkapelle wurde im 14. Jh. für die Bergknappen erbaut. Seit der Reformation nicht mehr benutzt, verfiel sie allmählich. 1843 entstand eine neue Kapelle, die am 3. April 1945 von den Amerikanern zerstört wurde. Im Jahr 1953 errichteten Suhler Heimatfreunde eine neue Kapelle.
Im Innenraum erinnert eine Wandmalerei an folgende Sage: Ein geiziger Obersteiger wollte seine einzige Tochter demjenigen zur Frau geben, der den ergiebigsten Schacht an wertvollen Erzen finden würde. Ritter Conrad von der Steinsburg, der in Ottilie verliebt war, ging nach Böhmen, um den Beruf des Bergmanns zu erlernen. Als er zurückkam, fand er bald ein silberreiches Erzlager, und der Obersteiger war bereit, ihm seine Tochter zur Frau zu geben. Doch der „rote Hinz", ein anderer Bergmann, wollte Ottilie ebenfalls heiraten. Er verschrieb sich dem Teufel, der ihm eine reiche Goldader zeigte. Daraufhin versprach der geldgierige Vater dem „roten Hinz" seine Tochter. Ritter Conrad sah keinen anderen Weg, um Ottilie aus den Händen des Unholds zu befreien, als sie zu erschießen. Auf dem Felsen, von dem aus er den unglücklichen Schuß abgegeben hatte, ließ er eine Kapelle erbauen. Den Rest seines Lebens verbrachte er zurückgezogen. Zur Erinnerung an seine geliebte Ottilie erhielt die Kapelle ihren Namen.
Nach einer anderen Überlieferung soll in der Nähe der Ottilienkapelle eine große Menge Geld vergraben sein. Manche Nacht macht es sich durch das ein schwaches Flämmchens bemerkbar. Ein Mann hatte diese Flamme oft gesehen und gang daran, den Schatz zu heben. Als er zu graben begann, kam plötzlich ein schwarzer Hund vorbei. Der Mann erschrak und ver-

beugte sich vor dem Hund. Als der Hund verschwunden war, fuhr ein von zwei schwarzen Pferden gezogener Wagen vorüber. Der Mann verneigte sich wieder. Das hätte er aber nicht tun dürfen, denn durch seine Verbeugungen war der Schatz so tief in die Erde gesunken, daß ihn niemand mehr finden konnte.

„Tote Männer“ am Domberg

Als einmal drei Fuhrleute von Erfurt nach Nürnberg fuhren, kamen sie auch nach Suhl. Sie benutzten die alte Straße über den Domberg und durch das „Fallmich“ in die Stadt. Doch auf dem Domberg wurde einer von ihnen plötzlich krank und starb an der Pest. Einer der beiden anderen wollte in Suhl Hilfe holen. Als die Suhler hörten, daß ein Fuhrmann an der Pest gestorben war, trieben sie den Hilfesuchenden zurück in den Wald. Dort starb er zusammen mit dem dritten Fuhrmann. Aus Angst vor Ansteckung verbrannten die Suhler die Toten, die Pferde, das Geschirr und alles, was die Fuhrleute besessen hatten, an Ort und Stelle. Zum Gedenken an diese Begebenheit stellten sie an jener Stelle einen Denkstein auf und nannten den Platz „Tote Männer“. Ein Stein mit der Aufschrift: „Hans Gunter Junger. Anno 1682“ steht heute noch. Im Heinrichser Kirchenbuch von 1682 gibt es einen Eintrag über Ägidius Hoffmann und Johannes Günther, die in Thüringen an der Pest gestorben und beerdigt worden sind.

Eine Sage berichtet von einem Schatz bei den „Toten Männern“. Ein am Domberg wohnender Mann wollte einen Wurzelstock roden. Dabei erschien ihm ein kleiner Hase, der ihm durch Scharren anzeigen wollte, daß er weitergraben müsse, um einen Schatz zu finden. Der

Opfer der Pest. Holzschnitt

Mann grub weiter, erhielt aber plötzlich einen gewaltigen Schlag auf den rechten Arm, daß er ihn nicht mehr rühren konnte. Nach einer alten Regel durfte er erst nach sieben Jahren wieder einen Versuch wagen. Als die Frist gerade um war, starb der Schatzsucher jedoch.

TABARZ (Lkr. Gotha)

Ortsname

Der Erholungsort am Nordosthang des Thüringer Waldes entstand aus den Orten *Cabarz, Nonnenberg, Groß-* – und *Kleintabarz*. Ursprüngliche Gewerbe waren neben der Wald- und Viehwirtschaft vor allem der Kupfer- und Silberbergbau. Bergleute aus dem Harz sollen mit dem Bergbau begonnen haben. Die „fremdländisch“ klingenden Namen Tabarz und Cabarz erklärt der Volksmund damit, daß die Orte durch Einwanderer „von weither“ gegründet worden seien. Urkundlich überliefert sind für Tabarz die Bezeichnungen Tannenfurte (1397) und Tafferts (1510); der Ortsname geht also auf eine Furt bei einem Tannenwald zurück.

Aschenbergstein

Vom Wandertreff in der Ortsmitte durch den felsengesäumten Lauchagrund führt der Weg in 45 Min. zum Aschenbergstein. Auf dem Porphyrfelsen, einer mittelalterlichen Burgstelle, steht ein hölzernes Kreuz, das an folgende Sage erinnert: Der Burgherr der Eschenburg hatte eine Tochter, die überaus fromm war. Jeden Morgen ging sie hinaus auf die umliegenden Höhen und hielt ihre Andacht. Dabei bedrohte sie einmal ein Bär. In ihrer Not sprang das Mädchen auf die äußerste Felsspitze und flehte um Hilfe. Der Bär setzte zum Sprung an, verfehlte sein Opfer jedoch und stürzte in die Tiefe. Zur Erinnerung daran ließ der Burgherr auf dem Felsen ein Kreuz errichten.

Gickelhahnsprung

Ebenfalls vom Lauchagrund aus ist der Gickelhahnsprung zu erreichen. Der Name der Anhöhe erinnert an ein merkwürdiges Erlebnis zweier Mönche aus dem Kloster Reinhardsbrunn. Auf dem Weg zu einem Eremiten, dem sie zum Namenstag zwei junge Hähne, Wein und andere Gaben aus der Klosterküche bringen wollten, kam ihre Rede auf Martin Luther und dessen „ketzerische Ideen“. Der eine Mönch erzählte, daß Luther bei Altenstein überfallen worden sei. Der andere fragte, ob man ihn getötet habe. „Gewiß“, antwortete der erste, „so wahr, wie dieser Gickelhahn sich das Genick bricht, wenn er von hier in den Abgrund müßte". In diesem Moment befreite sich einer der Hähne aus dem Korb, flatterte den Felshang hinunter und ließ von unten ein sehr lebendiges „Kikeriki" vernehmen.

THEMAR (Kreis Hildburghausen)

Stadtmauer

Themar war im Hochmittelalter Sitz einer Zent (Hochgerichtsbezirk). Die Wirtschaft des Ortes gründete sich vor allem auf die Tuchmacherei, die Graf Wilhelm von Henneberg (gest. 1480) durch die Gewährung von Innungsrechten besonders förderte. Anfang des 14. Jh. wird der Ort als Stadt bezeichnet, durfte aber erst 1457 eine Befestigung errichten.

Die Stadtmauer wurde der Sage nach von einer Gräfin in Auftrag gegeben, die auf dem Weg zu ihrem Bräutigam in Kloster *Veßra* feststellen mußte, daß ihr zukünftiger Gemahl gerade dabei war, sich mit einer anderen Frau zu verheiraten. Vor Schmerz und Wut riß sie sich einen Zopf aus, ging zurück nach Themar und ließ eine Mauer mit sieben Türmen um den Ort bauen. Auf einer Platte in der Mauer soll das Bild der Gräfin mit dem Zopf eingehauen sein; der genaue Ort ist jedoch nicht bekannt. Wie es heißt, zeigt sich die Dame mit dem ausgerissenen Zopf nachts um 12 Uhr bei einem Turm am Oberen Tor der Stadt.

Wappen der Grafen von Henneberg

Die Dame mit dem Zopf ist auch Bestandteil des Henneberger Wappens, wie es z. B. in einem Sandsteinrelief von 1532 im Kloster → Veßra dargestellt ist. Die

Sage erzählt von einem Henneberger, der in Arabien eine Gräfin kennengelernt und zu heiraten versprochen hatte. Nach seiner Rückkehr vermählte er sich jedoch mit einer anderen Dame. Als die Gräfin, die ihm nachgereist war, davon erfuhr, riß sie sich vor Kummer einen Zopf aus, gründete das zu Themar gehörende Kloster *Trostadt* und verbrachte dort den Rest ihres Lebens als Nonne. Wie es heißt, nahm der Henneberger Graf das Bild der Gräfin aus Reue in sein Wappen auf.

Stadtkirche
Die heutige Pfarrkirche St. Bartholomäus mit vier bedeutenden spätgotischen Altären löste 1488 die vorher an dem Ort stehende Bartholomäuskapelle ab. Es heißt, daß sich in der Neujahrsnacht dort die Verstorbenen des vergangenen Jahres versammeln, um zum Abendmahl zu gehen. In der Zeit des 30jährigen Krieges wurde die Bartholomäuskirche auf wunderbare Weise vor der Zerstörung bewahrt. Der Heerführer Isolani selbst soll mit einer Fackel in die Kirche gegangen sein, um sie anzuzünden. Doch der Anblick des prachtvollen Altars mit der Madonna, dem Erzengel Michael und dem Hl. Bartholomäus hielt den fanatischen Mann von seinem Vorhaben ab. Er löschte die Fackel, befahl, die Kirche zu schonen und das Feuer einzudämmen.
Wenn in Themar jemand stirbt, dann kündigen die Kirchenglocken das an. Das Sonntagsgeläut hat dann einen weinenden Klang und die Leute sagen: „Es gibt bald eine Leiche, die Glock' heult."

TONNDORF (Landkreis Weimarer Land)

Schloß Tonndorf
Im Landschaftsschutzgebiet „Mittleres Ilmtal", unweit des Stausees Hohenfelden, erhebt sich oberhalb von Tonndorf das gleichnamige Schloß. Es steht auf den Fundamenten einer im 12. Jh. erbauten Burg. Seit langem wird erzählt, daß in den unterirdischen Gewölben eine Weiße Frau spuke und ein Ritter begraben sei. Die Gerüchte erhielten im Jahre 1894 frische Nahrung. Damals wurden die Kellerräume umgebaut. Bauarbeiter fanden in einer Nische ein Skelett mit einer Kalksteinkugel und Mägde wollten im Keller die Weiße Frau gesehen haben. Der Schloßherr stieg mit einer brennenden Kerze hinab. Als er unten ankam, verlosch das Licht, und alle, die ihm von oben nachblickten, sahen einen geisterhaften weißen Schein. Nach langem Suchen klärte sich alles natürlich auf: In der Mauer befand sich ein verdeckter Lüftungsschlitz.

Ein Graf von Orlamünde, der auf der Burg zu Tonndorf lebte, war in den Krieg gezogen. Täglich hielt seine Gemahlin vom Turm Ausschau, ob er nicht zurückkehre. Eines Tages sah sie ihn und zwei Knappen auf das Schloß zureiten. Unweit des Dorfes Tonndorf überfielen sie aber Räuber und ermordeten den Grafen und seine Knappen. Die Frau mußte untätig zusehen. Verzweifelt stürzte sie sich von den Zinnen in die Tiefe. Vergebens suchte man nach ihr. Der Leichnam des Ritters wurde in der Burgkapelle aufgebahrt. Lehnsleute hielten die Totenwache. Um Mitternacht erschien am Kopfende des Sarges die Gräfin. Die Männer meinten, sie habe sich den ganzen Tag über eingeschlossen gehalten und wolle nun bei ihrem Gemahl beten. Rücksichtsvoll verließen sie die Kapelle. Am Morgen war die Gräfin ebenso geheimnisvoll verschwunden, wie sie um Mitternacht aufgetaucht war. Das wiederholte sich drei Nächte lang. Nachdem der Tote zur letzten Ruhe gebettet war, blieb sie verschwunden. Am Jahrestag des Mordes wurden am Ort der Tat drei Sühnekreuze gesetzt. Von da an sahen die Leute den Geist jeweils am Tage des Gedächtnisses dort als Weiße Frau sitzen. Darum hüteten sie sich, um diese Zeit in der Nähe vorbeizugehen. Es hieß, wer sie an den Kreuzen antrifft, wird noch im gleichen Jahr sterben.
→ Orlamünde, Kemenate

Steinkreuze
Die in der Sage erwähnten Sühnekreuze sind am Ortsausgang von Tonndorf in Richtung *Tiefengruben* im Schatten einer bizarr geformten Kastanie zu finden. Allerdings sind nur noch zwei Kreuze vorhanden. Das dritte soll als Kanalabdeckung verbaut worden sein. Ursprünglich standen die Kreuze auf einem weiter südöstlich gelegenen Hügel. Von dort wurden sie Ende des vergangenen Jahrhunderts an den jetzigen Standort umgesetzt, wo sie zugleich als Wegweiser zu der zum Schloß führenden Straße dienen.
Nach einer anderen Sage heißen die beiden Kreuze „Die feindlichen Brüder“ und erinnern daran, daß sich an dieser Stelle zwei Söhne eines Tonndorfer Burgherren im Streit um das Erbe erschlagen haben.
→ Altenburg, Wetterkreuz Zschernitzsch

Triptis (Saale-Orla-Kreis)

Wappen
Die Stadt Triptis soll aus drei Burgen – Triptis, Ronnestein und Mörla – entstanden sein. Von Burg Triptis ist

der im 11. Jh. im sumpfigen Gelände des Orla-Quellgebietes gebaute Bergfried erhalten. Der zwischen Altstadt und Stadtpark stehende Turm ist das weithin sichtbare Wahrzeichen der Stadt.

Mit der einstigen Burg und ihren Bewohnern wird das Wappen von Triptis in Verbindung gebracht. Es zeigt auf grünem Rasen einen Baum, unter dessen Geäst ein Edelmann einer Dame einen Pokal reicht. Seit seiner ersten bekannten Darstellung auf einem Stadtsiegel aus dem Jahre 1403 hat sich das Wappen kaum verändert. Recht unterschiedlich sind jedoch die sagenhaften und historischen Deutungen dieser Szene:
Eine Sage erzählt von der Liebe zwischen Bertha von Triptis und einem jungen Herren von Arnshaugk. Da die Triptiser Burgherren verarmt waren, verboten die Arnshaugker ihrem Sproß jegliche Beziehungen zu Bertha. Also trafen sich die beiden heimlich unter einem alten Weidenbaum und tranken Wein aus silbernen Bechern. Als sie der alte Arnshaugker dort überraschte, verteidigte der Sohn seine Liebe. Aber der Alte hatte kein Einsehen. „So wenig deine Worte diesen Baum in Grund und Boden reden können, so wenig wirst du mich umstimmen", entgegnete er. Da begann ringsum der Boden zu wanken, und die Weide versank, bis nur noch ihre Krone sichtbar war. Diesem Zeichen des Himmels konnte sich der alte Arnshaugker nicht verschließen.
Nach der offiziellen Version erzählt das Wappenbild hingegen folgende geschichtliche Begebenheit: Ottokar von Böhmen hatte eine Schwester des mit ihm verbündeten Dietrich des Bedrängten namens Adela geheiratet. Als Ottokar in den Machtkämpfen um den deutschen Königsthron 1198 zur Gegenpartei

übertrat, verwüstete man sein Land. Aus Zorn verstieß er Adela und schickte sie zu ihrem Bruder Dietrich zurück. Sie fand mit ihrem Hofstaat Aufnahme im Triptiser Schloß. Dietrich begrüßte sie beim Untertor und reichte ihr unter einer Eiche den Willkommenstrunk.

TRUSETAL (Lkr. Schmalkalden-Meiningen)

Wallenburg
Auf dem Hainberg über dem Ortsteil Auwallenburg liegt die Ruine der Wallenburg. Sie ist vom Schaubergwerk Kühn im Ortsteil Wallenburg gut zu erreichen. Erbaut wurde die Burg im 13. Jh. Ob die Herren von Frankenstein oder das Kloster Burgbreitungen die Burg erbauen ließ, ist unklar. Im Jahr 1525 plünderten Bauern die Wallenburg und brannten sie nieder. Von den beiden Bergfrieden steht nur noch einer und dient als Aussichtsturm.
Eine der Sagen, die sich um die Wallenburg ranken, erzählt von einem unterirdischen Gang, der die Burg mit dem zwei Stunden Fußweg entfernten *Schmalkalden* verbinden soll. Es heißt, daß die Wallenburg im 30jährigen Krieg lange belagert wurde. Nach mehreren Wochen hatten die Belagerer die Burg weder mit Waffengewalt noch mit List erobern können. Deshalb beschlossen sie, die Burgbesatzung auszuhungern. Als auch das ohne Erfolg blieb, boten sie ihren Abzug an, falls sie am nächsten Morgen drei frisch gebackene Brötchen aus der Burg erhielten. Natürlich gingen die Wallenburger darauf ein. In der Nacht lief ein Bote durch den unterirdischen Gang nach Schmalkalden, um in aller Frühe die verlangten Brötchen zu holen. Als er zurückgekehrt war, ließen die Burgbewohner den Anführer der Reiterei zum Burgtor kommen und überreichten ihm dort die frischen Brötchen. Wütend zogen die Belagerer ab, und die Wallenburger feierten ihren geglückten Streich noch einige Tage.
Bei Erdarbeiten am Burghang wurde im Jahr 1977 tatsächlich ein unterirdischer Gang entdeckt, dessen Bauweise auf mittelalterlichen Ursprung hinweist. Er führt bergauf in Richtung Burg, ist jedoch nach einigen Metern verschüttet. Wenn dieser Gang auch mit Sicherheit nicht nach Schmalkalden führte, sondern wohl eher eine geheime Verbindung zum unterhalb der Wallenburg gelegenen Meierhof war, hat die Sage durch diese Entdeckung eine Bestätigung gefunden.

UNTERMASSFELD (Lkr. Schmalkalden-Meiningen)

Hexenberg

Untermaßfeld wird von der großen Burganlage geprägt, die seit 1813 als Justizstrafanstalt genutzt wird. Der Hexenberg (479 m) liegt nordöstlich vom Ort. Seinen Namen erhielt er von den Hexenverbrennungen, die auf ihm stattfanden. Die Sage erzählt folgendes: Einst war ein armer Jüngling aus *Leutersdorf* namens Hans Schau wegen Hexerei angezeigt worden. Er wurde gefangen genommen, im Amt zu Maßfeld verhört und gefoltert. Lange beteuerte er seine Unschuld, doch dann konnte er der Folter nicht länger standhalten und legte ein Geständnis ab. Bald danach kam aus Jena das Urteil, daß Hans Schau verbrannt werden sollte. Die Untermaßfelder führten ihn zum Dorf hinaus, über die Werrabrücke, die Hexentreppe und den Hexensteig hinauf. Ungefähr nach der Hälfte des Weges waren Pfähle eingeschlagen worden, um an ihnen Bäume zu pflanzen und festzubinden. An einem der Pfähle blieb Hans Schau stehen und rief der neugierigen Menschenmenge zu: „So gewiß ich unschuldig bin, so wahr wird Gott der Herr ein Wunder tun und Leben diesem dürren Pfahle geben und ihn zum grünenden Baume ausschlagen lassen." Niemand glaubte ihm, und sie führten ihn zum Gipfel, um ihn dort zu verbrennen. Als die Untermaßfelder nach der Hinrichtung zurückkamen, hatte der Pfahl bereits kleine Zweige getrieben und die ersten grünen Blätter sprossen hervor. Dieses Wunder führte dazu, daß anschließend im Amt Maßfeld niemand mehr wegen Hexerei hingerichtet wurde. Aus dem dürren Pfahl wuchs eine weithin sichtbare starke Buche, die einzige am Hexenberg.

UTZBERG (Lkr. Weimarer Land)

Utzberg

Hinter der Senke, in welcher der Ort Utzberg liegt, erhebt sich der gleichnamige Berg. Der Name Utzberg ist abgeleitet von Wotnesberc (Urkunde von 1123) oder Utinsberg (Urkunde von 1273) und bedeutet Wotansberg oder Odinsberg. Beide Namen beziehen sich auf den obersten Gott der germanischen Mythologie. Auf diesem Berg brannten in vorchristlicher Zeit die Opferfeuer. Nach der Christianisierung wurde Wotan zum Wilden Jäger, der dem Wilden Heer voranzog. Darum ist es heute am Utzberg nicht geheuer. Nächtlichen Wanderern ist dort schon ein schwarzer Reiter ohne

Kopf erschienen. Mitunter sitzt eine riesige schwarze Katze mit einem weißen Kreuz auf dem Rücken am Weg und läßt niemanden vorbei. Am häufigsten reden die Leute jedoch von einem unheimlich großen Hund mit glühenden Augen und feurigem Atem. Wer ihn gesehen hat, soll nicht mehr lange leben.

→ Greiz, Teufelskanzel; → Hohenleuben, Walteich

V

VACHA (Wartburgkreis)

Werrabrücke

Vacha, bereits um 1186 als fuldaische Stadt erwähnt, ist die älteste Stadtsiedlung Westthüringens. Bekanntestes Wahrzeichen der als „Tor zur Rhön" bezeichneten historischen Grenzstadt ist die 1342 errichtete Werrabrücke. Eine Sage berichtet, daß sich der Bau dieser Brücke mit ihren 14 Bögen überaus schwierig gestaltete. Immer wieder stürzte der mittlere Bogen ein. Da bot ein Mönch aus dem Kloster Mariengart seine Hilfe an, verlangte aber, daß ihm der Stadtrat dafür am Obertor Grund und Boden für die Errichtung eines Klosters geben müsse. Als dies bewilligt war, ließ er den Baumeister ein unschuldiges Kindlein lebendig in den Brückenbogen einmauern. So geschah es dann, und der Brückenbau konnte vollendet werden.

→ Hohenleuben, Burgruine; → Ranis, Burg

Der hl. Vitus im Kessel

Vitusbrunnen
Den Mittelpunkt des von Fachwerkhäusern des 17. Jh. gesäumten Markplatzes bildet der Vitusbrunnen. Er trägt die Jahreszahl 1613 und erinnert an den Schutzpatron der Stadt, St. Vitus, der nach der Legende von den Heiden in Öl gesotten worden sein soll. Die Brunnenfigur ist ein Ritter mit Helm und Lanze, der in der linken Hand einen Topf trägt, aus dem ein Männlein hervorschaut, im Volksmund „Vietche im Töpfche" genannt. Der Überlieferung nach wurde Vacha einst von einem großen Heerhaufen belagert. Ein Ritter rettete die Stadt, indem er einen kühnen Ausfall wagte. Dabei fiel er jedoch in die Hände der Feinde. Diese ließen ihn zur Strafe in siedendes Öl werfen, doch der Schutzheilige des Ritters, St. Vitus, rettete ihn vor diesem schrecklichen Tod. Zum Andenken daran wurde der Brunnen errichtet.

VESSRA (Kreis Hildburghausen)

Kloster Veßra
Das Prämonstratenserkloster Veßra wurde 1131 von Graf Gotebold II. von Henneberg gegründet und 1138 durch Bischof Otto II. von Bamberg geweiht. Anfangs bildete Veßra zusammen mit *Trostadt* ein Doppelkloster. Der Sage nach hat dies folgenden Grund: Ursprünglich wohnten in Kloster Veßra Mönche und Nonnen nachbarlich beisammen. Als im Nonnenhaus einmal Feuer ausbrach, hielt man es für angebracht, Stroh und Feuer voneinander zu scheiden. So wurde für die Nonnen in der Nähe von Veßra im Werratal eine gesonderte „Strohstatt" errichtet – ein neues Kloster, das den Namen Trostadt erhielt und von den Veßraer Äbten abhängig blieb. Ein unterirdischer Gang soll die beiden Klöster miteinander verbunden haben. In den teilweise erhaltenen Klostergebäuden kann man der Überlieferung nach von Zeit zu Zeit wandelnde Mönche erblicken. In einem verfallenen und verschütteten Brunnen soll außerdem ein überaus großer Schatz liegen.
Bis 1566 nutzten die hennebergischen Grafen die 1182 geweihte Kapelle der Hll. Johannes und Andreas an der Nordseite des Querschiffs der Klosterkirche als Begräbnisstätte. Danach verlegten sie das Erbbegräbnis in die Residenz nach Schleusingen. 1333 wurde das Kloster zur Abtei erhoben. Veßra war lange ein wichtiges regionales Kulturzentrum, versorgte den Pfarrdienst in 31 Orten und förderte die Rodungstätigkeit. Im Bauernkrieg 1525 wurde das Kloster zwei

Mal besetzt und mußte dem Bildhäuser Haufen Proviant zur Verfügung stellen. Die Henneberger Grafen wandelten das Kloster zwischen 1544 und 1573 in eine landesherrliche Domäne um, die vom 17. bis zum 19. Jh. unter sächsischer, seit 1815 unter preußischer Herrschaft eine bedeutende Pferdezucht betrieb. Im Zuge der Bodenreform 1945 wurde sie aufgelöst. Nach 1952 war das frühere Kloster Sitz einer LPG. Das 1975 gegründete „Agrarhistorische Museum des Bezirkes Suhl“ erforscht – nun unter dem Namen „Hennebergisches Museum Kloster Veßra“ – die Geschichte des ehemaligen Prämonstratenserstiftes, die Regionalgeschichte und die Volkskunde des Henneberger Landes. Zum Museum gehören verschiedene Bauernhäuser, eine Schmiede, eine Mühle, ein Back- und ein Bienenhaus.

VIERZEHNHEILIGEN (Stadt Jena)

Kirche Vierzehnheiligen

Durch das Mühltal fährt man auf der B 7 nach *Isserstedt* und von dort zu dem eingemeindeten Ort Vierzehnheiligen (9 km vom Jenaer Stadtzentrum), dessen wuchtiger Kirchturm schon von weitem zu sehen ist. Ein Denkmal vor der Kirche erinnert an die Gefallenen einer der größten kriegerischen Auseinandersetzungen des 19. Jh., der Schlacht bei Jena am 14. Oktober 1806. Die Kirche selbst ist ein als Wallfahrtstätte errichteter spätgotischer Bau, dessen Ausmaße für ein Dorf dieser Größe ungewöhnlich sind.

Der Überlieferung nach gehen der Bau der Kirche und die Gründung des Ortes auf Kriegsereignisse im 15. Jh. zurück: Während des Sächsischen Bruderkrieges (1446–1451) zwischen Kurfürst Friedrich von Sachsen und Herzog Wilhelm von Sachsen wurde der Ort Luttkendorf oberhalb von Jena gebrandschatzt. Ein schwer verwundeter Mann brach auf der Flucht erschöpft zusammen und fiel in eine Wasserlache. Verwundert spürte er, wie in dem Wasser seine Schmerzen nachließen und seine Kräfte zurückkehrten. Schon bald konnte er weiterziehen und lobte nun überall die wundertätige Wirkung dieses Wassers. Als sich die zerstrittenen Brüder Friedrich und Wilhelm 1451 versöhnten, wollten sie als Sühnezeichen eine Kirche bauen. Die Nachricht von dem wundertätigen Wasser bewog sie, an diesem Ort eine Wallfahrtsstätte errichten zu lassen. Die Kirche wurden den heiligen vierzehn Nothelfern geweiht. Bei der Kirche entstand das Dorf Vierzehnheiligen, in dem

sich viele Leute aus dem zerstörten Luttkendorf ansiedelten.
Eine andere Sage erzählt, daß der reiche Besitz der Wallfahrtskirche während der Reformation an den Staat, die umliegenden Dörfer und die evangelische Pfarre fiel. Bevor die Kirchenschätze nach Weimar gebracht werden konnten, sollen der katholische Pfarrer und sein Küster jedoch mit einem Teil nach Franken geflohen sein, wo sie vom Erlös die neue, weit prächtigere Wallfahrtskirche Vierzehnheiligen in Oberfranken erbaut hätten. Den anderen Teil des Kirchenschatzes vergruben sie in einem unterirdischen Gang, der von Vierzehnheiligen in die Utenbacher Kirche führt. Wie es heißt, wird dieser Schatz erst dann gefunden werden, wenn sich die Christen nicht mehr wegen ihres unterschiedlichen Bekenntnisses streiten.

VOLKENRODA (Unstrut-Hainich-Kreis)

Nonnenkreuz

An der Straße von *Körner* nach *Obermehler* liegt der kleine Ort Volkenroda. Seine Geschichte reicht weit in das Mittelalter zurück. Anfang des 12. Jh. wurde die Burg von Volkenroda zerstört. Aus ihren Trümmern stiftete die Gräfin Helinburgis von Gleichen um 1130 ein Zisterzienserkloster. Im 15. Jh. sank der Ruf des Klosters mehr und mehr. Ein Teil der Mönche verließ das Kloster, um als Pfarrer oder Lehrer tätig zu sein. Das Kloster Volkenroda ist in den letzten Jahren zu einem bedeutenden ökumenischen Treffpunkt geworden und wird z. Zt. restauriert.
Das „Nonnenkreuz“ ist ein gotisches Kreuz aus Kalkstein von 135 cm Höhe. Es befindet sich gegenüber dem Feuerwehr-Gerätehaus und soll folgenden Ursprung haben: Die Ordensbrüder des Zisterzienserklosters Volkenroda betreuten auch die benachbarten Ortschaften. In *Langensalza* verwalteten sie den Siechenhof, in *Großfurra* und *Schlotheim* waren sie die Beichtväter der Nonnen. Ein junger Mönch, der seines Dienstes wegen öfter in Schlotheim weilte, entbrannte in verbotener Liebe zu einer der Nonnen im dortigen Kloster. Heimlich flohen beide und trafen sich nahe der Gangolfskapelle. Da überraschte sie ein Unwetter. Ein Blitz verbrannte die Ordensfrau zu Asche. Der Mönch wurde gefangen und lebendig eingemauert. Für die Nonne errichtete man ein Kreuz aus Stein, auf dem sie abgebildet war.

WALTERSHAUSEN (Lkr. Gotha)

Stadtwappen

Die Stadt, eines der „Tore zum Thüringer Wald“, hat im Wappen drei Tannenbäume und einen Fisch, der zwischen den Baumstämmen eingeklemmt zu sein scheint. Dazu wird erzählt: Vor dem Waldtor, am Fuße des Strömelsberges, entsprang früher eine Quelle, welche die Stadt mit Wasser versorgte. Einmal schwoll das Wasser durch ein Unwetter so stark an, daß das Städtchen überschwemmt wurde. Der Stadtrat ließ einen zauberkundigen Mönch aus dem Kloster Reinhardsbrunn kommen. Dieser stopfte den Ärmel seiner Kutte – nach einer anderen Variante der Sage den Samtärmel des Bürgermeistergewandes – in das Quelloch und besprach das Wasser. Daraufhin kam die wilde Flut zum Erliegen. Als sich das Wasser verlaufen hatte, fanden die Bürger eine Menge Karpfen und andere Fische auf den Zäunen und in den Bäumen. Zur Erinnerung nahm man die Bäume und einen Fisch in das Wappen auf.

Schloß Tenneberg

Das Schloß mit seinem sehenswerten Heimatmuseum ist vom Stadtzentrum über eine Fahrstraße oder zu Fuß (10 Min.) zu erreichen. Als Burg der Thüringer Landgrafen wurde Burg Tenneberg 1176 erstmals erwähnt; ihr Name soll daher rühren, daß der Burgberg ursprünglich von dichtem Tannenwald bewachsen war. Im 16. Jh. wurde die Burg zum Jagdschloß umgebaut; eine vierflügelige Anlage im Renaissancestil entstand, die das heutige Erscheinungsbild prägt.

An die Zeit der Landgrafen erinnert die Sage vom „Taufritt nach Tenneberg“: Während einer Belagerung der Wartburg gebar Landgraf Friedrichs Gemahlin eine Tochter. Da auf der Burg kein Priester war, entschloß Friedrich sich, mit einigen Rittern den Belage-

rungsring zu durchbrechen, um das Kind auf Burg Tenneberg taufen zu lassen. Kaum hatten sie die Burg verlassen, begann der Säugling inmitten der Feinde zu schreien. „Herr“, sprach die Amme, „das Kind wird nicht eher schweigen, bevor es getrunken hat.“ Da rief der Landgraf: „Meine Tochter soll trinken, und koste es das Thüringerland“ und ließ anhalten. Obwohl ihnen die Feinde nun dicht auf den Fersen waren, gelangten sie wohlbehalten zur Burg Tenneberg, wo das Kind endlich getauft werden konnte.
Nach einer anderen Sage kann man im Schloß zur Mitternachtsstunde des öfteren einer weißgekleideten, stummen Frau begegnen. Mit ihr hat es folgende Bewandtnis: Im Sommer des Jahres 1559 kam eine vornehme Dame als Gefangene auf Schloß Tenneberg. Sie gab vor, Anna von Cleve zu sein, die geschiedene Gemahlin des als Blaubart bekannten Königs Heinrich VIII. von England. Mit großen Versprechungen war es ihr zwar zunächst gelungen, das Vertrauen des Herzogs zu gewinnen, doch bald geriet sie in Verdacht, eine gemeine Hochstaplerin zu sein. Unter der Folter erklärte sie schließlich, die uneheliche Tochter des Herzogs von Cleve und einer Kammerfrau der verstorbenen Königin Anna zu sein. Zur Strafe sperrte man sie im Turm ein und vermauerte sogar die Tür ihrer Zelle. Nur ein kleines Loch, das zum Durchreichen des Essens diente, blieb offen. Eines Tages jedoch war die Gefangene verschwunden. Die vermauerte Tür und die vergitterten Fenster wurden untersucht, doch man fand keine Spur von ihr. Seit dieser Zeit soll sie als Weiße Frau in den Gemächern von Schloß Tenneberg umgehen.
→ Orlamünde, Kemenate

WANDERSLEBEN (Lkr. Gotha)

Burg Gleichen (Drei Gleichen)
Die „Wandersleben Gleiche“ befindet sich unmittelbar an der Abfahrt Wandersleben der Autobahn A 4. Vom Parkplatz am Fuß des Burgberges gelangt man in 15 Min. zur Burgruine, in der auch eine kleines Museum untergebracht ist. Die Burg wurde im Jahre 1034 als „Gliche“ erstmals erwähnt. Wahrscheinlich ist der Name vom keltischen Wort „glich“ (= Felsen) abgeleitet. Die Grafen von Tonna, die sich nach der Belehnung mit der Burg „von Gleichen“ nannten, waren die wichtigsten Besitzer der weitläufigen Burganlage.
Eine der bekanntesten Thüringer Sagen erzählt vom „zwiebeweibten“ Graf Ernst von Gleichen. Wie es

heißt, geriet der glücklich verheiratete Graf Ernst auf einem Kreuzzug in die Gefangenschaft der Sarazenen, aus welcher er nach langen Jahren der Sklaverei von der Tochter eines Sarazenenfürsten, Melchsala, befreit wurde. Wohlbehalten entkamen die beiden nach Venedig. Nachdem der Graf vom Papst die Erlaubnis erhalten hatte, die Sarazenin zur zweiten Gemahlin zu nehmen, kehrten sie nach Thüringen zur Burg Gleichen zurück. Dort willigte die erste Gattin des Grafen in die Doppelehe ein, und sie lebten ohne Eifersucht glücklich zu dritt. Noch im 18. Jh. wurde ein „dreischläfriges" Bett in der Junkerkammer der Burg erwähnt.
Diese Sage dürfte auf der falschen Deutung eines aus dem 13. Jh. stammenden Grabsteins der Familie von Gleichen beruhen. Auf dem Stein, der heute im Erfurter Dom steht, ist ein Graf von Gleichen mit zwei Frauen dargestellt. Vermutlich hatte der Graf nach dem Tod seiner ersten Gemahlin ein zweites Mal geheiratet und war – den Gepflogenheiten der Zeit entsprechend – mit beiden Frauen auf dem Grabstein verewigt worden.
→ Drei Gleichen; → Erfurt, Dom

Freudenthal
Das historische Gasthaus unterhalb der Burg geht auf ein Vorwerk zurück, von dem aus die Grafen von Gleichen und spätere Burgbesitzer das umliegende Land bewirtschafteten. Der Namen „Freudenthal" soll an den freudigen Empfang des zurückgekehrten Grafen Ernst von Gleichen erinnern; der zur Burg führende „Türkenweg" an dessen zweite Gemahlin Melchsala.
Im 18. Jh. galt das Freudenthal als verrufener Ort, da hier Räuberbanden ihr Unwesen trieben und häufig Duelle stattfanden. Darauf geht die Bezeichnung „Mordgarten" für die mit alten Birnbäumen bestandene Wiese neben dem Gasthaus zurück, wo bis heute die Seelen der vor langer Zeit Getöteten spuken sollen. In einem dieser Zweikämpfe wurde am 9. März 1717 der Kammerjunker Christian Friedrich Bose bei einem Pistolenduell von einem hessischen Dragonerleutnant namens Buttler erschossen. Der Gedenkstein, den die trauernde Braut des Kammerjunkers hatte errichten lassen, ist längst verschwunden. An seiner Stelle wurde 1931 ein mittelalterliches Steinkreuz, das ursprünglich an der Straße nach Wandersleben stand, aufgestellt und mit der Inschrift „am 9. 3. 1717 / fiel Herr Chr. Fr. Carl v. Bose / im Duell durch Herrn v. Butler" versehen.

Bischofskreuz
An der Straße von Burg Gleichen nach Wandersleben steht 500 m vor dem Ortsschild am Straßenrand ein Steinkreuz. Der Überlieferung nach erinnert es an ein Ereignis im 11. Jh. Zu dieser Zeit war die Burg im Besitz des Markgrafen Ekbert von Sachsen. Im Jahre 1089 belagerte Kaiser Heinrich IV. neunzehn Wochen lang die Burg, konnte sie aber nicht einnehmen. Am Weihnachtstag wagten die Männer Ekberts einen Ausbruch und schlugen die überraschten Truppen des Kaisers. In der blutigen Schlacht fielen auch die kaisertreuen Bischöfe Burkhard von Lausanne und Otto von Regensburg. Am Ort, wo sie den Tod fanden, wurden zwei Steinkreuze errichtet. Eines von ihnen ist das Bischofskreuz; das zweite wurde 1931 zum Gasthaus Freudenthal versetzt.
→ Altenburg, Wetterkreuz Zschernitzsch

Wasungen (Lkr. Schmalkalden-Meiningen)

Burg Maienluft
Die Ruine Maienluft liegt im Nordwesten oberhalb der Stadt Wasungen. Bereits Ende des 15. Jh. verfiel sie; heute sind noch Reste der Haupt- und Vorburg sowie der quadratische Bergfried erhalten. Alle sieben Jahre soll sich bei der Ruine eine bis heute nicht erlöste weiße Jungfrau mit einem Schlüsselbund sehen lassen.
Einst gingen am Johannistag zwei Brüder von der Arbeit nach Hause. Dabei kamen sie an der Maienluft vorbei. Dort erschien die weiße Jungfrau und winkte ihnen, ihr zu folgen. In der Nähe des Totenpförtchens zeigte sie auf eine bestimmte Stelle und verschwand. Die beiden waren sicher, daß an dieser Stelle ein Schatz vergraben sein mußte und begannen zu graben. Tatsächlich stießen sie bald auf einen goldenen Erntewagen. Als sie ihn fast ausgegraben hatten und herausheben wollten, sprach der ältere der beiden Brüder: „Jörgbäst, halt fest!“ Da sank der Wagen sofort in die Tiefe und war verschüttet.
Die Gestalt des weißen Fräuleins bzw. der weißen Jungfrau, die uns in den Südthüringer Sagen häufig begegnet, geht ebenso wie die Weißen Frau auf den Seelenglauben zurück. Während die Weiße Frau den genealogischen Sagen der Adelsgeschlechter entstammt, sind die weißen Jungfern eher der bäuerlichen Volkssage zuzurechen. Oft tragen diese erlösungsbedürftigen Wesen Schlüssel bei sich und weisen auf verborgene Schätze hin.

Burg Maienluft

Auch ein Amtmann, der von allen gehaßt und gefürchtet wurde, fand im Grab keine Ruhe und erscheint gelegentlich bei der Ruine. Einmal ritt ein Mann von *Niederschmalkalden* zur Maienluft, weil er das dortige Gut pachten wollte. Plötzlich erschien ihm der Amtmann und hob drohend und warnend den Finger, um den zukünftigen Pächter am Weiterreiten zu hindern. Der Spuk verschwand, der Mann überlegte und beschloß weiterzureiten. Am nächsten Tag pachtete er das Gut. Doch er hatte kein Glück damit und dachte deswegen noch oft an die Erscheinung, die ihn gewarnt hatte.

WEIDA (Lkr. Greiz)

Ruine der Widenkirche

Auf dem Kirch- oder Sperlingsberg, wo heute die Ruine der Widenkirche steht, begann die deutsche Siedlungsgeschichte Weidas. Aus der an Stelle einer älteren sorbischen Anlage errichteten Altstadtburg mit Kapelle ging in der Mitte des 12. Jh. die erste Weidaer Kirche hervor. Stadtbrände und vor allem der 30jähri-

ge Krieg führten zu ihrer teilweisen Zerstörung, doch künden die Mauern des spätromanischen Kirchenschiffs, die kunstvolle Kapitelle und Reste des gotischen Maßwerks der Fenster noch immer von der einstigen Schönheit des Bauwerkes. Im Innenraum der Ruine sind u. a. Reste des Bahrhauses vom alten Friedhof und wertvolle Grabsteine aufgestellt. Noch heute läuten im Turm der Ruine die Glocken für die „turmlose“ Weidaer Stadtkirche.
Die Sage berichtet von einem Geistergottesdienst in der Widenkirche. Ein Glöckner betrat am Silvesterabend kurz vor Mitternacht die Kirche, um das neue Jahr einzuläuten. In der Ruine trat ihm ein Mönch entgegen, der ihm durch eine Handbewegung Schweigen gebot. Zugleich gerieten die herumliegenden Trümmer in Bewegung, Säulen wuchsen empor, das Gewölbe schloß sich wieder und in den Fensterhöhlen leuchteten farbige Glasbilder auf. Als alles fertig war, erschienen Mönche und Nonnen in weißen Gewändern und zogen singend zum Hochaltar. Die Orgel erklang, dann schlugen die Glocken die erste Stunde, ohne daß der Glöckner seine Hand zu rühren brauchte. Staunend sah der Mann, wie der Spuk kurz darauf verschwand und er sich in der verfallenen Ruine wiederfand.
Ein andermal erschien einer Tuchmacherfrau, die neben der Kirchruine wohnte, ein Geist und forderte sie auf, nachts in die Widenkirche zu gehen, wo sie ihr Glück finden werde. Sie besprach alles mit ihrem Mann und ließ sich in der nächsten Nacht von ihm bis zur Kirchentür begleiten. Kaum hatte sie die Kirche betreten, fiel ihr ein harter kalter Gegenstand um den Hals, und sie schrie auf. Der Mann wollte ihr zu Hilfe kommen, fand die Tür aber verschlossen. Als er vom Küster den Schlüssel geholt hatte, fand er seine Frau starr vor Angst und Schrecken, doch mit einer schweren goldenen Kette um den Hals. Aber Glück brachte ihr dieser Schmuck nicht; drei und einen halben Tag später verstarb sie.
→ Bad Salzungen, Husenkirche; → Erfurt, Severikirche; → Holungen

Osterburg
Als „festes Haus zu Weida“ wurde die Burg zwischen 1163 und 1193 durch die Vögte von Weida errichtet und war lange Stammsitz dieses einflußreichen Geschlechtes. An der Osterburg entstand die Weidaer Neustadt mit Rathaus und Peterskirche am Neumarkt. Die Weidaer Burg ging später in wettinischen Besitz

über und war – seit dem 17. Jh. Osterburg genannt – Sitz der Amtsverwalter und der ihnen unterstellten Gerichts- und Rechnungsbehörden. Trotz zahlreicher Umbauten hat die Burg ihren wehrhaften Charakter behalten. Insbesondere der „Turm ohne Dach“ prägt ihr Erscheinungsbild: Der 54 m hohe Bergfried, den man bei einem Museumsbesuch besteigen kann, gehört mit seinen bis zu 5,70 m starken Mauern zu den gewaltigsten Burgtürmen Deutschlands.
Der Sage nach kommen in jeder Neujahrsnacht unheimliche Gestalten vom Dachboden der Burg herab: zwei junge Pagen, denen die Köpfe fehlen. Die beiden standen bei einem Vogt der Osterburg im Dienst, der wegen seiner Hartherzigkeit in der ganzen Umgebung verhaßt war. Zu ihren Aufgaben gehörte es, geheime Schriftstücke zu verfertigen. Das ärgerte den Schreiber des Vogtes, und er sann darauf, die beiden loszuwerden. Als einmal eine geheime Urkunde verschwunden war, lenkte er den Verdacht auf die Pagen. Das Dokument fand sich in ihrem Bett, da war ihr Schicksal besiegelt und sie wurden enthauptet. Seither zeigen sich die Jünglinge einmal im Jahr – zur Warnung aller ungerechten und harten Richter, wie es heißt.

Weida und Osterburg

Eine Sage, die durch den 1935 erschienenen Roman „Am Tage Margaretae“ von Paul Quensel größere Verbreitung fand, erzählt vom Bau einer ungewöhnlichen Treppe auf der Osterburg. Die 12 m hohe Wendeltreppe, deren Spindel aus einem einzigen Eichenstamm gefertigt ist, stand bis 1823 in einem Treppenturm am Hauptgebäude der Burg. Seitdem befindet sich dieses handwerkliche Meisterstück der Herzogin Anna Amalia Bibliothek in Weimar. Wie erzählt wird, war am Wiederaufbau der Osterburg nach dem 30jährigen Krieg ein Zimmermann namens Arnold beteiligt, ein

besonderer Meister seines Faches. Im Streit um ein Mädchen hatte Arnold jedoch einen Junker erschlagen und war deshalb zum Tode verurteilt worden. Herzog Moritz von Sachsen gewährte ihm aber Gnade unter der Bedingung, binnen eines Jahres ohne fremde Hilfe aus dem Stamm der Eiche, unter der er den Junker getötet hatte, eine Treppe für sein Schloß zu bauen. Arnold willigte ein und wurde von seinen Fesseln befreit. Als das Jahr vorüber war, konnte die Treppe tatsächlich aufgerichtet werden. Sie war so fest, daß hundert Männer zugleich auf ihr stehen konnten. Der Herzog schenkte Arnold – wie versprochen – die Freiheit.
Sagenumwoben ist auch ein Grabmal vom alten Weidaer Gottesacker, das heute im Museum auf der Osterburg verwahrt wird. Es zeigt ein Ehepaar in vornehmer Kleidung, Michael Thomas, der um 1586 Amtsschösser in Mildenfurth war, und dessen Gemahlin Sara. Der Amtsschösser Thomas war überaus wohlhabend und bewohnte in Weida ein prächtiges Haus (heute Geraer Str. 6). Der Überlieferung nach vermachte er seinen gesamten Besitz der Geistlichkeit der Stadt, verlangte dafür aber, daß sein Grabmal auf dem Gottesacker in Ehren gehalten werden müsse. Einmal kam ein Mann und gab dem Stein im Scherz eine Ohrfeige. Da schlug das beleidigte Steinbild zurück, gab dem Mann einen solchen Backenstreich, daß ihm Hören und Sehen verging.

Schwedeneiche
Von der Bahnhofstraße gelangt man über die Oststraße in 15 Min. zum Krähenholz, wo am Wegrand der nicht zu übersehende Baumriese mit einem Gedenkstein steht. Sein Stammumfang mißt in 1 m Höhe 6,70 m. Der exponierte Standort des Baumes und sein nach allen Seiten gleichmäßiges Wachstum deuten darauf hin, daß er als Wegzeichen oder kultischer Versammlungsort gedient haben könnte. Das Alter der Eiche beträgt rund 800 Jahre; damit ist sie annähernd so alt wie das Kloster Mildenfurth bei *Wünschendorf*, zu dessen Territorium sie einst gehörte. Der Überlieferung nach geht der Name des Baumes darauf zurück, daß schwedische Truppen während des 30jährigen Krieges an diesem Ort lagerten.

Weimar

Jakobskirchhof
Die Jakobskirche lag ursprünglich außerhalb der vom 14. bis 16. Jh. errichteten Stadtmauer. Sie verfiel nach

der Reformation; im Jahre 1712 ließ Herzog Wilhelm Ernst sie abbrechen und neu erbauen. In der Sakristei dieser Kirche wurde am 19. Oktober 1806 Johann Wolfgang von Goethe mit Christiane Vulpius getraut. Von den vielen als historische Sehenswürdigkeiten gepflegten Grabstätten auf dem Jakobsfriedhof seien das Grab von Lucas Cranach dem Älteren (1472 bis 1553) an der Westecke und vor allem in der Südostecke des Friedhofs das sogenannte Kassengewölbe, die erste Begräbnisstätte von Friedrich Schiller, genannt.
Um eine der Grabstätten rankt sich folgende Sage: Ein an der Jakobskirche angestellter Geistlicher war verstorben, und der Totengräber machte sich daran, ein Grab auszuheben. Da er zu dieser Zeit vielbeschäftigt war, mußte er nachts bei Laternenlicht arbeiten und merkte nicht, daß die Mitternachtsstunde herangerückt war. Zu seinem Schrecken stand urplötzlich ein Mann vor ihm, in dem er den verstorbenen Pfarrer erkannte. Um ihm seine Angst nicht zu zeigen, fuhr ihn der Totengräber an, gefälligst dorthin zurückzukehren, wohin er als Toter gehöre. Daraufhin erhielt er von dem Gespenst eine gewaltige Ohrfeige, die ihn zu Boden warf. Bewußtlos blieb er bis zum Morgen liegen, mußte von Friedhofsbesuchern nach Hause gebracht werden und verstarb binnen dreier Tage.
Der Geist des Pfarrers fand lange keine Ruhe im Grab und ging den Bewohnern seines Hauses durch Spuken gehörig auf die Nerven. Nach einiger Zeit holten sie sich bei einem kundigen Geisterbanner aus Erfurt Hilfe, der ihn in einen Sack bannte und davontrug. Seitdem war es ruhig um den Verstorbenen.

Rollbackhaus
Das Rollbackhaus gehört zu den ältesten Häusern Weimars. Ursprünglich war es eine Terminei der Augustinermönche. Das Gebäude an Friedensstraße, Ecke Karl-Liebknecht-Straße wurde 1995/1996 völlig abgebrochen und, dem alten Stil nachempfunden, neu erbaut. Heute befinden sich u. a. eine Apotheke und eine Bäckerei darin.
Die Zeitung „Deutschland“ vom 14. 10. 1918 und ein Prospekt der ehemaligen „Klosterkonditorei Grenzdörffer“ um 1920 berichten ausführlich über eine Spukerscheinung in diesem Gebäude, ohne sie jedoch erklären zu können. Daraus formte sich eine Sage, die uralte Motive aufgreift und aneinanderreiht. Das Holzbildwerk, von dem die Sage handelt, befindet sich heute in den Staatlichen Kunstsammlungen zu Weimar.

Im Keller des Rollbackhauses zu Weimar fand man im Jahre 1833 eine aus dem 16. Jh. stammende unvollständige Kreuzigungsgruppe. Sie enthielt drei Schnitzfiguren und kam vermutlich in das Haus, als es noch der katholischen Geistlichkeit diente. Beim Umbau des Gebäudes 1841 erhielt die Plastik einen Ehrenplatz. Zu den großen Festtagen Ostern, Pfingsten und Weihnachten sowie zum Maria-Magdalena-Tag, dem 22. Juli, säuberten die Mägde das Bildwerk und schmückten es mit Zweigen und Lichtern. Sie fanden jedes Mal ein Goldstück als Lohn darunter liegen. Vernachlässigten sie die Plastik, begann es im Hause zu rumoren; die Hausbewohner erhielten Ohrfeigen oder wurden von unsichtbaren Händen aus den Betten geworfen.
Von 1851–1897 gehörte das Gebäude dem Bäckermeister Reinhold Adlung. Der verkaufte es an den Hofkonditormeister Otto Grenzdörffer, warf aber kurz zuvor die Plastik in einen Abstellraum. Von diesem Augenblick an erkrankte er schwer und wurde erst wieder gesund, nachdem das Holzbild in seiner Privatwohnung zu alten Ehren kam. Nach seinem Tode erhielt laut Testament das Stadtmuseum die Figurengruppe. Doch noch lange bemühte sich die Witwe um die Rückführung, weil mit dem Bilde das Glück aus ihrem Haushalt geschwunden sei.

Kirche zu Oberweimar
Oberweimar gehört zu den ältesten Siedlungsgebieten der Stadt. Vermutlich gab es dort eine Furt durch die Ilm. Aus einer Urkunde von 1244 ist das Vorhandensein eines Zisterziensernonnenklosters bekannt. Die 1281 geweihte Klosterkirche wurde bereits in der zweiten Hälfte des 14. Jh. durch einen gotischen Bau ersetzt. Heute ist vom Kloster außer der ehrwürdigen Kirche nur wenig übrig. Das Innere der Kirche, die ebenso wie die Weimarer Stadtkirche Petrus und Paulus geweiht ist, birgt kostbare Kunstwerke. In den Mauern dieses Klosters lebte und starb die selige Mystikerin Lukardis. Sie wurde als Tochter eines Patriziers 1274 in Erfurt geboren und starb am 22. März 1309 im Kloster Oberweimar.
Die Legende erzählt über sie: Lukardis fühlte sich so eng mit Jesus verbunden, daß sich bei ihr jeden Freitag die Leidensmale des Herrn zeigten. Die Tücher, mit denen das Blut ihrer Wunden aufgefangen wurde, übten wunderbare Heilkraft aus. In ihrem Leiden erhielt sie himmlischen Trost. Als schöne Frau erschien ihr Maria und berührte ihre Wunden. Da durchströmte

Lukardis so wunderbare Kraft, daß sie alle Schmerzen vergaß. In einer Vision übergab ihr Johannes der Täufer als ehrwürdiger Greis im Auftrag Jesu Christi einen goldenen Ring. Mehrmals vermeinte sie auch, Jesus selbst zu sehen. Er erschien ihr sowohl als schöner Jüngling als auch als Gekreuzigter. Einmal bat Lukardis mitten im Winter eine Schwester, ihr für die Pflege ihrer Wunden einige Wegerichblätter an einer bestimmten Stelle im Klostergarten zu pflücken. Zweifelnd machte sich diese auf den Weg und fand tatsächlich an der bezeichneten Stelle unter dem Schnee eine frische und gesunde Wegerichpflanze. In der Nacht zum 22. März des Jahres 1309 konnte die fromme Frau nicht am Gottesdienst teilnehmen; sie lag gelähmt im Bett. Auf einmal ertönte, von unsichtbarer Hand angeschlagen, der Gong, dessen Ruf stets das Ableben einer Schwester anzeigte. Lukardis lag tot in ihrer Zelle. Viele Menschen strömten herbei, um die Tote noch einmal zu sehen. Die Bestattung mußte deshalb um drei Tage verschoben werden. Ihre letzte Ruhestätte erhielt Lukardis in der Marienkapelle. Dort geschahen kurz darauf zahlreiche Heilungswunder. Heute ist das Grab nicht mehr zu finden.

Kornhaus

Das alte Gebäude der ehemaligen Franziskanerkirche stammt aus dem 15. Jh. und wurde nach Auflösung des Franziskanerklosters im Jahre 1533 als Kornhaus genutzt. Seit 1872 beherbergte es die erste deutsche Orchesterschule. Das unmittelbar hinter dem Bauhausmuseum am Theaterplatz gelegene historische Bauwerk wird jetzt von der Hochschule für Musik „Franz Liszt“ genutzt.

Die Auflösung des Klosters und die Vertreibung der Franziskaner am 21. Oktober 1533 begünstigten die Legendenbildung. Offensichtlich wurden manche der Sagen erzählt, um die Mönche beim Volk in ein ungünstiges Licht zu rücken. Daran dürften vor allem jene Kreise des Adels interessiert gewesen sein, die sich im Zuge der Reformation am kirchlichen Eigentum bereicherten.

Als Luthers Lehrsätze bekannt wurden, gerieten die Franziskaner in Weimar in heftigen Streit miteinander. Ein Teil begeisterte sich dafür, die übrigen lehnten sie kategorisch ab. Das Gegeneinander der Klosterbrüder nahm solche Formen an, daß die Ruhe in der Stadt gestört wurde. Darum wies Johann Friedrich der Großmütige diejenigen aus Weimar aus, die am katholischen Glauben festhielten. Noch lange nach der Auf-

lösung des Klosters sah man gespenstische Mönchsgestalten im Gebäude und auf den umliegenden Straßen.
Schon vor ihrer Ausweisung wurde ihnen von einem Tag zum anderen das Betreten der Kirche zu St. Peter und Paul verboten. Dort hatten sie in einem Gewölbe unter dem Altar ihren Klosterschatz verborgen. Um die Kostbarkeiten vor dem Zugriff der weltlichen Macht in Sicherheit zu bringen, gruben sie vom Kloster aus einen Gang bis unter den Altar der Kirche und bargen alles Wertvolle. Zur Strafe dafür fanden sie nach ihrem Tode keine Ruhe. Ihre Geister müssen in der Christnacht so lange in feierlicher Prozession in dem Gotteshaus wandeln, bis der Kirchner die Lichter auf dem Altar anzündet.
Während der heiligen zwölf Nächte von Weihnachten bis Dreikönig, in denen Gespenstererscheinungen besonders häufig sind, haben manche Leute zur Mitternacht den Geist eines Mönches aus dem ehemaligen Franziskanerkloster kommen sehen. In der Rittergasse, wo einst ein Nonnenkloster der Franziskanerinnen gestanden hatte, hielt er einige Augenblicke inne. Dann wandelte er zur Stadtkirche. Eine Tür öffnete sich, um ihn einzulassen. Diese warf er mit lautem Knall hinter sich zu.

Grabstätte in der Herderkirche (Stadtkirche St. Peter und Paul)

Am Herderplatz, dem ältesten Siedlungsgebiet Weimars, befindet sich die Stadtkirche zu St. Peter und Paul. Weil hier der Dichter und Philosoph Johann Gottfried Herder (1744–1803) als Prediger und Generalsuperintendent amtierte und sein Denkmal heute vor der Kirche steht, nennt sie der Volksmund „Herderkirche“.
Mitten im Altarraum des Gotteshauses befindet sich leicht erhöht das Doppelgrab von Johann Friedrich dem Großmütigen (1503–1554) und seiner Gemahlin Sybille von Jülich-Kleve-Berg. Bis vor kurzem war um diese Grabstelle ein Gitter gezogen, das aber im Zuge einer Kirchenrenovierung entfernt wurde und heute die linker Hand befindliche Taufkapelle umgibt.
Über dieses Grab wird folgende Sage erzählt: Als Kurfürst Johann Friedrich der Großmütige, der nachmalige Gründer der Universität Jena, im Verlaufe des Schmalkaldischen Krieges die Schlacht bei Mühlberg (1522) verloren hatte, wurde er gefangen vor Kaiser Karl V. geführt, der ihn und sein Handeln verdammte und ihn der Kurwürde enthob. Er sprach den Fluch

Johann Friedrich der Großmütige, 1562

aus, die Hunde mögen dereinst seine Grabstätte mit ihrem Unrat besudeln. Um dies zu vermeiden, ordnete Johann Friedrich an, man möge seine und seiner Gattin Grabstätte erhöht errichten und zusätzlich ein Gitter anbringen.

Bibliotheksturm
An das Grüne Schloß zu Weimar, das die Herzogin Anna Amalia-Bibliothek mit ihren nahezu 900 000 Büchern beherbergt, schließt sich der Bibliotheksturm an. Er stammt aus dem 15. Jh. und war ursprünglich ein Teil der Stadtbefestigung. In seinem Innern verbindet eine Wendeltreppe drei Stockwerke miteinander. Ihre Mittelachse besteht aus einem einzigen Eichenstamm. Es heißt, daß diese Treppe mehr als hundert Menschen ohne Schaden tragen könne. Dieses sagenumwobene Meisterwerk stammt aus einem Turm der Osterburg zu Weida. Im Jahre 1823, als Herzog Carl August den Ausbau des Weimarer Turmes zu Biblio-

thekszwecken veranlaßte, gelangte die Wendeltreppe auf Veranlassung Johann Wolfgang von Goethes nach Weimar.
→ Weida, Osterburg

Residenzschloß

Die ältesten Teile des Weimarer Schlosses sind der Turm und das Torhaus, Bastille genannt. Das Torhaus ist der Rest des Renaissanceschlosses, das im Jahre 1618 abbrannte, nachdem eine Feuersbrunst bereits 1424 die an gleicher Stelle stehende Burg Hornstein in Schutt und Asche gelegt hatte. Der Neubau erhielt den Namen Wilhelmsburg; im Jahre 1774 wurde auch er zum großen Teil vom Feuer vernichtet. Die zahlreichen Schloßbrände hinterließen im Volk einen tiefen Eindruck, der sich in einigen Sagen niederschlug:
Im Jahre 1618 bemerkte ein Diener bei einem nächtlichen Kontrollgang Licht hinter einer Tür zu einer seit Jahren nicht benutzten Abstellkammer. Durch den Türspalt beobachtete er, daß an einer schwarzgedeckten Tafel vermummte Männer saßen. Einer von ihnen erhob sich, zog ein weißes Stäbchen hervor, das er mit den Worten „Es muß sein!" zerbrach. Da schlug die Uhr die erste Morgenstunde. Der Spuk verschwand, das Licht ging aus. Der Diener eilte zur Wache und veranlaßte, daß die Kammer geöffnet wurde. Von den seltsamen Gestalten war keine Spur mehr vorhanden. An diesem Tag brach der große Brand aus und vernichtete das Schloß.
Im Jahre 1774 verbreitete sich Unruhe unter der Weimarer Bevölkerung. Einige hatten geträumt, das Schloß würde wieder brennen. Am 5. Mai schlug der Blitz in das Dach. Weil sich anschließend keine Flammen zeigten, sah man sich den Schaden nur oberflächlich an und verließ sorglos den Ort. Doch das Gebälk begann zu schwelen, und als am folgenden Tag die Flammen aufloderten, war es bereits zu spät. Bis auf den Turm und die Bastille legte das Feuer alles in Schutt und Asche.

Ilmtal zwischen Weimar und Bad Berka

Die Ilmlandschaft zwischen Bad Berka und Weimar ist überaus reizvoll. Das gewöhnlich still dahinströmende Flüßchen hat in Zeiten der Schneeschmelze oder starker, lang anhaltender Regenfälle manches Opfer gefordert. Kein Wunder, wenn unsere Vorfahren in ihr einen Wassergeist vermuteten: eine Nixe, ebenso schön und mild wie das Flüßchen, doch mitunter auch ebenso wild und unberechenbar.

Dort, wo der Weimarer Goethepark die Ufer der Ilm säumt, hat die Nixe Erlinde am Grunde des Wassers ihr Schloß. In hellen Mondnächten sitzt sie im Gras und kämmt ihr Haar, oder sie breitet ihre Wäsche auf den Ilmwiesen zum Bleichen aus. Manch einer wurde von ihrem lieblichen Gesang betört und folgte der Nixe blindlings ins Wasser.

Einst traf ein Graf von Orlamünde die Nixe am Ilmufer. Sie nahm seinen Sinn so gefangen, daß er seine Ehefrau vergaß und sich in den Wassergeist verliebte. Lange Zeit verlebte er jeden Maimonat im Wasserschloß der Nixe. Sie schenkte ihm einen Ring, mit dessen Hilfe er sie herbeirufen konnte. Den Rest des Jahres blieb er bei seiner Gemahlin. Als diese aus Kummer über die Verblendung ihres Gatten starb, bereute er seine Treulosigkeit und ging zur Buße in ein Kloster.

Der Wassergeist spielte gern mit Kindern, die vor Sehnsucht starben, wenn ihnen die Menschen dieses gefährliche Spiel untersagten. So erging es auch im Jahre 1108 einem Sohn der Burgherrin von Berka. Eine weise Frau hatte sie davor gewarnt, ihr Kind an das Ufer der Ilm gehen zu lassen. Doch eines Tages kam der Knabe an den verbotenen Ort. Die Nixe spielte mit ihm und betörte ihn so, daß er ohne sie nicht mehr leben konnte. Die Mutter tat alles, um ihn von der Ilm fernzuhalten. Doch er verzehrte sich vor Sehnsucht; und eines Morgens fand ihn die Mutter tot im Bett, bedeckt mit taufeuchten Seerosen. Die Nixe hatte seine Seele geholt.

Eine Ilmnixe kaufte auf dem Weimarer Wochenmarkt immer beim gleichen Fleischer ein. Sie sprach nie ein Wort, sondern zeigte nur auf die gewünschte Ware. Die anderen Fleischer, die das lohnende Geschäft schon lange mißgünstig beobachtet hatten, hetzten ihn schließlich dazu auf, der Nixe die Hand, mit der sie deutete, abzuhacken. Als er dies tat, floß kein Blut aus der Wunde; die Nixe aber sah ihn mit großen Augen an und warnte ihn flüsternd davor, jemals wieder in die Nähe eines Wassers zu kommen. Er ging auch jedem Bach oder See aus dem Weg – doch als er eines Tages an einer unbedeutenden Pfütze vorbeikam, wurde er von hinten zu Boden und mit dem Gesicht ins Wasser gedrückt, so daß er ertrank.

Etwas weiter ilmabwärts, hinter *Tiefurt*, berührt die Ilm den Schloßpark von *Kromsdorf*. Dort wohnte eine Zeitlang ein geiziger, raffgieriger und bösartiger Junker, der seine Dienerschaft sehr knapp hielt. Sein Knappe saß eines Tages am Ufer der Ilm und dachte

Goethes Gartenhaus an der Ilm. Stahlstich

traurig über seine Armut nach, als sich eine Nixe zu ihm gesellte, nach seinem Kummer fragte und ihm schließlich einen Beutel Goldstücke schenkte. Doch sollte er beileibe niemandem davon etwas verraten. Der Bursche konnte sich nun ein neues Wams kaufen. Seinem Herrn fiel das auf; er fragte ihn aus und wandte schließlich die Folter an, die seine Zunge auch löste. Da erschien die Nixe, verfluchte den Junker und prophezeite ihm baldigen Tod sowie das Aussterben seines Geschlechts.
Johann Wolfgang von Goethe, dessen erster Weimarer Wohnsitz ein Gartenhaus nahe der Ilm war, badete in lauen Sommernächten gern in dem Flüßchen nicht weit von der Sternbrücke. Damals war es nicht jedermann erlaubt, diesen Teil des Parks zu betreten. Ein Bauer aus Oberweimar jedoch benutzte den Park als Abkürzung, überkletterte das Gittertor und ging die Ilm entlang. Goethe plätscherte singend im Wasser, so daß der ungebetene Besucher sofort an einen Wassergeist dachte und voll Schrecken davonlief. Das Bäuerlein hat sein Erlebnis nicht für sich behalten, und bald getrauten sich die Leute nach Einbruch der Dunkelheit nicht mehr auf Wege entlang der Ilm.
→ Bad Salzungen, Burgsee; → Dönges; → Jena, Paradies

WEISBACH (Saale-Orla-Kreis)

Wysburg
Die Reste der mittelalterlichen Wysburg befinden sich unweit des Dorfes Weisbach im Thüringer Schiefergebirge. Vom Dorf, wo sich ein kleines Wysburg-Mu-

seum befindet, führt ein 1,6 km langer Weg zur Burg. Diese steht auf einem schmalen, langgezogenen Bergsporn, der nach drei Seiten 50–80 m abfällt. Erbaut wurde die Burg vermutlich im 12. Jh. als Sitz einer kleinen Grundherrschaft. Letzter Burgmann war Conrad Popo von Watzdorf, ein Ritter im Dienste des Vogtes Heinrich IV. von Gera. Dessen Witwe verließ die offensichtlich unbewohnbar gewordenen Burg im Jahre 1324. Die Belagerung und Zerstörung der Burg ist in einer Sage überliefert:
Jahrzehntelang war die Wysburg Sitz eines beutegierigen Ritters, der die Umgebung in Angst und Schrekken versetzte. Vor allem die auf der Handelsstraße nach Nürnberg verkehrenden Kaufleute hatten unter seinen Überfällen zu leiden. Da es in Thüringen zu dieser Zeit eine Vielzahl solcher Raubnester gab, zog König Rudolf II. von Habsburg aus, sie zu vernichten. Im Jahre 1291 kam er mit seinem Heer auch zur Wysburg, baute auf der gegenüberliegenden Anhöhe Wurfmaschinen auf und ließ schwere Steinkugeln gegen die Wysburg schleudern. Anfangs spotteten die Burgbewohner, da sie diese Technik nicht kannten. Mit Gänseflügeln winkten sie den Angreifern zu – als Zeichen, daß sie die Angreifer wie mit Federn wegzuwischen gedachten. Aber die Geschosse schlugen bald eine Bresche in die schützenden Mauern. Als die Raubritter ihr Ende sahen, versenkten sie alle Kostbarkeiten im Brunnen, darunter ihr goldenes Kegelspiel.
Durch diese Sagenüberlieferung angeregt, führten Schatzsucher in der Wysburg immer wieder Schürfungen durch. 1985, als von der Burg nur noch die verschliffenen Gräben und Wälle zu sehen waren, begannen umfangreiche wissenschaftliche Ausgrabungen, die zu überraschenden Ergebnissen führten. Beim Freilegen der stattlichen Reste der Burg fand man zwar nicht das sagenhafte goldene Kegelspiel, dafür aber – neben vielen anderen Funden – mehr als 30 der Wurfgeschosse, mit denen die Wysburg zerstört worden ist. Die Einschlagstellen der bis zu 80 kg schweren Steinkugeln zeigen, daß die Steinwurfgeschütze jener Zeit erstaunlich treffsicher waren. Diese Geschosse sind in der Burgruine und im Museum zu sehen.

WEISSBACH (Lkr. Saalfeld-Rudolstadt)

Hangeiche
In der Saalfeld-Pößnecker Heide, einer nur dünn besiedelten Waldlandschaft, liegt Weißbach. In der Kirche dieses Ortes wurde lange Zeit ein vergoldeter

Hängen. Holzschnitt aus „Fortunatus", 1533

Kelch, verziert mit einem silbernen Christusbild und eingelassenen grünen Edelsteinen, gezeigt. Mit ihm verband man die in zahlreichen Varianten bekannte Sage von der „Hangeiche", die sich mit den Schrecknissen des 30jährigen Krieges beschäftigt. Dieser Krieg spielt auch im Erzählgut umliegender Orte, *Weißen* und *Friedebach*, eine besondere Rolle.

In Weißbach hatten Kriegsknechte Quartier gemacht. Als sie endlich abgezogen waren, wurde in der Kirche der wertvolle Kelch vermißt. Daraufhin liefen Pfarrer und Schultheiß dem Haufen hinterher und erreichten ihn oben auf der Heide. Ihrer Anschuldigung, die Landsknechte hätten den Kelch gestohlen, wollte der Hauptmann zunächst nicht glauben und schwor schließlich, den Dieb unverzüglich an der nächsten Eiche hängen zu lassen. Der Dieb aber konnte das wertvolle Stück unbemerkt im Ranzen seines Nebenmannes verstecken. Der Kelch wurde gefunden, und ein Unschuldiger mußte sein Leben lassen. Bevor er an einer in der Nähe stehenden alten Eiche gehängt wurde, verfluchte er den Dieb und auch den Wald, in dem fortan keine Eichbäume mehr gediehen.

Der Platz, wo die Exekution stattgefunden haben soll, heißt heutzutage noch Hang-Eich. Der alte Baum steht nicht mehr; eine Tafel erinnert an das Geschehen. In der Nähe kreuzen sich die alten Straßen Pößneck-Rudolstadt und Uhlstädt-Niederkrossen-Röblitz-Saalfeld. Ursprünglich war die Hangeiche eine Gerichtsstätte des Saalfelder Benediktinerklosters, die erstmals 1279 urkundlich genannt wurde. Noch 1625 befanden sich an diesem gewaltigen Baum etliche Ketten.

WEISSENSEE (Lkr. Sömmerda)

Runneburg

Innerhalb einer frühmittelalterlichen Wallburg errichteten Landgraf Ludwig II. und Landgräfin Jutta an einem strategisch wichtigen Ort an der alten Handelsstraße von Magdeburg nach Nürnberg von 1168 an die Runneburg. Sie gehört zu den größten romanischen Burganlagen Deutschlands. Die seit mehreren Jahren hier durchgeführten Ausgrabungen und Erhaltungsmaßnahmen haben die Burg zu einem besonderen Anziehungspunkt für interessierte Besucher werden lassen. Ebenso sehenswert ist die nahezu geschlossene mittelalterliche Altstadt Weißensees. Der Name der Stadt und ihr Wappen mit den zwei Fischen erinnern daran, daß die Gegend um Weißensee einst sehr wasserreich war. Die Gründungssage Runneburg erzählt, wie die der Wartburg, von der listenreichen Aneignung fremden Territoriums durch die Ludowinger:
Wenn die Landgrafen von Thüringen von der Wartburg zur Neuenburg zogen, rasteten sie gern auf halber Strecke an einem Platz, wo die Unstrut sich gemächlich zwischen Hügeln hindurchschlängelt. Jutta, Gemahlin des Landgrafen Ludwig II., gefiel die Gegend so gut, daß sie sich entschloß, hier einen Wohnsitz zu errichten. Ohne sich darum zu kümmern, daß Grund und Boden dem Grafen von Beichlingen gehörten, ließ sie auf einer Anhöhe mit besonders schöner Aussicht eine Burg errichten. Der Graf von Beichlingen bestand auf seinen Besitzrechten und verklagte die Landgräfin bei Kaiser Barbarossa. Der befand sich zu diesem Zeitpunkt zusammen mit Ludwig II. auf einem Reichstag in Regensburg. Als der Landgraf von der Klage erfuhr und vom Kaiser zur Rede gestellt wurde, schrieb er einen Brief an seine Gemahlin und wies sie mit strengen Worten an, den Burgenbau auf fremdem Boden zu unterlassen. Heimlich ließ er ihr jedoch einen zweiten Brief zukommen, in dem er ihr Vorgehen billigte und sie ermunterte, mit dem Bau fortzufahren. Als Ludwig II. von seiner Reise zurückkehrte, war das Unternehmen schon sehr weit gediehen. Vor dem Beichlinger Grafen heuchelte er Zorn über die Eigenmächtigkeit seiner Frau und versicherte, wenn der Bau eben erst begonnen worden wäre, hätte er alles augenblicklich wieder abbrechen lassen. Doch jetzt, da die Arbeiten so weit fortgeschritten seien, brächte ihm das einen hohen Verlust. So mußte der Graf von Beichlingen das Burggelände mit einem guten Teil Umland für wenig Geld an den Landgrafen verkaufen.

Die neue Feste erhielt den Namen Runneburg, und unterhalb ihrer Mauern entwickelte sich die Stadt Weißensee.

WEITERSRODA (Lkr. Hildburghausen)

Schloß
1478 begann der Bau des Schlosses Weitersroda, im 16. und 17. Jh. wurde es vergrößert und auch später noch mehrfach umgebaut. Der Sage nach ist hier manchmal ein geheimnisvolles Licht zu sehen; auch sollen im Schloß große Schätze verborgen sein. Einigen Männern, die den Schatz heben wollten, erschien ein Mönch. Der verriet ihnen, daß der Schatz im Stall vergraben sei und mahnte sie, beim Schatzgraben unbedingt zu schweigen. Das beherzigten die Männer zwar, doch einem ging beim Anblick der Kostbarkeiten der Mund über. Augenblicklich war der Schatz wieder verschwunden, und der betreffende Mann erhielt eine schallende Ohrfeige.
Des weiteren soll im Schloß eine weiße Jungfrau mit einem Schlüsselbund umgehen, die auf ihre Erlösung wartet. Einst erschien sie einer Magd und sagte ihr, daß sie in dem alten Schuppen gegenüber dem Schloß einen Schatz finden könne. Dort stünde ein Kasten, der mit ihren Schlüsseln zu öffnen sei. Die Magd fand die Truhe und schloß sie auf. Doch zu ihrem Entsetzen lag auf dem Gold ein totes Kind mit einem Messer in der Brust. Die Magd floh, die Jungfrau nahm den Schlüsselbund wieder an sich und ist wohl bis heute nicht erlöst.
→ Wasungen

WICHTSHAUSEN (Stadt Suhl)

Wichtelhöhle
Wichtshausen zählt zu den ältesten Orten der Umgebung. Bereits um 800 gehörte das Dorf zu den Besitzungen des Klosters Fulda. Damals wurde es noch Unitagehuson genannt. In und um den Ort herum sollen früher Wichtel- oder Heinzelmännchen gelebt haben. Sie wohnten in dem höhlenreichen, zerklüfteten Muschelkalkfelsen östlich des Ortes, der den Namen Wichtelstein trägt. Die Höhlen, die sogenannten Wichtellöcher, sollen bis nach Schwarza führen. Es heißt, daß ein Mann einst hineingekrochen sei und nicht mehr herausfand. Nach langem und mühevollem Suchen sei er jedoch in einem Keller in *Schwarza* angelangt. Das ist freilich eine sagenhafte Übertreibung.

Seit die Wichtelsteinhöhlen vermessen worden sind, weiß man, daß die größte eine Länge von 77 m hat. Über die Wichtelmänner wird erzählt, daß sie oft in den Häusern mithalfen und nie etwas Böses taten. Sie hatten aber immer Hunger und nahmen den Kindern das Brot weg. Deshalb wollte man sie nicht mehr bei sich haben. Um sie zum Wegziehen zu bewegen, goß man Wasser von einer Nußschale in die andere. Die Wichtelmännchen waren daraufhin sehr erstaunt und gingen mit den Worten:

„Bin so alt wie der Thüringerwald,
Doch muß ich gesteh'n:
Solche Brauerei hab' ich niemals geseh'n."

In den Wichtelsteinen soll sich ein prachtvolles verzaubertes Schloß befinden, das von einem seltsamen Wesen, halb Mensch, halb Schlange, bewohnt wird. Dieses Monster soll eine verwünschte Jungfrau aus königlichem Hause sein, die von einem feindlichen König in das Schloß verbannt wurde. Wenn ein Jüngling es wagt, das Ungeheuer dreimal zu küssen, erlangt die Jungfrau ihre menschliche Gestalt wieder. In dem Schloß sollen auch Schätze verborgen sein, die von zwei großen schwarzen Hunden bewacht werden.
→ Gera, Zwergenlöcher; → Königsee

Schwertstein
In der Nähe von Wichtshausen in Richtung Meiningen steht der Schwertstein. Auf ihm ist ein eingehauenes, aufrecht stehendes Schwert zu sehen. Wann der Stein aufgestellt wurde, ist nicht bekannt. An ihn knüpft sich folgende Sage: Die schöne Marie aus Wichtshausen wurde von zwei Jägerburschen verehrt. Die beiden konnten sich auf friedlichem Weg nicht einig werden, so beschlossen sie, um Marie zu kämpfen. Jeder wollte der Sieger sein, der Kampf wurde immer heftiger und war nicht eher zuende, bis sie sich gegenseitig erschlagen hatten. Als die beiden am nächsten Morgen gefunden wurden, herrschte in Wichtshausen und Umgebung große Trauer und man beschloß, einen Stein an der Unglücksstelle aufzurichten.
Eine andere Sage nennt ein Duell zwischen zwei schwedischen Offizieren als Anlaß zum Setzen des Schwertsteins. Später soll der Stein in einem Benshäuser Haus eingebaut worden sein. Darauf begann in dem Haus ein schreckliches Lärmen, das erst endete, als man den Stein wieder an seinem ursprünglichen Ort aufstellte.
→ Altenburg, Wetterkreuz Zschernitzsch

Winterstein (Lkr. Gotha)

Stutzelsgrab
Im Wintersteiner Kurpark steht vor der Burgruine ein Grabmal, auf dem das Bildnis eines Hundes sowie folgender Spruch verewigt sind:

Im 1630er Jahr,
als der 19. März war,
ward ein Hund hierher begraben,
daß ihn nicht fressen die Raben.
War sein Name Stutzel genannt,
Fürsten und Herren wohlbekannt.
Geschah um seiner großen Treue,
die er Herrn und Frau beweist.

Dazu wird erzählt: Ein Jägermeister von *Wangenheim* besaß einen Hund namens Stutzel, der als Bote zwischen der Wintersteiner Burg und Burg Grimmenstein in → Gotha Briefe beförderte. Nach dem Tode des Jägermeisters diente Stutzel ebenso treu dessen Frau. Als nun der Hund an Altersschwäche starb, ließ die Witwe des Jägermeisters für das Tier einen prächtigen Sarg bauen und sämtliche Bediensteten mußten Trauerkleider anlegen. Schließlich wurde Stutzel sogar wie ein richtiger Mensch auf dem Wintersteiner Friedhof begraben. In den umliegenden Dörfern ging die Sache indes wie ein Lauffeuer von Mund zu Mund. Bald konnten sich die Wintersteiner des Spotts darüber, daß auf ihrem Kirchhof ein Hund begraben liegt, kaum noch erwehren. Als schließlich die kirchliche Obrigkeit davon Wind bekam, mußte der arme Stutzel wieder ausgegraben werden. Frau von Wangenheim ließ nun im Gelände der Wintersteiner Burg eine neue, noch schönere Grabstätte errichten. Die bekannte Redewendung „Da liegt der Hund begraben“ soll durch diesen Vorfall entstanden sein.

Worbis (Lkr. Eichsfeld)

Klosterkirche St. Antonius
Im südlichen Teil der Stadt Worbis steht die Klosterkirche St. Antonius, einer der schönsten Kirchenbauten des Eichsfeldes. Das Kloster wurde 1825 aufgehoben. Der heutige Bau stammt aus den Jahren 1670–1677; seine reiche Innenausstattung erhielt er etwa hundert Jahre später in Anlehnung an Kirchenbauten in Franken und Fulda.
Mit dem in der folgenden Glockensage erwähnten blauen Nebel ist sicher die Pest gemeint, die sich nach

dem Volksglauben meist in Gestalt eines blauen Nebels oder eines Wölkchens verbreitet. Wie es heißt, hing im Dachreiter der Worbiser Klosterkirche früher die sogenannte „Goldene Glocke“. Ihr Name rührte daher, daß der Glockenspeise sieben von einem Manne gespendete Goldstücke beigemischt worden waren, was ihr einen besonders schönen Klang verlieh. Als wieder einmal der Krieg das Land überzog, wollte das Kriegsvolk das wertvolle Stück entwenden. Die Räuber waren mitten in den Vorbereitungen, als sie zu ihrem Entsetzen über der Glocke eine riesige geisterhafte Hand aus blauem Nebel sahen. Da ließen sie Werkzeug Werkzeug sein und flohen Hals über Kopf die steile Stiege hinab. Doch auch die Glocke verschwand, und niemand weiß, wohin sie gekommen ist.

Wünschendorf / Elster (Lkr. Greiz)

Veitskirche

Das auf einer Anhöhe im Ortsteil Veitisberg gelegene Gotteshaus geht auf eine Burg aus ottonischer Zeit zurück und gilt als älteste Kirche des Vogtlandes. Sehenswerte Zeugnisse aus romanischer Zeit sind u. a. die Marienkapelle am Ostende des Seitenschiffes und Reste spätromanischer Glasmalereien im Südfenster des Chors. Der im Kern frühromanische Bau wurde in spätromanischer wie auch in hoch- und spätgotischer Zeit umgebaut und erweitert.

Nach einer von Robert Eisel aufgezeichneten Überlieferung soll in der Veitskirche ein Raum mit einem Steinblock, auf dem ein Opferkessel steht, verborgen gewesen sein. Dieser Stein trug alte Blutspuren. Auch soll sich an einer Mauer ein Ring zum Anbinden von Opfertieren befunden haben. Einem Dachdecker, der das Kirchendach ausbesserte, zeigte sich in der Veitskirche ein eisgrauer, alter Mann und fragte ihn, ob er diesen Opferkessel einmal sehen wolle. Der Dachdecker ließ sich in den besagten Raum führen und betrachtete alles. Doch als er später anderen Leute diesen Ort zeigen wollte, vermochte er die Tür nicht mehr zu finden.

Kloster Mildenfurth

Das ehemalige Kloster des Prämonstratenserordens liegt im Ortsteil Mildenfurth, unweit der Mündung des Weidaflüßchens in die Weiße Elster. Obwohl das Kloster nur bis 1529 bestand und später als Herrenhaus und Jagdschloß umgebaut wurde, sind in dem imposanten Gebäudekomplex noch zahlreiche Bestandteile des mittelalterlichen Klosterbaues (u. a. Chorraum der

Ehem. Kloster Mildenfurth, 1896

romanischen Basilika, Refektorium, Ummauerung) zu entdecken. Das 1193 durch Vogt Heinrich II. von Weida gegründete Prämonstratenserkloster war das erste Ordenshaus des Vogtlandes. Bei der Verbreitung des Christentums im Gebiet zwischen Saale und Elster hat es eine maßgebliche Rolle gespielt.
Nach der Gründungslegende hatte Heinrich II., genannt der Reiche, im Kindesalter beim Spiel seinem Bruder Bernhard durch einen unbedacht zugeschlagenen Torflügel so schwer verletzt, daß dieser an den Folgen verstarb. Bis in seine Mannesjahre litt Heinrich unter schweren Schuldgefühlen. Als Kaiser Heinrich VI. 1193 in Magdeburg einen Reichstag abhielt, nahm Vogt Heinrich als kaiserlicher Hofmarschall daran teil und wohnte im Magdeburger Kloster der Prämonstratenser. In der Nacht zum Marienfest plagte ihn ein schrecklicher Traum: Wegen Brudermords von einem mächtigen Kaiser zum Tode verurteilt, floh er und wurde von Rittern in Teufelsgestalt mit glühenden Harnischen und flammenden Schwertern verfolgt, bis er in der Marienkirche Schutz fand. Hier trat ihm Maria mit einem Gefolge von Priestern, Heiligen und Engeln entgegen und geleitete ihn zu dem kaiserlichen Richter. Diesen bat Heinrich um Gnade und gelobte, Maria zu Ehren ein Stift des Prämonstratenserordens zu gründen. So entstand das Kloster Mildenfurth.
Diese Gründungslegende wurde von einem Kaplan namens Arnold aufgezeichnet. In seiner Darstellung sind zeittypische Legendenmotive wie jener Traum mit historischen Ereignissen und Namen verbunden, welche die Glaubwürdigkeit erhöhen sollten. Ein Irrtum ist dem Schreiber allerdings bezüglich des vermeintlichen Reichstages unterlaufen; ein solches Ereignis hat unter Heinrich VI. in Magdeburg nie stattgefunden.

ZIEGENRÜCK (Saale-Orla-Kreis)

Burg Ziegenrück

Der Name von Stadt und Burg Ziegenrück hat zu mancherlei Deutungen geführt. Sprachwissenschaftlich ist der Name vom slawischen Wort „sekanrok“ (Ort am Flußknie) ableitbar, was auf die ursprünglich slawische Besiedlung dieser Gegend hinweist. Dagegen erzählt eine Sage, der Ort habe den Namen „Czechenruck“ nach dem erfolgreichen Zurückdrängen der „Czechen“ (Slawen) erhalten. Als Stätte dieses Kampfes wird das sogenannte Mordtal erwähnt, das sich von Ziegenrück nordöstlich in Richtung Tausa erstreckt.

Das Bild von Burg Ziegenrück wird von der Kemenate bestimmt, einem mächtigen Wohnturm aus dem 15. Jh. Von der ursprünglichen, 1327 erstmals erwähnten Burganlage ist nichts mehr vorhanden. Die Kemenate steht auf dem Tal und Fluß beherrschenden Schloßberg und ist von der Stadt über einen steil ansteigenden Fußweg in 15 Min. zu erreichen.

Die Sage erzählt von einem Knecht, den ein Zwerg auf dem Weg zur Burg um eine Gefälligkeit bat. Bei den Felsen der Schwedenschanze sah er kleine Gestalten in grauen Kitteln und Mützen, die mit einem Kegelspiel hantierten. Der Knecht sollte ihnen die Kegel aufstellen, und das tat er auch einige Zeit. Als die grauen Gestalten dann plötzlich in ihren Höhlen verschwanden, riefen sie ihm zu, er könne die Kegel samt Kugel als Lohn behalten. Im selben Moment stürzte aus einem Felsenloch eine schwarze Ziege mit glühenden Hörnern hervor. Nur mit Mühe konnte der Knecht vor diesem Ungeheuer fliehen. Einen einzigen Kegel und die Kugel konnte er retten, und als er sie näher anschaute, hatten sie sich in Gold und Silber verwandelt.

Literaturauswahl

Bächtold-Stäubli, H.; Hofmann-Krayer, E. (Hrsg.): Handwörterbuch des deutschen Aberglaubens. Berlin und Leipzig 1927–1942

Bechstein, Ludwig: Der Sagenschatz und die Sagenkreise des Thüringer Landes. Bd. I–IV. Meiningen und Hildburghausen 1835–1838

Bechstein, Ludwig: Thüringer Sagenbuch. Bd. I/II. Leipzig 1885

Bleisch, Paul: Bilder aus Ilmenaus Vergangenheit. 1910

Braune, Gudrun: Die sozialkritische Volkssage aus Thüringen und angrenzenden Gebieten als Ausdruck der Volksmeinung über herrschendes Unrecht. Diss. Jena 1986

Braune, Gudrun: Thüringer Sagen um Raubritter und Räuber. Erfurt 1988

Braune, Gudrun: Thüringer Sagen. Landeszentrale für politische Bildung Thüringen. Erfurt 1995

Brunzel, Ulrich: Das blaue Feuer. Sagen, Geschichten und heimatkundliche Betrachtungen der Stadt Suhl und des Landkreises Suhl. Zella-Mehlis 1992

Brunzel, Ulrich: Die Wunderblume der Steinsburg. Ein Suhler Sagen- und Heimatbuch. Hildburghausen 1980

Busch, Otto: Nordwestthüringer Sagen. Mühlhausen 1926

Cramer, Andreas M.: Die schönsten Sagen aus dem Herzogtum Gotha. Bd. I/II. Gotha 1997

Czerny, Josef; Unger, Peter: Gelb blüht die Wunderblume. Sagen und Überlieferungen aus dem Arnstädter Gebiet. Arnstadt 1987

Danz, Franz: Sagenkranz. Rudolstadt o.J. (1892)

Deubler, Heinz: Waldlandsagen. Rudolstadt 1970

Deubler, Heinz; Koch, Alfred: Burgen und Schlösser bei Rudolstadt. Sonderausgabe Rudolstädter Heimathefte 1980

Döring, Heinrich: Die Thüringer Chronik. Erfurt, Langensalza und Leipzig 1842

Drechsel, Rudolf: Sagen und alte Geschichten aus dem Orlagau. Wernburg 1934

Eisel, Robert: Sagenbuch des Voigtlandes. Gera 1871

Frunske, Volkmar (Hrsg.): Sagen und Sänge vom Lauenstein und Loquitztal.Ludwigstadt o.J.

Gottschalck, Friedrich: Die Ritterburgen und Bergschlösser Deutschlands. Bd. I-IX. Halle 1810–1835

Gräße, Johann Georg Theodor: Der Sagenschatz des Königreiches Sachsen. Dresden 1874

Greß, Kurt: Holzlandsagen. Leipzig 1898
Grimm, Jakob und Wilhelm: Deutsche Sagen. Berlin 1987
Heusinger, E.: Sagen aus dem Werrathale. Eisenach 1841
Griepentrog, Gisela (Hrsg.): Historische Volkssagen aus dem 13.–19. Jh. Berlin 1975
Hohberg, Rainer: Thüringer Burgen sagenhaft. Weimar 1996
Hopf, Valentin: Saalfelder Sagenbüchlein. Saalfeld 1917
Kirchner, Helmut: Vom Inselsberg zur Stopfelskuppe bis zum Hermannsberg. Sagen und Geschichten aus dem Kreis Schmalkalden. Heft 1. Schmalkalden 1989
Köhler, Michael: Thüringer Berge und ihre Sagen. Ein Wegweiser. Jena 1994
Köhler, Walter; Reich, Jürgen: Kirchenfahrt durchs Sonneberger Land. Hildburghausen 1992
Kronsfeld, J. C.: Heimathskunde von Thüringen. Apolda 1861
Kruspe: Die Sagen der Stadt Erfurt. Erfurt 1877
Kuhn, A.; Schwartz, W.:Norddeutsche Sagen, Märchen und Gebräuche. Leipzig 1848
Kühn, Dietrich: Sagen und Legenden aus Thüringen. Jena 1990
Luczyn, David: Deutschland. Ein Führer zu Orten des Lichts und der Kraft. München 1991
Mitzschke, Ellen u. Paul: Sagenschatz der Stadt Weimar und ihrer Umgebung. Weimar 1904
Müller, Adolf Wilhelm: Sagen des Kreises Sonneberg. Sonneberg 1925
Müller, Horst H.: Reisehandbuch Thüringer Wald und Randgebiete. Berlin, Leipzig 1988
Oelke, Manfred: Sagen aus dem Mittleren Ilmtal. Tradition und Gegenwart. Weimar 1990
Patze, Hans: Handbuch der Historischen Stätten Deutschlands. Bd. IX: Thüringen. Stuttgart 1989
Petzoldt, Leander: Kleines Lexikon der Dämonen und Elementargeister, München 1995
Piltz, Georg: Reise-Lexikon Kunst, Thüringen. Leipzig–Jena–Berlin 1991
Platen, Michael; Richard Schaefer: Die schönsten Burgen in Thüringen. Rudolstadt 1993
Pleticha, Heinrich/Müller, Wolfgang: Höhlen, Wunder, Heiligtümer. Mythische und magische Plätze in Deutschland. Freiburg 1994
Quensel, Paul: Thüringer Sagen. Jena 1926

Richter, J. W. Otto: Sagen des Thüringer Landes. Eisleben 1877

Richter-Heimbach, Arthur: Thüringens Sagenschatz. Quedlinburg 1912

Richter-Heimbach, Artur: Thüringens Sagenschatz. Bd. I-V. Quedlinburg 1905–21

Rothe, Johannes: Düringische Chronik. Hg. v. R. v. Liliencron, Jena 1859

Scheinost, Marina: Der verborgene Schatz. Erstdruck der handschriftlichen thüringischen Sagensammlung von Georg Brückner (1800–1881). Hildburghausen 1993

Schramm, Rudolf: Das Liebschwitzer Ranzenmännchen. Sagen aus dem Geraer Land. Greiz 1980

Schramm, Rudolf: Die Mühle unter der Teufelskanzel. Volkssagen, seltsame Begebenheiten und lustige Geschichten des mittleren Elstertales. Greiz 1982

Schramm, Rudolf: Von Kirchen, Klöstern und Kapellen. Sagen aus dem Gebiet zwischen Saale und mittlerer Weißer Elster. Berlin 1983

Seidel, Heinz: Die Sagen des Wartburglandes. Eisenacher Schriften zur Heimatkunde. Bd. I-II. Eisenach 1986

Sobotka, Bruno J. (Hrsg.): Burgen, Schlösser, Gutshäuser in Thüringen. Witten 1995

Störzner, Frank: Steinkreuze in Thüringen. Weimar 1984 und 1988

Sydow, Friedrich v. (Hrsg.): Thüringen und der Harz mit ihren Merkwürdigkeiten, Volkssagen und Legenden. Bd. I-VIII. Sondershausen 1835–1845

Vogel, Jochen: Das silberne Glöcklein und andere Sagen. Suhl o.J.

Wähler, Martin: Thüringische Volkskunde. Jena 1940

Weiß, Ullmann (Hrsg.) Erfurt 742–1992. Stadtgeschichte, Universitätsgeschichte. Weimar 1992

Witter, Eckhard: Das Achtläuten. Sagen aus dem Hildburghäuser Land. Hildburghausen 1990

Witzschel, August: Sagen aus Thüringen. Hg. v. G. L. Schmidt. Wien 1878

Witzschel, August: Sagen aus Thüringen. Wien 1866

Wölfing, Günther: Wasunger Sagen und Streiche. Aus den Sammlungen alter Erzähler zusammengestellt und erläutert von Günther Wölfing. Suhl o.J.

Woeller, Waltraud: Volkssagen zwischen Hiddensee und Wartburg. Berlin 1979

Wucke, Christian Ludwig: Sagen der mittleren Werra. Eisenach 1921

Wüstefeld, Karl: Obereichsfelder Sagenschatz. Heiligenstadt 1921

Ortsverzeichnis

Hauptstichworte sind im Register **halbfett**, die Abbildungen *kursiv* verzeichnet.

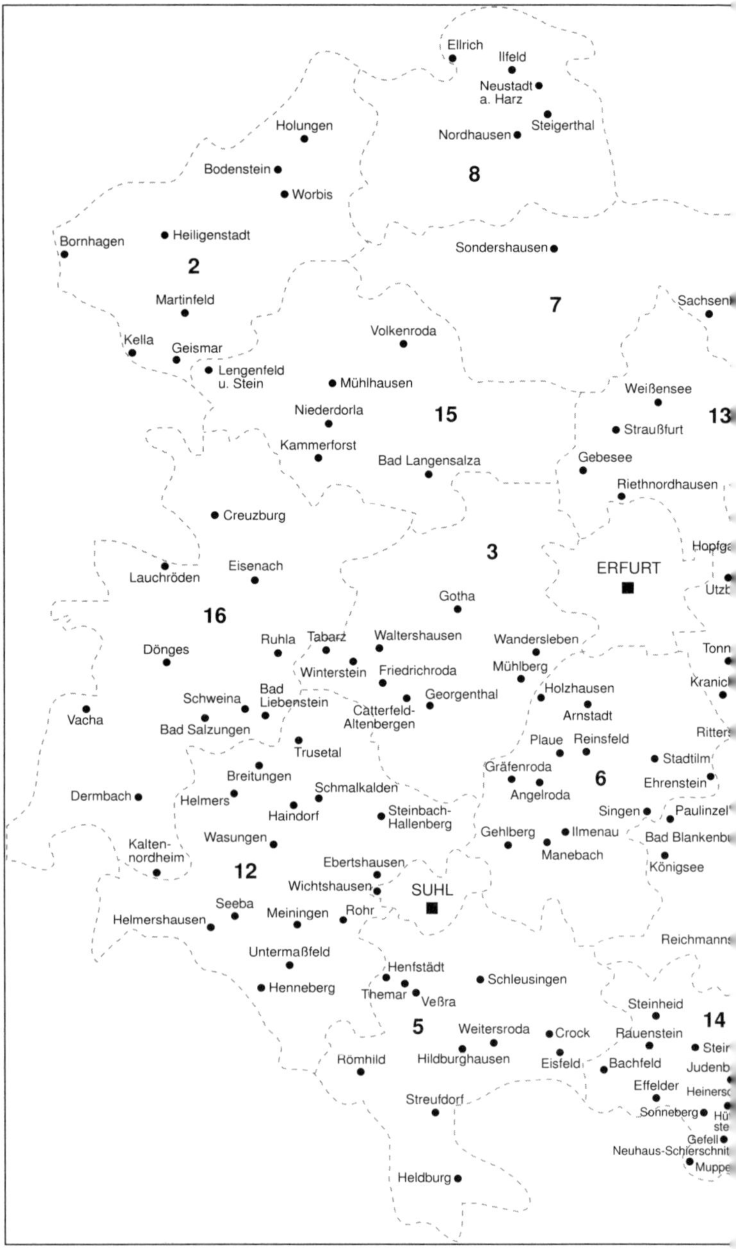
Ellrich
Ilfeld
Neustadt a. Harz
Steigerthal
Nordhausen
8
Holungen
Bodenstein
Worbis
Bornhagen
Heiligenstadt
2
Sondershausen
7
Martinfeld
Kella
Geismar
Volkenroda
Lengenfeld u. Stein
Mühlhausen
Weißensee
Niederdorla
15
Straußfurt
Kammerforst
Bad Langensalza
Gebesee
Riethnordhausen
Creuzburg
3
ERFURT
Lauchröden
Eisenach
Gotha
16
Ruhla
Tabarz
Waltershausen
Wandersleben
Dönges
Winterstein
Friedrichroda
Mühlberg
Schweina
Bad Liebenstein
Georgenthal
Holzhausen
Vacha
Bad Salzungen
Catterfeld-Altenbergen
Arnstadt
Trusetal
Plaue
Reinsfeld
Stadtilm
Breitungen
Gräfenroda
Angelroda
6
Ehrenstein
Dermbach
Helmers
Schmalkalden
Haindorf
Steinbach-Hallenberg
Singen
Gehlberg
Ilmenau
Manebach
Wasungen
Kaltennordheim
Königsee
Ebertshausen
12
Wichtshausen
SUHL
Seeba
Helmershausen
Meiningen
Rohr
Untermaßfeld
Henfstädt
Henneberg
Schleusingen
Themar
Veßra
Steinheid
14
5
Weitersroda
Crock
Rauenstein
Römhild
Hildburghausen
Eisfeld
Bachfeld
Effelder
Streufdorf
Sonneberg
Gefell
Neuhaus-Schierschnit
Heldburg

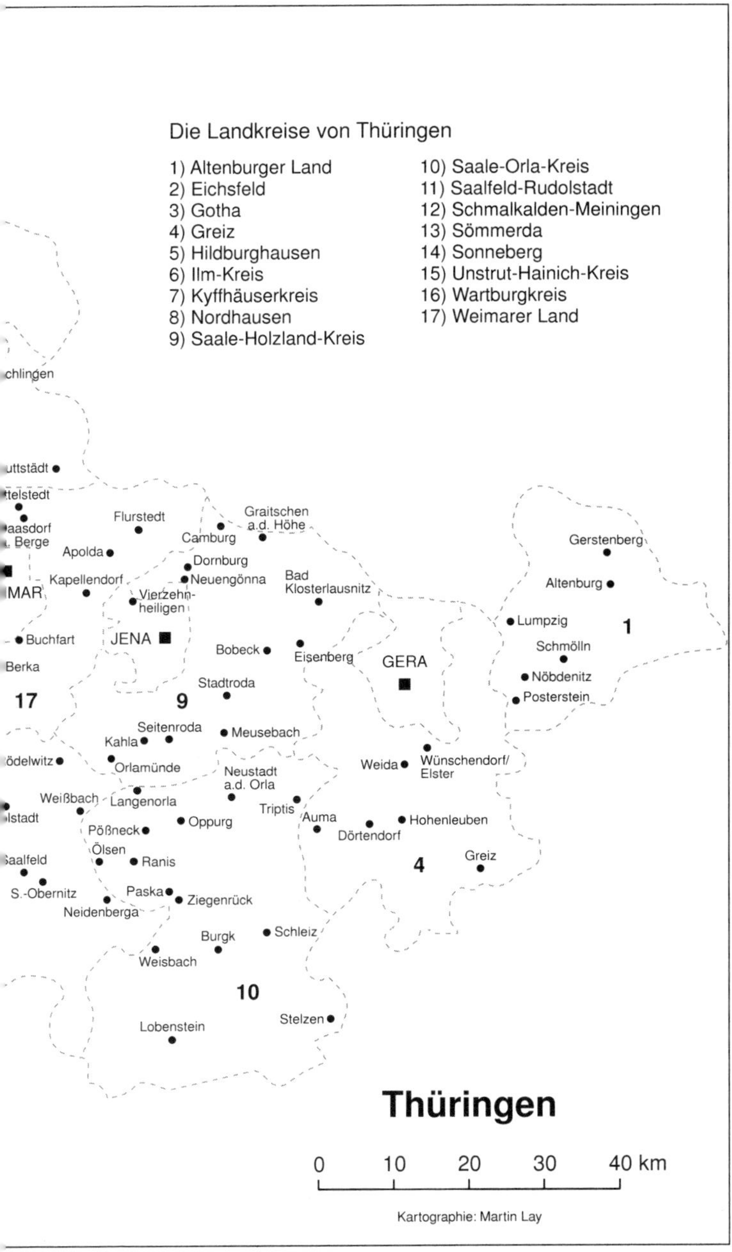
Die Landkreise von Thüringen
1) Altenburger Land
2) Eichsfeld
3) Gotha
4) Greiz
5) Hildburghausen
6) Ilm-Kreis
7) Kyffhäuserkreis
8) Nordhausen
9) Saale-Holzland-Kreis
10) Saale-Orla-Kreis
11) Saalfeld-Rudolstadt
12) Schmalkalden-Meiningen
13) Sömmerda
14) Sonneberg
15) Unstrut-Hainich-Kreis
16) Wartburgkreis
17) Weimarer Land
Flurstedt
Graitschen a.d. Höhe
Camburg
Gerstenberg
Apolda
Dornburg
Neuengönna
Bad Klosterlausnitz
Altenburg
Kapellendorf
Vierzehnheiligen
Lumpzig
1
Buchfart
JENA
Bobeck
Eisenberg
GERA
Schmölln
Berka
Nöbdenitz
Stadtroda
Posterstein
17
9
Seitenroda
Kahla
Meusebach
Orlamünde
Neustadt a.d. Orla
Weida
Wünschendorf/ Elster
Weißbach
Langenorla
Triptis
Auma
Hohenleuben
Dörtendorf
Pößneck
Oppurg
Ölsen
Ranis
4
Greiz
S.-Obernitz
Paska
Ziegenrück
Neidenberga
Burgk
Schleiz
Weisbach
10
Lobenstein
Stelzen
Thüringen
0
10
20
30
40 km
Kartographie: Martin Lay

Die Schwarzen Führer

Bergisches Land von Stephan Nuding
22,0 × 11,0 cm, 180 Seiten mit 130 geheimnisvollen Stätten in 87 Orten und Ortsteilen, 66 Abb., einer Übersichtskarte, kartoniert
ISBN 3-89102-421-5

Franken von Peter Bräunlein
22,0 × 11,0 cm, 240 Seiten mit 250 geheimnisvollen Stätten in 191 Orten, 104 Abb. und einer Übersichtskarte, kartoniert
ISBN 3-89102-123-2

Der Harz von Werner Bartens
22,0 × 11,0 cm, 204 Seiten mit 189 geheimnisvollen Stätten in 55 Orten, 88 Abb., einer Übersichtskarte, kartoniert
ISBN-3-89102-420-7

München – Oberbayern von Ingrid Berle, Marie Luise Hoffmann, Renate Könke, Marie-Louise Schmeer-Sturm
22,0 × 11,0 cm, 312 Seiten mit 283 geheimnisvollen Stätten in 187 Orten mit mehr als 100 Abb. und einer Übersichtskarte
ISBN 3-89102-424-X

Nordwestdeutschland von Claudia Liebers
22,0 × 11,0 cm, 176 Seiten mit 150 geheimnisvollen Stätten in 100 Orten, 76 Abb. und einer Übersichtskarte, kartoniert
ISBN 3-89102-122-4

Sachsen von Frank Winkelmann
22,0 × 11,0 cm, 264 Seiten mit 261 geheimnisvollen Stätten in 185 Orten, 86 Abb. und einer Übersichtskarte, kartoniert
ISBN 3-89102-423-1

Schwaben-Bodensee von Erich Viehöfer
22,0 × 11,0 cm, 248 Seiten mit über 300 geheimnisvollen Stätten in mehr als 200 Orten, 100 Abb. und zwei Übersichtskarten, kartoniert
ISBN 3-89102-121-6

Schwarzwald von Ines Heim
22,0 × 11,0 cm, 180 Seiten mit etwa 120 geheimnisvollen Stätten in 90 Orten, 76 Abb. und eine Übersichtskarte, kartoniert
ISBN 3-89102-120-8

Westfalen von Renate Schmidt-V. und Gustav-Adolf Schmidt
22,0 × 11,0 cm, 240 Seiten mit 216 geheimnisvollen Stätten in 122 Orten, 101 Abb. und eine Übersichtskarte, kartoniert
ISBN 3-89102-422-3

Weitere Bände in Vorbereitung

In gleicher Ausstattung liegt vor:

Die Geister Großbritanniens
Ein Führer zu über tausend Spukorten
22,0 × 11,0 cm, 312 Seiten mit über 100 SW-Abbildungen und 20 Landkarten, Auswahlbibliographie und Glossar, kartoniert
ISBN 3-89102-316-2